公正で質の高い教育に向けた ICT活用

卯月由佳　露口健司　藤原文雄　編著

東信堂

はじめに――公正で質の高い教育に向けた ICT 活用

　2019 年 12 月に打ち出された GIGA スクール構想は、全国の小中学校に 1
人 1 台の情報端末と高速大容量の通信ネットワークを整備し、「多様な子供
たちを誰一人取り残すことなく、子供たち一人一人に公正に個別最適化され、
資質・能力を一層確実に育成できる教育 ICT 環境の実現」（文部科学省「GIGA
スクール構想の実現へ」）を目指すものである。

　この GIGA スクール構想が目指す政策理念を、私たちは、「公正で質の高
い教育に向けた ICT 活用」として把握した。この政策理念は、ハード面での
ICT 環境の整備及び ICT の効果的な活用に向けた児童生徒、保護者、学校職
員、地方自治体関係者、文部科学省関係者、政治家、民間企業関係者、大学・
研究者など多様なアクターの工夫と協働によってこそ実現するものである。

　現実にも、GIGA スクール構想の開始以降、全国各地では、コロナ禍と
いう厳しい状況の下、多様なアクターによる「公正で質の高い教育に向けた
ICT 活用」のための工夫と協働が重ねられてきた。

　こうした「公正で質の高い教育に向けた ICT 活用」のための全国各地の奮
闘を受け止め、一歩前進しようとするアクターたちに伴走し、後押しでき
るような教育政策研究が是非とも必要であると私たちは考えた。また、「公
正で質の高い教育に向けた ICT 活用」が教員の過度に献身的な努力に依存す
ることのないよう、むしろ、ICT 活用が教員の業務の効率化に資するよう、
GIGA スクール構想の教員への影響を多角的に把握することも必須であると
考えた。

　そこで、私たちは、文部科学省国立教育政策研究所が 2019 年度から 2022
年度に実施したプロジェクト研究「高度情報技術の進展に応じた教育革新に
関する研究」の一部として、次の二つの問いを立て、「公正で質の高い教育
を目指した ICT 活用の促進条件に関する研究」を推進することとした。

第 1 に、どのような社会経済背景の下にあり、どのような教育ビジョンを持ち、どのような組織体制を築いた教育委員会や学校で ICT の教育活用が促進されるか。

第 2 に、どのような工夫や条件の下で ICT を活用すると、児童生徒の特性や背景の多様性に配慮した公正で質の高い教育を実現できるか。

本プロジェクト研究では、社会経済的に不利な市区町村では、GIGA スクール構想以前はもとより、今日でも ICT ツールの導入状況など教育 ICT 環境の整備や ICT 支援の配置が十分でない傾向にあり、社会経済的に不利な子どもたちは ICT 親和性が低いなど、社会経済的条件が影響を及ぼしていることが明らかになった。また、GIGA スクール構想は教育 ICT 環境における市区町村格差を是正することに貢献し、児童生徒の未来への希望の高まりや教員の時間の確保、確保された時間の活用による学びの質の高まり、困難を抱える子どもへのケアの充実などポジティブな効果をもたらしていることも明らかになった。さらに、国や教育委員会による資源配分、組織マネジメントの充実、児童生徒の対話を促す関係づくりへの配慮など、公正で質の高い教育に向けた ICT 活用を促進する条件も明らかになった。

本書はこのプロジェクト研究を踏まえ、データ分析に関するテクニカルな詳細は最小限としながら、学術的に意義のある議論について読みやすい文体で再構成して伝えることを目指したものである。

本書は、まず、序章において、本政策研究の中心的概念である「公正で質の高い教育」の概念について詳細に考察を行う。その上で、第 1 部と第 2 部の 2 部構成で論述を行う。第 1 部「国と教育委員会と学校の役割」は、ICT の教育活用により公正で質の高い教育の実現を目指す際に求められる国、教育委員会、学校の役割について議論する。第 2 部「教員と児童生徒の現状と可能性」は ICT の教育活用により公正で質の高い教育の実現を目指す際に、教員と児童生徒に着目し、現状でどのような課題があるか、またどのような可能性が見出されるかについて議論する。

本書は、「公正で質の高い教育」という概念に着目した ICT 活用に関する研究という類書にない独自性を有するとともに、いまだ日本においては ICT

の教育活用についての実証的な研究が少ない中、独自のデータを継続的に収集し分析したという点でも貴重なものである。さらに、本研究はこれまで蓄積されてきた教育工学を中心とした教育実践に資する知見から学びながらも、教育行政学、教育経営学、学校改善学、教育心理学、教育社会学、社会政策等の学術的専門性に基づき、ICT の教育活用に関する教育政策の議論を試みた新しい研究である。読者の厳しい御叱正をいただけたら幸いである。

　最後に、通常の学校運営に加え、新型コロナウイルス感染症対策でも御多忙の中、本研究の調査に御協力くださった全国の教育長をはじめ教育委員会職員の皆様、校長先生をはじめ学校の教職員の皆さん、そして児童生徒の皆さんに感謝申し上げる。特に、重点化した調査に協力いただいた仙台市、横浜市、川崎市、八幡市、堺市、姫路市、矢掛町、熊本市の皆様、また、現職教員を実務研修生として国立教育政策研究所に派遣いただいた横浜市教育委員会、浜松市教育委員会、堺市教育委員会の皆様に御礼を申し上げる。また、共に研究に取り組んでくださった「高度情報技術の進展に応じた教育革新に関する研究」のプロジェクトメンバーの皆さん、調査の実施を支援してくださった本省関係者の皆さん、本研究に有益なアドバイスをいただいた堀田龍也東北大学大学院情報科学研究科教授・国立教育政策研究所上席フェロー、益川弘如聖心女子大学現代教養学部教授・国立教育政策研究所フェロー、白水始国立教育政策研究所初等中等教育研究部副部長・総括研究官の皆様に心から感謝申し上げる。さらに、瀧本寛所長、常盤豊・中川健朗・浅田和伸・永山裕二元所長をはじめ本研究を支援してくださった国立教育政策研究所の皆さん、また、出版事業が厳しい中、本書を刊行してくださった東信堂の皆様に御礼を申し上げる。

著者を代表して　卯月由佳・露口健司・藤原文雄

はじめに——公正で質の高い教育に向けた ICT 活用 ………………………… i

序章　公正で質の高い教育の実現に向けて…………… 卯月由佳　3
　　　——その手段としての ICT 活用の促進条件に関する研究課題と方法——
　1. 研究の背景と目的 ……………………………………… 3
　2. 公正で質の高い教育とは何か ……………………………… 5
　　　(1) 教育において公正と質を統合的に考える　5
　　　(2) 教育における公正の再考　6
　　　(3) 公正で質の高い教育という概念　8
　3. 研究方法 ……………………………………………… 11
　　　(1)「ICT の教育活用についてのウェブ調査」の概要　12
　　　(2)「ICT の教育活用と学習についての教員・児童生徒調査」の概要　13
　4. 本書の構成 …………………………………………… 14
　　　注　18
　　　参考文献　19

第1部　国と教育委員会と学校の役割　　　　　　21

第1章　どのような市区町村や学校が ICT の教育活用に
　　　　積極的か？ ………………………………… 露口健司　23
　1. ICT の教育活用の自治体間・学校間分散に着目する意義… 23
　2. 調査方法・変数・分析戦略 ………………………………… 26
　　　(1) 調査手続とサンプル　26
　　　(2) 行政データ　26
　　　(3) 市区町村レベル変数　26
　　　(4) 学校レベル変数　28
　　　(5) 分析戦略　29
　3. 積極的な ICT の教育活用のための促進要因は何か？ …… 30
　　　(1) オンライン家庭学習を可能にした要因　30
　　　(2) 学校での積極的な ICT 活用を可能にした要因　33

4. 結語 ……………………………………………………… 36

　　参考文献　37

第2章　市区町村の社会経済的背景がもたらす ICT の教育
　　　　活用への制約 ……………………………… 卯月由佳　38

1. 研究の背景と分析課題 ………………………………… 38

2. データと変数 …………………………………………… 41

3. 分析結果 ………………………………………………… 45

　　(1)市区町村の社会経済的背景別に見た、学習指導に関する各目的
　　　での ICT の活用状況　45

　　(2)市区町村の社会経済的背景別に見た、学習支援クラウドの導入
　　　状況　48

4. 結論——ICT の教育活用の条件整備における不平等の縮小に向けて ……48

　　注　51

　　参考文献　52

第3章　学習指導における ICT 活用の現状と展望 … 山下　絢　54

1. はじめに—— ICT 環境の整備と検証課題 …………………… 54

2. ICT の活用状況………………………………………… 55

　　(1)授業中の ICT の活用状況　55

　　(2)授業外の ICT の活用状況　57

3. ICT 活用の相違の背景………………………………… 57

　　(1)背景に関する変数　58

　　(2)ロジスティック回帰分析による分析結果　61

4. ICT 活用による児童生徒の支援……………………… 66

　　(1)ICT 活用による児童生徒支援の状況　67

　　(2)固定効果ロジスティックモデルによる分析結果　67

5. おわりに——得られた知見と今後の課題 …………………… 69

　　注　73

　　参考文献　73

第 4 章　ICT の教育活用におけるキーパーソンの役割と
　　　　組織的取り組み …………………………… 諏訪英広　75
1. はじめに ………………………………………………… 75
2. キーパーソンに関する量的調査データ分析 ………… 76
　(1) キーパーソンの存在　76
　(2) キーパーソンの有無と「ICT 活用状況」の関連　77
　(3) キーパーソン有無別に見た「ICT の教育環境と ICT の教育活用の推進
　　に関する教員の理解」　79
　(4) キーパーソン有無別に見た「教員と教員以外の職員の連携」　81
3. ICT の教育活用におけるキーパーソンの役割と組織的
　取り組み ……………………………………………… 83
　(1) キーパーソンの役割　83
　(2) キーパーソンを核とする組織的取り組み　84
　(3) ICT の教育活用におけるキーパーソンを核とする組織的取り組みを促
　　す教育委員会と校長の支援　85
4. 今後の研究的・政策的課題 …………………………… 86
　参考文献　87

第 5 章　ICT 支援員の配置状況と授業づくり支援の効果
　…………………………………………… 卯月由佳　88
1. ICT 支援員の政策課題と研究課題……………………… 88
2. データ ………………………………………………… 89
3. 分析結果 ………………………………………………… 90
　(1) 市区町村や学校の社会経済的背景別に見た ICT 支援員の配置
　　状況　90
　(2) ICT 支援の在校頻度と授業づくり支援　93
　(3) ICT 支援の授業づくり支援と学習指導における ICT 活用　97
4. 結論──ICT 支援員の配置と授業づくり支援の促進に向けて………… 99
　注　101
　参考文献　101

第2部　教員と児童生徒の現状と可能性　　103

第6章　どのような教員が授業場面等でICTを積極的に
　　　　活用しているのか？ ……………………………露口健司　105
　1. ICTの教育活用の教員間分散に着目する意義………………105
　2. 調査方法・変数・分析戦略 ………………………………………108
　　　(1) 調査手続とデータ　108
　　　(2) 変数　109
　　　(3) 分析戦略　111
　3. ICTの教育活用における教員間分散の規定要因分析………112
　　　(1) 記述統計量　112
　　　(2) 一般化線形モデルの分析結果　112
　4. 結語 ………………………………………………………………116
　　　　参考文献　117

第7章　1人1台端末配備が教員の時間確保に及ぼす影響
　　　　………………………………………………露口健司　118
　1. 1人1台端末配備の教員アウトカムとしての時間確保……118
　2. データ・変数・分析戦略 ………………………………………120
　　　(1) データ　120
　　　(2) 変数　121
　　　(3) 分析戦略　122
　3. ICTの教育活用が教員アウトカムとしての時間確保に及ぼす
　　　影響 ………………………………………………………………123
　　　(1) ICTの教育活用が時間確保に結びつきやすい教員とは？　123
　　　(2) 時間確保の効果に自治体間差はあるのか？　127
　　　(3) 因果的効果と言えるのか？　130
　4. まとめ ……………………………………………………………130
　　　　参考文献　134

第8章　ICT の教育活用により時間確保が進んだのは
　　　　どのような教員か ……………………………生田淳一　135
　　　　──カリキュラム・マネジメントの推進と成長志向の学校文化の醸成──
　1．時間確保の変化の 3 タイプ──拡大、停滞、困難 ……………135
　2．時間確保の変化の 3 タイプ（拡大、停滞、困難）にはどのような
　　　違いがあるのか──児童生徒評価・教師自己評価の検討……………137
　3．カリキュラム・マネジメントを進め、成長志向の学校文化を
　　　醸成するための研修のアップデート …………………………140
　4．まとめ ……………………………………………………………143
　　　　注　144
　　　　参考文献　145

第9章　児童生徒の学習における ICT 活用は学習エンゲージ
　　　　メントと批判的思考態度を促すのか？ ……清水優菜　146
　1．はじめに ……………………………………………………………146
　2．方法 ………………………………………………………………147
　　　(1) 使用データ　147
　　　(2) 使用変数　148
　　　(3) 分析方法　151
　3．結果 ………………………………………………………………153
　　　(1) 記述統計量の確認　153
　　　(2) 児童生徒の学習における ICT 活用と学習エンゲージメント、
　　　　　批判的思考態度の関連　156
　　　(3) 児童生徒の学習における ICT 活用と学習エンゲージメント、
　　　　　批判的思考態度の関連、ならびにこれらの変数における SES、
　　　　　性別、自治体による差異　159
　4．まとめ ……………………………………………………………160
　　　　参考文献　163

第 10 章　1人1台端末配備が児童生徒の希望形成に及ぼす
　　　　　影響 ………………………………………露口健司　164

　1. 1人1台端末配備の児童生徒アウトカムとしての希望 ……164
　　　(1) 児童生徒アウトカムとしての希望への着目　164
　　　(2) 希望形成を説明する統制変数と学習エンゲージメント変数　165
　　　(3) 希望形成効果の自治体間差　167
　　　(4) 希望形成に対する因果的効果の検証　167
　2. データ・変数・分析戦略 ………………………………168
　　　(1) データ　168
　　　(2) 変数　168
　　　(3) 分析戦略　170
　3. 分析結果 …………………………………………………171
　　　(1) 授業での ICT 活用による児童生徒の希望形成への効果　171
　　　(2) 学習エンゲージメントの効果　171
　　　(3) 効果の自治体間差　172
　　　(4) 因果的効果の検討　174
　4. まとめ …………………………………………………178
　　　参考文献　179

第 11 章　社会経済的に不利な家庭に育つ子どもたちの困難
　　　　　──探究的・協働的な学びと ICT 活用をめぐって── … 卯月由佳　180

　1. 研究の背景と分析課題 …………………………………180
　　　(1) 社会経済的な不利に関する知見から何を考えるか　180
　　　(2) 分析課題　182
　2. データと分析方法 ………………………………………184
　　　(1) データと分析対象　184
　　　(2) 変数　184
　　　(3) 推定方法　186
　3. 分析結果 …………………………………………………187
　　　(1) 探究的・協働的な学びへの取組状況・意識　187
　　　(2) ICT 親和性　189
　4. 結論──社会経済的な不利を克服する教育実践と ICT の教育活用に向けて
　　　 ……………………………………………………190

注　192

　　参考文献　193

第 12 章　困難を抱える子どもの学びへの参加を促す ICT 活用
　　　　――ケアする関係の形成と言葉による意思表示に着目して――
　　　　‥‥‥‥‥‥‥‥‥‥‥‥‥‥‥‥‥‥‥‥柏木智子　195

1. 本章の目的と問題意識　‥‥‥‥‥‥‥‥‥‥‥‥‥‥195

2. 分析の視座　‥‥‥‥‥‥‥‥‥‥‥‥‥‥‥‥‥‥‥196

3. 調査方法　‥‥‥‥‥‥‥‥‥‥‥‥‥‥‥‥‥‥‥‥199

4. 事例分析　‥‥‥‥‥‥‥‥‥‥‥‥‥‥‥‥‥‥‥‥200

　(1) ケアする関係の形成――ICT 活用が生み出す資源とその分配　200
　(2) 言葉の問題の改善　203

5. 考察　‥‥‥‥‥‥‥‥‥‥‥‥‥‥‥‥‥‥‥‥‥‥210

　　注　214

　　参考文献　214

終章　公正で質の高い教育の実現に向けた ICT 活用の促進条件
　‥‥‥‥‥‥‥‥‥‥‥‥‥‥‥‥卯月由佳・藤原文雄・露口健司　217

1. 本書の総括にあたって　‥‥‥‥‥‥‥‥‥‥‥‥‥‥217

2. 分析結果に基づく考察　‥‥‥‥‥‥‥‥‥‥‥‥‥‥218

　(1) GIGA スクール構想による ICT の教育活用推進の成果　218
　(2) ICT の教育活用を促進し、市区町村間、学校間、教員間の活用状況の差を縮小するための条件　219
　(3) ICT の教育活用が全ての教員の主体的・対話的で深い学びを促進するための条件　222
　(4) ICT の教育活用が全ての児童生徒の主体的・対話的で深い学びを促進するための条件　223

3. 結論と残された課題　‥‥‥‥‥‥‥‥‥‥‥‥‥‥‥225

　　注　228

　　参考文献　228

初出一覧 ……………………………………………230

索　引 ……………………………………………233

著者一覧 ……………………………………………236

公正で質の高い教育に向けた ICT 活用

序章　公正で質の高い教育の実現に向けて
——その手段としての ICT 活用の促進条件に関する研究課題と方法——

卯月由佳

1．研究の背景と目的

　2019 年 12 月に文部科学省が発表した GIGA（Global and Innovation Gateway for All）スクール構想は、2010 年代初めから国が推進してきた、ICT（Information and Communication Technology、情報通信技術）の教育活用による協働型・双方向型の授業への革新を目的とするハード面での ICT 環境整備を加速化した（国立教育政策研究所 2022a）。2020 年、新型コロナウイルス感染症（以下、「コロナ」とする）拡大という緊急事態の中、ICT は緊急事態にも学びを継続させる有効な手段の一つとみなされ、当初のスケジュールの前倒しにより 2020 年度末までにほぼ全ての小・中学校で児童生徒の 1 人 1 台端末の配布が完了し、高速大容量の通信ネットワークの整備が進められた（国立教育政策研究所 2022b）。

　しかし、こうして急速に整備された ICT 環境を実際に効果的に活用した授業革新は、一朝一夕に進むものではない。文部科学省は 2022 年 12 月に公表した「学校教育情報化推進計画」で、「今後は 1 人 1 台端末の利活用を量的にも質的にも充実させていくことが重要なフェーズ」（p.3）との認識を示す。このように、ICT を活用しながら子どもたちの主体的・対話的で深い学びの実現に向けて取り組んでいくことは引き続きの課題である。また、ハード面での ICT 環境の整備が進んだ一方で、それを実際に活用するか、効果的に活用して主体的・対話的で深い学びを促す教育を進めるかは市区町村や学校の間で差が生じ、教育機会の不平等につながることも懸念される。

　ICT の教育活用を通じた主体的・対話的で深い学びの機会を全ての市区町

村や学校で全ての子どもたちに保障するには、そのことを明確に意図した教育政策を立案する必要があるだろう。本研究は、その政策立案に資する知見を得ることを目指す政策研究である。政策研究において実態を分析・評価するための概念を適切に設定して問題を構造化することは、適切な政策課題を設定するための重要な要件である。問題解決が基本的に技術的な営為だとすると、問題の構造化は概念的な営為であり、問題解決の達成には問題の適切な構造化が求められる (Dunn 2018)。本研究は、公正で質の高い教育を、問題の構造化を通じた政策課題の設定のための概念として用いる。本研究における公正で質の高い教育とは、全ての子どもたちが個々の多様な関心や学び方をお互いに尊重し合うとともに、個々の特性や背景に応じて必要な学びの資源や支援を活用しながら、主体的・対話的に深く学ぶ機会とプロセスを創造し、保障する教育のことである。また、その実現には、国家、地方自治体、学校、教職員等の連携と協働による資源配分や支援が必要だという視点が重要だと捉えている。どのようにこの定義を導いたかについては、次節でより詳しく述べる。

　そこで 2020 年度から 2022 年度にかけて、国立教育政策研究所プロジェクト研究「高度情報技術の進展に応じた教育革新に関する研究」の一環として次の二つの研究課題に取り組んだ。第一に、どのような社会経済的背景の下にあり、どのような教育ビジョンを持ち、どのような組織体制を築いた教育委員会や学校で ICT の教育活用が促進されるかである。1 人 1 台端末導入当初は、まず ICT を積極的に活用することがその効果的な活用を模索する上でも重要だと考えられるため、ICT の教育活用の促進条件について検討した。第二に、どのような工夫や条件の下で ICT を活用すると、児童生徒の特性や背景の多様性に配慮した公正で質の高い教育を実現できるかである。本研究での ICT の教育活用（単に「ICT 活用」とすることも多い）とは、教職員等の指導者が教育活動や校務において ICT を活用することと、児童生徒が学校教育の一環としての学習活動や体験活動及び学校生活において ICT を活用することの両方を指す。

2. 公正で質の高い教育とは何か

(1) 教育において公正と質を統合的に考える

　本研究で公正で質の高い教育という概念を重視するのは、公正と質を統合的に捉えること、そして公正の概念を用いて子どもの多様性を幅広く捉えることに意義を見出すからである。21世紀に入って多くの国々は、社会経済的に不利な家庭やエスニック・マイノリティの子どもの学力向上に力を注ぎ、公正と質（卓越性）の両立可能性を示してきた（志水・鈴木編 2012）。他方で日本では、学力向上という卓越性を重視する動きが多くの自治体で見られてきたのに対し、公正の追求に関しては、例えば就学援助利用世帯、被差別部落出身者や外国にルーツのある子どもの割合が比較的高い一部の自治体で目指されてきたものの、全国的な展開あるいは国レベルの政策への反映は不十分である（志水・高田編 2012）。

　それでも教育において公正と質の両方を追求すべきなのは、そのような教育により、子どもたちの現在の学びの促進や学校での居心地の向上とともに、子どもたちが将来の生き方や社会のあり方を構想し、追求するための機会の創造につながると考えられるからである。自ら構想する生き方を追求するには、自分の生き方が尊重されるとともに自分とは異なる他者の生き方を尊重する、つまり多様な人々がお互いを個人として尊重し合う社会が必要である。また、自分と他者がともに生きる上で少なくとも必要な、またそれにとどまらず、より豊かに生きるために人々が欲する財やサービスの生産、分配、消費を、一部の人々や地域の犠牲を前提とせずに自然との共存を図りながら実現する社会も必要である。

　人々が平等に尊重し合い、適切に生産、分配、消費が行われる社会を実現するには、将来に向けた新たな価値の創造だけでなく、その妨げとなる現状の社会問題の解決や過去から続く不正義の克服も目指す必要がある。より多く、より速く学ぶという意味での卓越性のみを重視する教育は、かつての経済成長に寄与したかもしれないが、その経済成長に伴って発生した貧富の差、人間の関係性の不平等、人間の主体性の軽視、自然環境の破壊などの問題の

6

解決に必ずしも役立たないことが危惧される。それに対し、教育において公正と質をともに追求するならば、教育の質も上述の卓越性を超えた意味で捉えられ、民主的な議論や技術の開発を通じて社会問題の解決に貢献する学びが促されると期待される。

(2) 教育における公正の再考

日本では教育における公正に関し、上述のように政策への反映だけでなく議論そのものが諸外国や国際機関に比べて少なく、また日本国内では教育の質に関する議論に比べて少ないのではないだろうか。そこで、教育における公正の概念について理解し、質に加えて公正の概念を取り入れることが教育政策や教育実践の目的と課題設定においてどのような意味があるか考察する。

多くの国々の教育政策における公正の定義を概観すると、一つには全ての人々に自律的な社会参加に必要な基本的な教育機会を提供すること、もう一つには個人の特性や成育環境といった自分ではどうにもならない要因によって生じている教育機会の不平等を是正することを意味していると要約できる（卯月 2018）。しかし、ウンターホルター（Unterhalter 2009）は、教育政策及び教育に関する学術研究で用いられる公正の概念は十分に精緻に定義されていないことが多いと指摘する。すなわち、教育政策における公正の概念で前提とされている規範について理解するのが難しく、教育政策の実行もそれ相応に不十分な状態にとどまりがちだという。他方で学術研究でも、均等という意味での平等とは異なる公平な分配が公正と捉えられているようだが、何をどのように分配するのが公正かは不明瞭なままであることが多い。

何をどのように分配するかという問いは、全員に均等に同じ資源や支援を分配するのではなく、誰にどのような資源や支援が必要か、誰のどのような必要を優先するかをめぐる問いである。これを問うのは、子どもたちが現に多様な特性を持って生まれ、多様な背景を負って育ち、多様な関心や考えを形成しながら生きているという、事実としての多様性に目を向けるからである。それと同時に、どのような特性、背景、関心を持つとしても、全ての子どもたちを個人として平等に尊重すべきだという規範を前提とするからであ

る。

　ところが、事実としての多様性がどれほど幅広く可視化されるかは、採用する分析枠組みにより異なる。数ある分析枠組みの中で、人間の多様性を重視し、機会の平等化に向けて公的な対応の求められる個別ニーズが多岐にわたることを説明可能にするのは、セン (Sen 1979; 1999) が最初に提起したケイパビリティ・アプローチだと考えられる。ケイパビリティとは、人々が実現可能な (機会あるいは選択肢が用意され、主体的に意思決定する自由が認められた) 行動や状態の集合のことである。センは、人間の生活や人生の究極の目的は自ら望ましいと考える行動や状態を実現することだと捉え、ケイパビリティが平等であれば、実現された行動や状態の多様性は受け入れるが、ケイパビリティの不平等は不正義だとみなす[1]。ケイパビリティ・アプローチでは、ケイパビリティの不平等を生み出す人間の多様性の要因として、所有する資源の多寡だけでなく、資源を行動や状態へと変換する可能性(変換要素)の差異にも着目する。この変換要素に影響する要因には、大きく分けると、個人の属性や特性、社会の規範や制度、自然環境も含めた物理的な環境がある。

　そのためケイパビリティ・アプローチにより可視化される多様性は、平等主義に位置付けられる別の考え方、例えば個人の責任には帰せられない不利を資源の再分配により補償しようという考え方 (Dworkin 2000; Rawls 1971; Roemer 1998) に基づくよりも幅広い。教育政策は、公的に対応すべき可能性のある不利をできる限り幅広く捉える分析枠組みに基づくほうが、政府に対してはより厳しい要求や評価を行うかもしれないが、子どもにとってはより包摂的な課題設定を促すと考えられる (卯月 2009)。本研究で GIGA スクール構想による ICT 環境の整備を資源の分配とみなした場合、その資源を学びに変換できるかどうかが課題であることを踏まえれば、ケイパビリティ・アプローチに分析枠組みとしての有効性を見出せるのではないだろうか。

　教育における公正について理解する上でもう一つの手がかりとなるのは、教育政策と教育研究のそれぞれに見られる公正の定義の不十分さを先述のとおり指摘したウンターホルターの研究である (Unterhalter 2009)。ウンターホルターは、公正の原語である英語の equity の意味の変遷を三つの時代区分 (14

世紀以降、16 世紀以降、18 世紀以降）で追いながら、それぞれを「下からの公正
(equity from below)」「上からの公正 (equity from above)」「中間からの公正 (equity from the middle)」と名付け、この分類が教育政策の課題設定にどのように役立てられるか考察した。日本にとっては外国の言語であり歴史であるが、これが参照に値するのは、まず、公正の三つの意味には、日本の教育政策の議論とも関連性を見出せるからである。また、三つに分類された公正を教育でそれぞれ追求することが、本研究も関心を共有するケイパビリティの向上と平等化をどのように促進できるか考察しているからである。

　ウンターホルターの考察の要約は卯月 (2022) にゆずるが、「下からの公正」は人間関係の公平さや正義、「上からの公正」は公平かつ合理的だと支持された規則、「中間からの公正」は (以上の二つの公正の概念で補強された場合にのみ公平さや正義を実現する) 資金、時間、考え、技能の供給の流れや組織の動きある。ウンターホルターがこれらの公正の概念を教育政策や教育実践の検討に適用したことの意義は次のとおりである。まず、教育において公正を追求するために、様々な担い手 (児童生徒同士、教師と児童生徒、学校管理職と教職員、教育委員会と学校、国家と地方自治体等) の間でお互いを尊重し合う関係の上に成り立つ対話 (「下からの公正」)、それを持続させる基本的な法令や計画 (「上からの公正」)、それを具現化する資源配分や教育行政組織と学校のマネジメント (「中間からの公正」) のそれぞれにおける検討課題や遂行上の観点を明確にしたことである。それに加え、三つの公正のそれぞれに基づいた教育政策の課題設定は、教育における公正の促進、ケイパビリティの向上と平等化に向けて固有の機能があり、いずれか一つでも欠けた場合にはその実現が極めて困難になることを論じた点にある。

(3) 公正で質の高い教育という概念

　ウンターホルター (Unterhalter 2009) による「下からの公正」「中間からの公正」「上からの公正」に着想を得て、本研究ではそれぞれ「関係や対話における公正」「資源配分や組織マネジメントにおける公正」「法令や計画における公正」として整理することにする。公正で質の高い教育を実現させる条件はこれら

の各次元で捉えられると考え、第 1 節で述べたとおり公正で質の高い教育の概念を定義した。この概念の要点は、以下の 4 点である。

　第一に、公正で質の高い教育の実現には、多様な特性や背景を持つ子どもたちに主体的・対話的で深い学びを促す普遍的な授業改善と、それでも授業への参加が難しい、参加していても学びにつなげるのが難しい子どもたちの個別ニーズへの対応が両方とも必要だと捉える。主体的・対話的で深い学びは、多様な関心を持ち多様な学び方をする子どもたちがお互いを尊重し合う対等な関係を築きながら学び合うことで実現すると考えられ、こうした学習環境は全ての子どもたちを対象に構築することが求められている。そしてこれができる限り多くの子どもたちにとって参加しやすい、学びやすい環境となることが期待されている。しかし、子どもたちは多様な特性や背景を持つため、そうした学習環境が構築されつつあっても、中にはそこに参加できない子どもや、参加しながらも実際には自らの学びへとつなげられない子どもがいると想定する必要がある。子ども自身の努力ではどうにもならない特性や背景に由来する個別ニーズに公的に対応することも、公正で質の高い教育の実現には必要である。

　第二に、公正で質の高い教育は、達成することが望ましい状態に関わるだけでなく、その状態を実現するプロセス、様々な担い手の連携や協働の在り方にも関わる規範である。つまりこの概念により、全ての子どもたちに学習機会を創造し、保障する方法には、望ましいものとそうでないものがあると捉えられる。全ての子どもたちがお互いに尊重し合いながら主体的・対話的に深く学ぶことを促すことが重要であるため、学びの質の観点から、教師が子どもたちに一方的に教えるばかりの状況、知識や技能の習得の程度により子どもたちの間に非対等な関係が生まれ、一方からもう一方に教えるばかりの状況を生み出す方法が望ましくないことは比較的広く共有されているだろう。それに加えて公正の観点からは、子どもに対して本人の意に反した過剰な介入あるいは強制により学ばせようとする状況、そうではなく資源の分配や支援を行うとしても、その際に子どもへの配慮や敬意を欠く状況は望ましくないことが指摘できる。

　同様のことは、子どもたちに主体的・対話的で深い学びを促す教師と学校への資源の分配と支援を担う教育委員会や国家の役割、及びそれらの担い手の連携や協働における望ましい在り方を検討する際にもあてはまる。子どもの主体的・対話的で深い学びを妨げ得る上述の状況を生み出す方法は、教師にとっても望ましくないと考えられる[2]。ただし、教師にとっては職能開発が職務の一環である点で、子どもと教師のそれぞれの課題を完全に同列に扱えるわけではない点を念頭に置く必要もあるだろう。また、教師の主体性に委ねることは、教育実践に分散をもたらす要因の一つにもなると予想され、その分散が公正で質の高い教育の実現を阻む場合には留意が必要である。しかし、それは教師の主体性の発揮を抑制することによってではなく、教師の主体性や協働性を支援する適切な条件整備によって回避することが望ましいと考えられる。

　第三に、本研究の採用する教育の公正と質の概念に基づくと、一方の実現にはもう一方の実現も必要である。教育の質の観点で重視される主体的・対話的で深い学びは、3次元の公正のうち、関係や対話における公正の実現を通じて行われるものと捉えられる。この公正にとって、子どもたち一人一人が既に価値ある意見を持つことに配慮しながら、発言や意思決定の主体としてさらに成長できるよう子どもたちを支えることが重要である。次に、こうした公正の追求を持続させることは、教育実践に焦点を合わせるだけでは困難であり、それを支える資源配分や組織マネジメントにおける公正、法令や計画における公正も実現される必要があると考えられる。つまり、教育の質向上は公正の実現を通じてこそ実現可能であり、また、関係や対話における公正を実現できてこそ質の高い教育実践だと言える。最後に、個々の子どもの身体的・心理的特性における多様性だけでなく、生まれ育った社会的・経済的・文化的背景の多様性を視野に入れ、その多様性に基づく個別ニーズに公的に対応することの必要性と妥当性を示すのは、公正の概念の特徴だと言える。質の高い教育を受ける機会を多様な全ての子どもたちが享受できているか検証するには、公正の概念を取り入れることで明示する意義があるだろう。

　第四に、字義どおりであるが、公正で質の高い教育は、学習を促す教育についての概念である。教育がなくても学習は可能だが、多様な人々がお互い尊重し合いながら生きられる社会を築くための学習の機会を、教育なしに全ての子どもたちに提供できるだろうか。現行の学習指導要領の前文にも、子どもたちが「持続可能な社会の創り手」になれるようにすることが学校の役割の一つだと明記されている。ここには、先述した社会問題の解決の担い手になることも含まれるだろう。社会問題の解決を子どもたちのみに押し付けるべきではないが、それに資する学びを経験することが子どもたちの将来にとって大きな意義をもつ可能性があると言えるだろう。しかし、子どもの主体性に任せるだけで全ての子どもたちがその経験を得られるとは限らない。そこで、全ての子どもたちに「持続可能な社会の創り手」となるための学びの機会を創造し、保障するために必要なのが、様々な担い手（大人）の連携や協働による公正で質の高い教育だと考えられる。

3. 研究方法

　本研究は、ICT が、以上で述べた普遍的な授業改善と個別ニーズへの対応、子ども同士の対等な学び合いに不可欠な個々の子どもの考えの把握、教師の主体性や協働性の発揮、「持続可能な社会の創り手」となるための学びの機会の創造と保障のための、有効な手段になり得ると想定する。しかし、ICT を活用すれば必ずそれらが可能になるのではなく、可能になるための工夫や条件が必要だと想定し、第 1 節で述べた研究課題を立てた。

　前節で、政策課題の設定に欠かせない概念である公正で質の高い教育が何を意味するか、規範に関する学術的な検討を手がかりに考察した。その上で、ICT の教育活用の工夫と条件整備のための具体的な教育政策の立案に資するには、課題設定の前提となる実態や教育施策の技術的な可能性についての知見も必要である。後者としてはより具体的に、ICT の教育活用が意図したとおりの効果や成果を生み出すか、どのようなメカニズムによりその効果や成果が現れるかについて示唆を与える知見である。これらの実態や効果に

ついて、全国的に又は比較的広範囲の自治体や学校に一般化可能な知見を得るには、量的調査データの分析が必要となる。本研究は、文部科学省の既存調査[3]や政府統計等から入手できる情報を利用するとともに（国立教育政策研究所 2022a）、それらからは入手できなかった情報を得るため後述の 2 種類の量的調査（オンライン質問調査）を実施した。

　さらに、公正で質の高い教育の実現には、その担い手の主体性を尊重することが重要であり、それを目指した ICT の教育活用についても各自治体の背景や文脈に応じた課題設定と解決方法が求められると考えられる。そこで、各自治体の成果に影響を及ぼしたと考えられる教育委員会や学校の取組についてより深く理解するため、質的調査データの分析から得られる知見も必要である。他の自治体でも参考となる一般化可能な取組について明らかにするとともに、どのような背景や文脈がその取組を必要とし、公正で質の高い教育を促進する条件となっているか検討することに意義がある。そこで本研究は、複数の政令指定都市及びプロジェクトメンバーの研究フィールドの自治体において、教育委員会、学校、教職員等を対象に、教育ビジョンや GIGA スクール構想の推進体制、ICT を活用した授業改善の取組に関する聞き取り調査及び観察調査も実施した。

　以下では、本研究で実施した 2 種類の量的調査の概要について述べる。

(1)「ICT の教育活用についてのウェブ調査」の概要

　「ICT の教育活用についてのウェブ調査」は、自治体や学校における ICT の教育活用の実態やその推進体制、教育ビジョンに関連する可能性のある教育長と校長の授業や平等に関する価値観などのデータを収集する量的調査である。原則として無作為に抽出した全国の 800 市区町村教育委員会と、その教育委員会が所管する合計 1,531 校の小学校と合計 971 校の中学校を対象に実施した。教育長、指導主事等（情報教育担当、配置されていない場合はそのほかの指導主事、指導主事以外の情報教育担当職員、又はそれに準ずる職員のいずれか 1 名）に回答を依頼した教育委員会調査と校長に回答を依頼した学校調査がある。2020 年度、2021 年度、2022 年度の合計 3 回、いずれも 11 月から 12 月にかけて

実施した。第 2 回以降の追跡対象は、第 1 回調査で協力が得られた 560 市区町村と約 1,066 の学校である（このうち、閉校等の学校は対象から除く）。

　コロナ対策で通常よりも学校運営に困難が伴う状況の中で実施したため、調査への協力は教育委員会と学校のそれぞれにとって任意であることを依頼の際に強調した。各回の各調査の回答率は**付表 0-1** に示すとおり、教育長調査が 50% から 53%、指導主事等調査が 52% から 60%、小学校長は 45% から 58%、中学校長が 38% から 56% である。国立教育政策研究所 (2022a; 2023) で調査方法の詳細を説明し、調査項目一覧[4] と基礎集計表を掲載している。なお、この調査は国立教育政策研究所研究倫理審査委員会の承諾を得ている (2020 年 10 月 23 日)。

　この調査の主な意義は、2020 年度時点で全国規模では十分に把握されていなかった ICT の教育活用の実態について把握した点にある。2020 年度は GIGA スクール構想の下で児童生徒 1 人 1 台端末の配布・活用が進む前である。2021 年度以降に実施した調査の結果と比較することで、GIGA スクール構想の効果を分析することが可能となる。

(2)「ICT の教育活用と学習についての教員・児童生徒調査」の概要

　「ICT の教育活用と学習についての教員・児童生徒調査」は、実際に ICT を活用して授業を行う教員の状況や学習に取り組む児童生徒の状況に関するデータを収集するため、教育委員会の協力が得られた自治体で実施した、小学校 4 年生から中学校 3 年生の学級担任と児童生徒を対象とする量的調査である。本書は、政令指定都市である仙台市、横浜市、川崎市、堺市、熊本市で実施した第 1 回調査（主に 2021 年 7 月に実施）と第 2 回調査（主に 2021 年 11 〜 12 月に実施）のデータを使用する。この調査のデータ及び分析結果について報告する際には、個々の政令指定都市を特定せず、順不同に A 市、B 市、C 市、D 市、E 市と表記する。

　この調査は、各市の教員と児童生徒をそれぞれ母集団とする調査であり、調査対象校は教育委員会による有意抽出だが、その市全体の状況を反映できるサンプルとなるよう、可能な限り偏りのない抽出を依頼した。学校が協力

に承諾した場合も、教員調査と児童生徒調査への回答は個人ごとに任意とした。児童生徒調査については、授業時間外の朝の時間又は帰りの時間等を利用することを原則としたため、各回について前半と後半に分けて実施した（前半・後半のそれぞれで 15 分程度の所要時間を想定）。第 1 回調査と第 2 回調査の対象校数（小学校 11 校〜 42 校、中学校 11 校〜 33 校）、対象者数（教員調査：小学校 86 〜 304 人、中学校 140 〜 441 人、児童生徒調査：小学校 2,768 〜 9,499 人、中学校：5,225 〜 13,581 人）、有効回答数（教員調査：小学校 47 〜 228 人、中学校 38 〜 260 人、児童生徒調査：小学校 2,046 〜 7,904 人、中学校 1,047 〜 9,198 人）、有効回答率（教員調査：小学校 24 〜 100％、中学校 26 〜 100％、児童生徒調査：小学校 33 〜 89％、中学校 19 〜 84％）は市ごとに異なり、**付表 0-2** に示すとおりである。2021 年度のコロナの拡大状況から、回答率が低いとしても再依頼は控えた市があり、有効回答率にはそうした難しい状況も反映している。国立教育政策研究所（2022b）で調査方法の詳細を説明し、調査項目一覧を掲載している。なお、この調査は国立教育政策研究所研究倫理審査委員会の承諾を得ている（2021 年 6 月 29 日）。

　調査項目の作成に際には仮説を立て[5]、教育心理学、情報工学、教育社会学、教育行政学、学校経営学等の先行研究を参考にして検討した。本研究の調査では、心理学の構成概念を含めた様々な概念を扱うことを目指しながらも、回答時間の制約を考慮し、各概念について簡易的に測定する質問項目を取捨選択の上で採用した[6]。

4. 本書の構成

　本書は 2 部構成であり、第 1 部は、ICT の教育活用により公正で質の高い教育の実現を目指す際に求められる国、教育委員会、学校の役割について議論する。全国の市区町村教育委員会と学校を対象に実施した「ICT の教育活用についてのウェブ調査」のデータを主に用い、ICT の教育活用が公正で質の高い教育の実現に貢献するには、国や教育委員会はどのような資源配分や支援を学校に対して行う必要があるか、教育委員会や学校はどのような組織マネジメントを図る必要があるか検討する。

　第2部はICTの教育活用により公正で質の高い教育の実現を目指す際に、教員と児童生徒は現状でどのような課題に直面しているか、またどのような可能性が見出されるかについて議論する。五つの政令指定都市で実施した「ICTの教育活用と学習についての教員・児童生徒調査」のデータを用い、授業で積極的にICTを活用する教員の特徴、ICTの教育活用による教員の時間確保への影響、ICTの教育活用による児童生徒の学習エンゲージメント、批判的思考態度、希望の形成への影響について検討する。また、公正で質の高い教育を目指したICT活用に関する研究において蓄積が不十分な、社会経済的に不利な家庭環境で育つ児童生徒の課題について量的調査データの分析から明らかにした後、その克服に向けたICT活用の可能性について、教員へのインタビュー調査に基づく質的研究により検討する。

　本書は、主に量的調査データの分析に基づく研究成果をまとめるものである（ただし、各章で質的調査から得られた知見も適宜参照するとともに、第12章には質的研究の成果を掲載する）。本書の議論は量的調査と質的調査の両方を経験したからこそ組み立てられたものであるが、本書では紙幅の都合により多くの質的調査データの分析結果は割愛するため、それについては国立教育政策研究所（2022b; 2023）を参照していただきたい。

付表 0-1 「ICT の教育活用についてのウェブ調査」の回答状況

	2020 年度			2021 年度			2022 年度		
	調査 対象数	回答数	回答率 (%)	調査 対象数	回答数	回答率 (%)	調査 対象数	回答数	回答率 (%)
教育長	800	395	49.4	560 [(2)]	295	52.7	560 [(2)]	278	49.6
指導主事等	800	415	51.9	560 [(2)]	333	59.5	560 [(2)]	318	56.8
小学校長	1,531	693	45.3 [(1)]	687 [(3)]	397	57.8 [(1)]	681 [(4)]	386	56.7 [(1)]
中学校長	971	373	38.4 [(1)]	369 [(3)]	205	55.6 [(1)]	370 [(4)]	196	53.0 [(1)]

注：(1) 分母には教育委員会の判断で調査依頼が配布されなかったケースを含む。
(2) 2020 年度に教育長、指導主事等、校長のうち、少なくとも 1 人の回答があった市区町村を含む。
(3) 2020 年度に回答のあった学校から、2020 年度末で閉校あるいは 2021 年度に休校の学校を除く。
(4) 2020 年度に回答のあった学校から、2021 年度末までに閉校した学校を除く。2021 年度に休校だった
　　学校は対象とするため、中学校数は 2021 年度より 2022 年度の方が多くなっている。

付表 0-2　「ICT の教育活用と学習についての教員・児童生徒調査」の対象数、有効回答数、有効回答率（政令指定都市、2021 年度）

	A市 (42)					B市 (23)					C市 (13)				
小学校	対象数	第1回 有効回答数	第1回 有効回答率(%)	第2回 有効回答数	第2回 有効回答率(%)	対象数	第1回 有効回答数	第1回 有効回答率(%)	第2回 有効回答数	第2回 有効回答率(%)	対象数	第1回 有効回答数	第1回 有効回答率(%)	第2回 有効回答数	第2回 有効回答率(%)
教員調査	302	218	72.2	121	40.1	199	126	63.3	47	23.6	151	91	60.3	58	38.4
児童生徒調査 前半	9,118	7,369	80.8	5,326	58.4	6,177	4,672	75.6	2,354	38.1	5,147	2,915	56.6	2,915	56.6
児童生徒調査 後半	9,118	5,094	55.9	5,423	59.5	6,177	2,046	33.1	2,533	41.0	5,147	2,046	39.8	2,620	50.9
全調査	9,118	3,896	42.7	2,848	31.2	6,177	1,379	22.3	1,004	16.3	5,147	1,582	30.7	1,282	24.9
中学校 (A市 33 / B市 15 / C市 8)															
教員調査	441	260	59.0	161	36.5	182	112	61.5	66	36.3	149	42	28.2	38	25.5
児童生徒調査 前半	13,581	9,198	67.7	7,670	56.5	6,355	4,715	74.2	3,180	50.0	5,625	1,498	26.6	1,521	27.0
児童生徒調査 後半	13,581	6,909	50.9	7,692	56.6	6,355	3,548	55.8	3,261	51.3	5,625	1,047	18.6	1,508	26.8
全調査	13,581	4,790	35.3	4,051	29.8	6,355	2,678	22.3	1,823	28.7	5,625	908	16.1	1,061	18.9

	D市 (11)					E市 (35)				
小学校	対象数	第1回 有効回答数	第1回 有効回答率(%)	第2回 有効回答数	第2回 有効回答率(%)	対象数	第1回 有効回答数	第1回 有効回答率(%)	第2回 有効回答数	第2回 有効回答率(%)
教員調査	86	86	100	81	94.2	304	228	75.0	163	53.6
児童生徒調査 前半	2,768	2,473	89.3	2,440	88.2	9,499	7,904	83.2	6,105	64.3
児童生徒調査 後半	2,768	2,353	85.0	2,392	86.4	9,499	5,250	55.3	6,434	67.7
全調査	2,768	2,191	79.2	2,158	78.0	9,499	3,925	41.3	3,624	38.2
中学校 (D市 11 / E市 21)										
教員調査	140	140	100	134	95.7	297	212	71.4	154	51.9
児童生徒調査 前半	5,225	4,334	82.9	4,361	83.5	10,003	8,125	81.2	7,328	73.3
児童生徒調査 後半	5,225	4,285	82.0	4,303	82.4	10,003	7,175	71.7	7,515	75.1
全調査	5,225	3,977	76.1	4,018	76.9	10,003	4,863	48.6	3,810	38.1

注：全調査の行に示すのは、教員調査、児童生徒調査の前半と後半の全ての回答がそろっている各学級の児童生徒回答者数である。

18

注

1 ケイパビリティ・アプローチは、特定の社会正義や公正の考え方とは結びつかない価値中立的な分析枠組みとして用いることが可能だが (Robeyns 2017)、セン自身は社会に存在するケイパビリティの不平等という不正義を一つ一つ是正しながら正義に近づくことの意義を主張する (Sen 2009)。

2 教師にも主体的・対話的に深い学びの実現が求められるという考え方は、2022年12月の中央教育審議会答申「『令和の日本型学校教育』を担う教師の養成・採用・研修等の在り方について～『新たな教師の学びの姿』の実現と、多様な専門性を有する質の高い教職員集団の形成～」でも明確にされている。ただし、この答申が前提とする規範が、本研究の公正で質の高い教育の概念と一貫性を見出せるものか否かについての検討は今後の課題である。

3 本研究では、文部科学省が実施した「新型コロナウイルス感染症対策のための学校の臨時休業に関連した公立学校における学習指導等の取組状況について」(2020年4月16日時点)、「新型コロナウイルス感染症の影響を踏まえた公立学校における学習指導等に関する状況について」(2020年6月23日時点)、「学校における教育の情報化の実態等に関する調査」(2019年度)、「学校基本調査」(2020年度)、「全国学力・学習状況調査」(2013～2019年度)の個票データを、二次利用に関する所定の手続を経て貸与を受け、使用している。2021年度と2022年度は、「学校基本調査」の個票データの貸与を受けず、児童生徒数、本務教員数、学級数について学校調査で回答を求めた。

4 調査項目の作成の際には、一部、OECD国際教員指導環境調査 (TALIS) やOECD国際成人力調査 (PIAAC) を参考にした。詳細は国立教育政策研究所 (2022a) に示す。

5 児童生徒調査では、ICTを活用した協働的な学びにより他者との出会い・対話が進み、知識・思考が広がり、批判的思考や他者へのケアが促され、動機付けが高まることで主体的に学習に取り組み、知識・技能の習得と思考・判断・表現につながるという仮説を立てた。また、そうした学習行動を通じ、児童生徒の自尊感情・自己有用感の向上、将来への希望や他者・社会への関心の形成、児童生徒のウェルビーイング（健康、信頼関係など）の維持・向上が見られるか検討するための質問項目も作成した。教員調査では、ICTの教育活用に向けて組織的取組が行われている場合、教員のICT不安が緩和されている場合にICTの積極的な活用が促進されるという仮説を立てた。また、ICTの教育活用の成果が大きくなるには、児童生徒が情報活用能力を十分に習得していること、教師と児童生徒及び児童生徒同士の関係づくりができていること、教師のICT不安が緩和されていること、カリキュラム・マネジメントの一環としてICT活用

が位置付けられていること、学習評価が充実していること、教師が主体的・対話的で深い学びを重視する学習観を有していることが条件になるという仮説を立てた。

6　調査項目の作成の際に参考とした先行研究や調査は、調査項目一覧と併せて国立教委育成策研究所 (2022b) に示す。

参考文献

Dunn, W. N.（2018）*Public Policy Analysis: An Integrated Approach, Sixth Edition*, Routledge.

Dworkin, R.（2000）*Sovereign Virtue: The Theory and Practice of Equality*, Harvard University Press.

国立教育政策研究所 (2022a)『公正で質の高い教育を目指した ICT 活用の促進条件に関する研究：2020 年度全国調査の分析』.

国立教育政策研究所 (2022b)『公正で質の高い教育を目指した ICT 活用の促進条件に関する研究：2021 年度政令指定都市調査の第一次分析』.

国立教育政策研究所 (2023)『公正で質の高い教育を目指した ICT 活用の促進条件に関する研究：全国調査及び政令指定都市調査の分析』.

Rawls, J.（1971）*A Theory of Justice*, Harvard University Press.

Robeyns, I.（2017）*Wellbeing, Freedom and Social Justice: The Capability Approach Re-Examined*, Open Book Publishers.

Roemer, J. E.（1998）*Equality of Opportunity*, Harvard University Press.

Sen, A.（1979）*Equality of What?*, Tanner Lecture on Human Values, Stanford University.

Scn, A.（1999）*Development as Freedom*, Oxford University Press.

志水宏吉・鈴木勇編 (2012)『学力政策の比較社会学【国際編】：PISA は各国に何をもたらしたか』明石書店.

志水宏吉・高田一宏編 (2012)『学力政策の比較社会学【国内編】：全国学力テストは都道府県に何をもたらしたか』明石書店.

Unterhalter, E.（2009）What is Equity in Education? Reflections from the Capability Approach, *Studies in Philosophy and Education*, 28, 415-424.

卯月由佳 (2009)「教育の公共性と準市場：多様な個人のために機会を創造すること」広田照幸編『自由への問い 5　教育：せめぎあう「教える」「学ぶ」「育てる」』岩波書店.

卯月由佳 (2018)「公正と卓越性」日本教育社会学会編『教育社会学事典』丸善出版.

卯月由佳 (2022)「研究の目的とデザイン」国立教育政策研究所『公正で質の高い教育を目指した ICT 活用の促進条件に関する研究：2021 年度政令指定都市調査の第一次分析』, 1-14.

第1部　国と教育委員会と学校の役割

第1章　どのような市区町村や学校が ICT の教育活用に積極的か？
.... 露口健司

第2章　市区町村の社会経済的背景がもたらす ICT の教育活用への制約
.... 卯月由佳

第3章　学習指導における ICT 活用の現状と展望.............. 山下　絢

第4章　ICT の教育活用におけるキーパーソンの役割と組織的取り組み
.... 諏訪英広

第5章　ICT 支援員の配置状況と授業づくり支援の効果
.... 卯月由佳

第1章　どのような市区町村や学校がICTの教育活用に積極的か？

露口健司

1. ICTの教育活用の自治体間・学校間分散に着目する意義

　GIGAスクール構想の展開初動期にCOVID-19問題が出現した。2020（令和2）年4月16日夕方に「緊急事態宣言」が出され、全国1,213設置者、25,223校が4月16日以降の臨時休業に入った。臨時休業を実施した教育委員会のうち、4月16日時点で同時双方向オンライン指導の方針を示した教育委員会はわずか5％であり、デジタル教科書やデジタル教材の活用方針を示した教育委員会は29％にとどまった（文部科学省 2020a）。この調査結果は、我が国における教育ICT環境の市区町村間格差を浮き彫りにした。文部科学省は毎年度「学校における教育の情報化の実態等に関する調査結果」を公開しており、市区町村間のICT教育環境格差は可視化されていた。しかし、教育関係者はこの調査結果に対してそれほど反応していない。4月16日の調査結果は、COVID-19下の日本において5％程度の子ども（実際は市区町村。市区町村内全校ではないのでこの数値はさらに低い）しか一定水準の学習機会が保障されていないという印象を、保護者を含む多くの教育関係者に与えた。日本の学校においてICTを活用させる授業の実施状況がTALIS参加国平均に比べて極めて低調であるとする衝撃的な結果と相まって、COVID-19は、日本の学校教育に対する信頼に大きな揺らぎを与えたと言える。

　COVID-19は臨時休業中の子どもたちのキャリア資本に対してダメージを与えている。キャリア資本とは、特定の定義は確立していないが、個人の能力や資格（人的資本）にとどまらず、個人の経験を通して形成してきた様々な

能力・特性・状態（心理資本・健康資本・社会関係資本）を包括する資本概念である（露口 2020 参照）。長期間のステイホームは、人的資本（資質・能力）、心理資本（効力感・楽観性・希望・再起性等）、健康資本（心身の健康）、社会関係資本（人とのつながり）を毀損するのである。そして、社会経済的階層（Socioeconomic Status）が低い家庭においてダメージが深刻で回復が困難であることがこれまでの調査研究において明らかにされている（三菱 UFJ リサーチ＆コンサルティング 2020; OECD 2020）。臨時休業期間中に、学力をはじめとする多様な能力面での格差が拡大することを多くの教育関係者が懸念していた。オンライン家庭学習は格差是正のための数少ない希望の光であった。

　文部科学省は、「1 人 1 台端末」の早期実現や、家庭でもつながる通信環境の整備を加速することで、災害や感染症の発生等による学校の臨時休業等の緊急時においても、ICT の活用によりすべての子どもたちの学びを保障できる環境を早急に実現することを目的として、既に 4 月 7 日に GIGA スクール構想の前倒し（令和 5 年度端末配備完了から令和 2 年度内配備完了へ）を決定していた。こうした国の迅速な動きを受けて、2020（令和 2）年 6 月 23 日時点では、同時双方向オンライン指導について小学校 8％、中学校 10％が実施し、また、デジタル教科書やデジタル教材の活用については小学校 34％、中学校 36％が実施に至っている（文部科学省 2020b）。

　2020（令和 2）年度当初の一連の動きから、COVID-19 対応のオンライン家庭学習の実施における自治体間格差と学校間格差の実態を我々は認知した。ある自治体・学校では、COVID-19 対応のオンライン家庭学習が実施され、別の自治体・学校では実施できていない。突発的な環境変動下での教育イノベーション発生現象の分散は何を原因として生まれるのであろうか。このような問いを、多くの教育関係者がこの時期に抱いていた。

　一方、2020（令和 2）年度に入り、ICT の教育活用は ICT 環境整備を基盤として徐々に進展する。様々な自治体・学校の様々な先進事例が、国内各所で報告されるようになった。GIGA スクール構想関連事業がスタートし、一斉学習・個別学習・協働学習に ICT を活用することで、学びの深化と転換が実現する。子どもたちの資質・能力、日本の ICT 教育も大きく変わりそうだという期待

が膨らんでいた。また、学習だけでなく、評価・研修・校務等の多様な場面で ICT を積極活用する学校の報告も多数出現している。しかし、こうした報告を耳にすることで、GIGA スクール構想の進展について、順調な自治体・学校とそうでない自治体・学校があることに気づく。この教育政策・事業推進についての分散は何を原因として生まれるのであろうか。突然の環境変動下でのオンライン家庭学習の実施と同様に、日常的な学校での ICT 活用実践についても自治体・学校間の分散発生の原因解明が、問題意識として生じる。

　以上の問題意識に基づき、本章では、ICT の教育活用の分散規定要因を、探索的分析を通して解明することを目的とする。また、本研究目的を達成するために、以下の 2 つの研究課題を設定する。

> 研究課題 1：COVID-19 下においてオンライン家庭学習を可能にした要
> 　　　　　　因は何か？
> 研究課題 2：学校での積極的な ICT 活用を可能にした要因は何か？

　研究課題 1 については、教育委員会レベルでの規定要因分析と学校レベルでの規定要因分析を実施する。つまり、教育委員会レベルでの実施の分散を説明するモデルと学校レベルでの分散を説明するモデルを構築する。オンライン家庭学習実施の規定要因は、教育委員会レベルと学校レベルでは、異なることが予測される。教育委員会による実施方針の提示と、所轄内の学校での実施はイコールではない。

　研究課題 2 については、学校レベルを対象とする分析を実施する。2020（令和 2）年 4 月に文部科学省より示された GIGA スクール構想の前倒しを受け、ほとんどの自治体が ICT の教育活用についての類似の方針を示している。同年 4 〜 6 月のオンライン家庭学習は教育委員会レベルではオプションであったが、ICT の教育活用の推進は調査時点（2020（令和 2）年 11 月）では教育委員会・学校にとって実施しないという選択肢はない。しかし、現実的には、各教育委員会・各学校において相当の分散が発生していると予測される。

　COVID-19 下でのオンライン家庭学習の実施と学校での積極的な ICT 活用

の促進条件は、先行研究（露口 2022）に示されている 5 つの視点（社会経済的環境、教育環境、リーダーシップ、社会関係資本、人的資源）より、具体的な変数を設定した上で検討する。

2. 調査方法・変数・分析戦略

(1) 調査手続とサンプル

　2020（令和 2）年 11 月〜 12 月に「ICT 教育活用についてのウェブ調査」を実施した。調査対象は、全国 1,741 市区町村教育委員会より層化無作為抽出法により抽出した 800 市区町村教育委員会と、当該教育委員会が所管する小・中学校 2,508 校（小学校 1,535 校及び中学校 973 校）である。回収率は、教育長 49.4％（395/800）、指導主事 51.9％（415/800）、小学校 45.3％（693/1,531）、中学校 38.4％（373/972）であった。

(2) 行政データ

　上記教育委員会調査と学校調査の WEB アンケートデータに加え、文部科学省が保有する「①新型コロナウイルス感染症対策のための学校の臨時休業に関連した公立学校における学習指導等の取組状況について（令和 2 年 4 月 16 日時点）」「②新型コロナウイルス感染症の影響を踏まえた公立学校における学習指導等に関する状況について（令和 2 年 6 月 23 日時点）」「③令和元年度学校における教育の情報化の実態等に関する調査結果（令和 2 年 3 月 1 日現在）」「④全国学力・学習状況調査（2013-2019 年度）」「⑤学校基本調査（2020 年度）」を使用した。この他、総務省「⑥住民基本台帳に基づく人口、人口動態及び世帯数（平成 30 年 1 月 1 日現在）」「⑦地方公共団体の主要財政指標一覧（平成 30 年度版）」を使用した。

(3) 市区町村レベル変数

1) ICT を活用した家庭学習

　上記①②のデータを使用した。双方向オンライン学習 Wave1：臨時休業開始の 2020（令和 2）年 4 月 16 日時点で、同時双方向のオンライン指導を通じた家

庭学習を課す方針を持っている場合は「1」、持たない場合は「0」を選択（M=0.05, SD=0.22）。双方向オンライン学習 Wave2：同年 6 月 23 日時点で、同時双方向のオンライン指導を通じた家庭学習を実施した場合は「1」、実施していない場合は「0」を選択（M=0.11, SD=0.32）。デジタル教材活用 Wave1：2020（令和 2）年 4 月 16 日時点で、デジタル教科書やデジタル教材を活用した家庭学習を課す方針を持っている場合は「1」、持たない場合は「0」を選択（M=0.23, SD=0.42）。デジタル教材活用 Wave2：同年 6 月 23 日時点でデジタル教科書やデジタル教材を活用した家庭学習を実施していた場合は「1」、実施していない場合は「0」を選択（M=0.44, SD=0.50）。

2）社会経済的環境変数

市区町村人口（⑥ 2018 年度の Z スコア、M=0.00, SD=1.00）、高齢化率（⑥ 2018 年度、M=30.88, SD=6.58）、財政力指数（⑦ 2018 年度、M=0.56, SD=0.28）、PC 一台あたり児童生徒数（③ 2019 年度、M=6.09, SD=3.04）、特別な支援を要する児童の割合 5％未満ダミー（以下指導主事回答、M=0.39, SD=0.49）、日本語指導を要する児童の割合 0％ダミー（M=0.36, SD=0.49）、就学援助を利用している児童の割合 5％未満ダミー（M=0.15, SD=0.36）を設定した。

3）教育環境変数

課題として顕在化している ICT 推進リスクについて該当「1」、非該当「0」とするダミー変数を設定した。スマホ依存問題ダミー（M=0.34, SD=0.48）、情報モラル問題ダミー（M=0.24, SD=0.43）、サイバー攻撃問題（M=0.06, SD=0.23）、個人情報流出問題ダミー（M=0.18, SD=0.39）。また、2013 〜 2019 年度の学力・学習状況調査における小学校の国語と算数の全国比を算出し、7 年間連続して全国平均を上回っている学力高位維持ダミー（④ 2013-2019 年度、M=0.14, SD=0.34）、7 年間連続して全国平均を下回っている学力低位維持ダミー（④ 2013-2019 年度、M=0.16, SD=0.36）を設定した。

4）教育長のリーダーシップ変数

教育長のリーダーシップを、教育ビジョン（授業観）、戦略（資源分配）、スキル（ICT リテラシー）の 3 点より測定した。

教育長の授業観尺度（18 項目）を作成し、主成分分析（カテゴリカル主成分分析、以下同様）の結果、伝統的授業重視傾向（M=0.01, SD=1.04）と革新的授業重視傾

向 (M=0.03, SD=0.98) の2変数を設定した（測定項目は露口（2022）を参照、以下同様）。また、教育長による時間的・人的資源分配についての一律平等志向を測定するための平等分配志向尺度（6項目SD法）を作成し、主成分分析の結果、1変数を設定した (M=-0.04, SD=1.00)。さらに、教育長のICTリテラシー尺度（8項目）を作成し、主成分の結果、1変数を設定した (M=-0.01, SD=1.01)。

5) 社会関係資本変数

ICT環境整備と教育活用推進における首長部局との連携状況尺度（9項目、6件法）を作成し、主成分分析の結果、1変数を設定した (M=0.01, SD=1.00)。また、都道府県教育委員会からの支援状況尺度（9項目、6件法）を作成し、主成分分析の結果、1変数を設定した (M=0.01, SD=1.00)。さらに、校長会の理解状況について肯定を「1」、否定を「0」とするダミー変数を設定した (M=0.86, SD=0.35)。

6) 人的資源変数

ICT環境整備と教育活用推進において影響の大きい鍵となる人材が教育委員会事務職にいる場合を「1」、その他の場合を「0」とするキーパーソンダミー変数 (M=0.67, SD=0.47) を設定した。また、専任又は兼任の情報教育担当指導主事が配置されている場合を「1」、その他を場合「0」とする情報教育担当指導主事ダミー変数 (M=0.64, SD=0.48) を設定した。さらに、所管する教育委員会・教育センター・学校等におけるICT支援員の配置がある場合を「1」、その他の場合を「0」とするICT支援員配置ダミー (M=0.53, SD=0.50) を設定した。

(4) 学校レベル変数

1) ICTを活用した家庭学習／授業でのICT活用度

2020（令和2）年11月の調査時点での臨時休業や分散登校への対応策の実施状況（実施=1, 未実施=0）について、双方向オンライン学習 (M=0.11, SD=0.31) とデジタル教材配信 (M=0.18, SD=0.38) について選択を求めた。また、学校におけるICT活用尺度（31項目）を作成し、該当する項目の合計点を学校のICT活用度 (M=11.59, SD=5.26) とした。確証的カテゴリカル主成分分析の検定を経た操作である。

2) 社会経済的環境変数

校区の社会経済的環境変数として、学級数（⑤ M=12.01, SD=6.80）、小学校ダ

ミー（M=0.64, SD=0.48）、特別な支援を要する児童生徒の割合 5 ％未満ダミー（M=0.44, SD=0.50）、日本語指導を要する児童生徒の割合 0 ％ダミー（M=0.71, SD=0.45）、就学援助を利用している児童生徒の割合 5 ％未満ダミー（M=0.20, SD=0.40）を設定した。

3）教育環境変数

課題として顕在化している ICT 推進リスクとして市区町村調査と同様、スマホ依存問題ダミー（M=0.34, SD=0.47）、情報モラル問題ダミー（M=0.23, SD=0.42）、サイバー攻撃問題ダミー（M=0.05, SD=0.21）、個人情報流出問題ダミー（M=0.19, SD=0.39）の 4 変数を設定した。

4）校長のリーダーシップ変数

市区町村調査と同様、校長の伝統的授業重視傾向（M=0.00, SD=1.00）、校長の革新的授業重視傾向（M=0.00, SD=1.00）、校長の平等分配志向（M=0.00, SD=1.00）、校長の ICT リテラシー（M=0.00, SD=1.01）の 4 変数を設定した。

5）社会関係資本変数

ICT 環境整備と教育活用推進における教育委員会からの支援状況について、非常によく受けている場合を「1」、その他の場合を「0」とする教育委員会の支援ダミー（M=0.26, SD=0.44）を設定した。また、教職員の理解状況について、非常によく得られている場合を「1」、その他の場合を「0」とする ICT 推進の教職員理解ダミー変数を設定した（M=0.13, SD=0.33）。さらに、教員が同僚との良好な関係のもとで ICT を活用した授業の準備のための時間を確保できているかについて、かなり／非常によくできている場合を「1」、その他の場合を「0」とする ICT 授業準備ゆとりダミー変数（M=0.14, SD=0.35）を設定した。

6）人的資源変数

学校でのキーパーソンダミー（M=0.73, SD=0.44）、ICT 支援員配置ダミー（M=0.35, SD=0.48）、学習指導員・支援員配置ダミー（M=0.56, SD=0.50）を設定した。

(5) 分析戦略

1）オンライン家庭学習の促進条件の探索的分析

教育委員会レベルの促進条件の探索的分析：Wave1（2020（令和 2）年 4 月 16 日）

時点の方針提示、Wave2（同年6月23日）時点での実施状況の有無について、「同時双方向型のオンライン学習」と「デジタル教材配信」の2つの手段を対象とする計4個の被説明変数（二値変数）を設定する。一方、説明変数としては、社会経済的環境（7変数）、教育環境（6変数）、教育長のリーダーシップ（4変数）、社会関係資本（3変数）、人的資源（3変数）の計23変数を投入する。二値データを被説明変数とするシングルレベルのクロスセクションデータの分析であるため、ロジスティック回帰分析を採用する。

学校レベルの促進条件の探索的分析：調査時点（2020（令和2）年11月）における臨時休業や分散登校への対応としての遠隔授業（「双方向型」「配信型」）の活用状況についての二値変数を被説明変数とする。説明変数として、社会経済的環境（5変数）、教育環境（4変数）、校長のリーダーシップ（4変数）、社会関係資本（3変数）、人的資源（3変数）の計19変数を投入する。

2）学校レベルでのICT活用状況の探索的分析

調査時点（2020（令和2）年11月）におけるICT活用状況（学習・評価・研修・校務等）を被説明変数とし、前掲の学校レベルの19変数を説明変数とする重回帰分析（Ordinary Least Squares: OLS）を実施する。また、説明変数の内生性問題を回避するため、操作変数法の一分析手法である二段階最小二乗法（Two Stage Least Squares: 2SLS）を併せて実施する。操作変数として校長の学歴（大学院修了）を選択する（説明変数はICTリテラシー）。さらに、ICT活用度の分布の平均層だけでなく、上位層や下位層が説明変数によってどのように変化するのかを検討するために分位点回帰分析を実施する。なお、いずれの分析モデルにおいても学校が所在する市区町村の影響があると推測されるためこの影響をコントロールしたモデルとする。分析にはIBM SPSS Statistics ver. 27.0を使用した。

3．積極的なICTの教育活用のための促進要因は何か？

(1) オンライン家庭学習を可能にした要因

COVID-19下においてオンライン家庭学習を可能にした要因を、2020（令和2）年4月段階での方針提示（教育委員会）、同年6月段階での実施（教育委員会）、

同年 11 月段階での実施（学校）の 3 ステージ別に分析した。

　2020（令和 2）年 4 月 16 日時点でのオンライン家庭学習の方針については、双方向オンラインにおいて「学力高位維持ダミー」と「キーパーソンダミー」の強い影響が認められた（**表 1-1**）。なお、表ではオッズ比（Exp（B））が有意であったもののみを掲示している。全国平均を毎年のように上回る学校では、就学援助率が低く、学校所在自治体の所得水準が高いことが判明している（Tsuyuguchi et al. 2020）。地域の経済水準が高く、双方向オンラインシステムについての専門的な知見・技術を持った人材が教育委員会に配置されていたことが早々の方針提示に結びついた。一方、デジタル教材配信の方針提示においても、「財政力指数」の影響が認められている。予算の裏付けなしに、オンライン家庭学習の環境整備の方針を提示することは困難である。また、主体的・対話的で深い学びを重視する「教育長の革新的授業重視傾向」、デジタル教材配信に対しての「校長会理解（ダミー）」の影響が確認された。これらの他、特別な支援を要する児童生徒が少ないこと（特別支援 5％未満ダミー）、日本語指導を要する児童生徒がいること（日本語指導 0％ダミー）、個人情報流出が問題点として議論されていること（個人情報流出問題ダミー）といった条件が、

表 1-1 オンライン家庭学習のロジスティック回帰分析【教育委員会調査：4 月方針】

| | 双方向オンライン（4月16日） | | デジタル教材配信（4月16日） | |
	Exp（B）	95% 信頼区間	Exp（B）	95% 信頼区間
財政力指数 *10	1.289	0.887　1.873	1.219**	1.015　1.465
特別支援 5％未満ダミー	1.071	0.279　4.114	2.089*	1.089　4.009
日本語指導 0％ダミー	0.977	0.131　7.308	0.355*	0.138　0.913
個人情報流出問題ダミー	0.421	0.022　8.042	3.004*	1.095　8.237
学力高位維持ダミー	5.191**	1.239　21.757	0.635	0.261　1.547
教育長の革新的授業重視傾向	0.870	0.442　1.713	1.673**	1.180　2.392
校長会理解ダミー	0.396	0.056　2.797	3.115*	1.047　9.264
キーパーソンダミー	28.065**	1.176　669.636	1.522	0.715　3.241
統制変数（15 変数）	✔		✔	
疑似決定係数（NagelkerkeR^2）	.356		.345	

注：N=326. ** p <.01, * p <.05. Exp（B）はオッズ比を示す。財政力指数は 10 倍値を用いている。
出所：国立教育政策研究所「ICT の教育活用についてのウェブ調査」、2（2）に記載した行政データ

方針提示を左右した要因として析出されている。

　2020（令和2）年6月時点での早期実施については、双方向オンラインとデジタル教材配信ともに「財政力指数」と「PC1台あたりの児童生徒数」の影響が検出された（**表1-2**）。財政力指数は1単位（実数は0.1）上昇することで双方向オンライン実施率が1.35倍、デジタル教材配信の実施率が1.33倍上昇する。PC1台あたり児童生徒数は1人増えることで双方向オンラインの実施率が0.67倍、デジタル教材配信実施率が0.84倍低下する。これらの他、双方向オンラインは、個人情報流出が問題点として議論されていることで実施率が4.29倍、情報教育担当の指導主事が配置されていることで実施率が3.30倍増加する。また、一律の進展を肯定する教育長の平等分配志向が1SD上昇することで、実施率は0.62倍となる。

　2020（令和2）年11月時点の学校単位でのオンライン家庭学習の実施状況については、双方向型においてキーパーソンとICT支援員配置の影響が認められた（**表1-3**）。リーダー人材と支援人材の配置が実施の決め手となっている。一方、学校規模（学級数）、スマホ依存問題が問題点として議論されていること、校長の平等分配志向には、双方向型の実施率を抑制する影響が認められている。

　双方向型よりも難易度が低い配信型においては、学校規模（学級数）、教育

表1-2　オンライン家庭学習のロジスティック回帰分析【教育委員会調査：6月実施状況】

	双方向オンライン（6月23日）			デジタル教材配信（6月23日）		
	Exp (B)	95% 信頼区間		Exp (B)	95% 信頼区間	
財政力指数 *10	1.352*	1.045	1.749	1.329**	1.127	1.566
PC1台あたり児童生徒数	0.666**	0.532	0.834	0.839**	0.736	0.956
個人情報流出問題ダミー	4.291**	1.043	17.658	1.005	0.445	2.272
教育長の平等分配志向	0.621*	0.405	0.950	1.194	0.904	1.577
情報教育指導主事ダミー	3.301*	1.063	10.253	1.677	0.921	3.054
統制変数（18変数）	✔			✔		
疑似決定係数（NagelkerkeR^2）	.366			.309		

注：N=326. ** p <.01, * p <.05. Exp (B) はオッズ比を示す。
出所：国立教育政策研究所「ICT の教育活用についてのウェブ調査」、2 (2) に記載した行政データ

表 1-3　オンライン家庭学習のロジスティック回帰分析【学校調査：11 月実施状況】

	双方向型（11 月）			配信型（11 月）		
	Exp (B)	95% 信頼区間		Exp (B)	95% 信頼区間	
学級数	0.941**	0.905	0.979	1.034*	1.007	1.061
スマホ依存問題ダミー	0.539*	0.312	0.930	0.895	0.599	1.337
校長の伝統的授業重視傾向	0.884	0.716	1.090	0.796**	0.671	0.944
校長の平等分配志向	0.790*	0.644	0.969	1.006	0.848	1.193
教育委員会の支援ダミー	1.369	0.856	2.190	1.524*	1.033	2.249
ICT 授業準備のゆとり	1.620	0.960	2.734	1.609*	1.016	2.547
キーパーソンダミー	3.886**	1.908	7.916	2.138**	1.356	3.371
ICT 支援員配置ダミー	1.583*	1.035	2.422	1.197	0.848	1.691
学習指導員・支援員配置	1.397	0.900	2.167	1.653**	1.157	2.362
統制変数（10 変数）	✔			✔		
疑似決定係数（NagelkerkeR²)	.158			.115		

注：N=1,046. ** p <.01, * p <.05. Exp (B) はオッズ比を示す。
出所：国立教育政策研究所「ICT の教育活用についてのウェブ調査」、2 (2) に記載した行政データ

委員会の支援、ICT 授業準備のゆとり、キーパーソンや学習指導員・支援員の存在が実施率を高め、校長の伝統的授業重視傾向 (学習規律等の重視) が実施率を抑制している。

　特に、校長の平等分配志向が持つ負の効果は注目に値する。学校内で ICT 活用の格差抑制を図ろうとすると、どうしても、下方向への調整圧力が強くなる (できない方にあわせる)。すると、校長の平等分配志向が弱く、準備が整ったところから順次開始する方針 (できるところからはじめる) を持った他校との間に格差が生まれる。「学校内での公平性の追求が、学校間における不公平の拡大を招く」という公平性のジレンマ現象が、ICT の教育活用にかかる政策・事業展開において確認されている。

(2) 学校での積極的な ICT 活用を可能にした要因

　次に、学校での積極的な ICT 活用を可能にした要因を、11 月時点での学校レベルデータを用いて検討する。OLS と 2SLS を実施したところ、ICT リテラシーをはじめ、推定値に大きな差は認められなかった (**表 1-4**)。そこで、

以下、OLS に示される促進要因と阻害要因に着目する。促進要因としては、校長の ICT リテラシー、教育委員会の支援、ICT 推進の教職員理解、ICT 授業準備のゆとり、キーパーソンの存在、ICT 支援員配置、学習指導員・支援員配置の 7 変数が析出された。また、阻害要因として、サイバー攻撃問題への懸念、校長の平等分配志向の 2 変数が析出された。学校での ICT の教育活用の促進のためには、校長のリーダーシップ(説明量 4.2%)、関係者相互の支援・相互理解状況(説明量 8.0%)、人的資源配置(説明量 2.0%) が特に重要であることが示唆される。

　また、これらの変数は、すべての分位点(q10 〜 q90) において有意な影響を持つ傾向にある。つまり、学校での ICT の教育活用の進捗状況を問わず、有効性が期待される。一方、特定の分位点において影響を有する変数もいくつかある。例えば、校長の平等分配志向は、ICT の教育活用の進捗度が高い学校において活用を押し下げる影響を持つが、進捗度が低位の学校では影響を及ぼさない。先進校に平等分配志向が強い校長が配置されることで、ブレーキがかけられる可能性が示唆される。また、ICT 支援員配置についても、ICT の教育活用がある程度進展した学校での配置において効果を発揮する。ICT の教育活用度が低い学校に配置したとしても効果は認められていない。外部人材配置効果は、配置される学校の状況によって左右される。

表1-4　ICT 活用状況を被説明変数とする OLS・2SLS・分位点回帰分析の結果

変数名			分位点				
	OLS	2SLS	0.10	0.25	0.50	0.75	0.90
切片	7.697**	7.567**	1.281	4.293*	8.599**	10.130**	13.719**
	(1.661)	(1.675)	(1.494)	(1.860)	(2.020)	(2.151)	(2.281)
学級数	.014	.016	-.034	-.042	.013	.067	.080*
	(.028)	(.028)	(.025)	(.031)	(.034)	(.036)	(.038)
小学校ダミー	.132	.133	.215	.446	.247	-.025	-.783
	(.342)	(.345)	(.308)	(.383)	(.416)	(.443)	(.470)
特別支援 5% 未満ダミー	-.293	-.314	-.122	-.006	-.364	-.845*	-.907*
	(.323)	(.326)	(.290)	(.361)	(.393)	(.418)	(.443)
日本語指導 0% ダミー	.237	.237	-.179	.259	.888	.367	-.368
	(.373)	(.375)	(.336)	(.418)	(.454)	(.483)	(.513)

就学援助 5% 未満ダミー	-.699 (.388)	-.711 (.392)	-.536 (.349)	-1.134** (.435)	-.912 (.472)	-.029 (.503)	-.155 (.533)
スマホ依存問題ダミー	-.264 (.362)	-.266 (.364)	-.404 (.325)	.309 (.405)	.105 (.440)	-.302 (.468)	-.839 (.497)
情報モラル問題ダミー	.264 (.425)	.266 (.428)	.437 (.382)	-.261 (.476)	-.178 (.517)	.709 (.550)	.926 (.584)
サイバー攻撃問題ダミー	-2.474** (.781)	-2.459** (.784)	-1.036 (.702)	-1.302 (.875)	-2.572** (.950)	-3.540** (1.011)	-4.120** (1.073)
個人情報流出問題ダミー	.818 (.443)	.838 (.446)	.429 (.398)	-.130 (.496)	1.018 (.539)	1.227* (.573)	2.208** (.608)
校長の伝統的授業重視傾向	-.033 (.161)	-.008 (.163)	-.053 (.145)	-.073 (.181)	-.074 (.196)	.042 (.209)	.055 (.222)
校長の革新的授業重視傾向	.199 (.167)	.208 (.169)	-.106 (.150)	.166 (.187)	.168 (.204)	.496* (.217)	.307 (.230)
校長の平等分配志向	-.333* (.159)	-.315* (.161)	.002 (.143)	-.152 (.178)	-.112 (.194)	-.686** (.206)	-.786** (.219)
校長の ICT リテラシー	.406* (.158)	.399* (.160)	.508** (.142)	.319 (.177)	.514** (.193)	.430* (.205)	.515* (.218)
教育委員会の支援ダミー	1.723** (.391)	1.714** (.395)	1.340** (.351)	1.977** (.438)	1.823** (.476)	1.429** (.506)	1.105* (.537)
ICT 推進の教職員理解	1.393** (.517)	1.381** (.523)	1.232** (.465)	1.045 (.579)	1.361* (.629)	1.901** (.670)	2.331** (.710)
ICT 授業準備のゆとり	1.314** (.460)	1.253** (.466)	.603 (.414)	1.037* (.515)	1.851** (.476)	1.251* (.596)	2.373** (.632)
キーパーソンダミー	1.087** (.349)	1.064** (.353)	1.124** (.313)	.955* (.390)	1.416** (.424)	1.230** (.451)	.065 (.479)
ICT 支援員配置ダミー	.848* (.369)	.825* (.377)	.551 (.332)	.461 (.413)	.942* (.449)	1.533** (.478)	1.416** (.507)
学習指導員・支援員配置	.695* (.320)	.702* (.323)	.773** (.287)	.495 (.358)	.758 (.389)	.110 (.414)	.757 (.439)
市区町村コントロール	Yes	Yes	Yes	Yes	Yes	Yes	Yes
社会経済的環境 Δ R^2	.003						
教育環境 Δ R^2	.007						
リーダーシップ Δ R^2	.042**						
社会関係資本 Δ R^2	.080**						
人的資源 Δ R^2	.020						
市区町村レベル Δ R^2	.032						
合計 R^2	.182	.178	.097	.082	.107	.124	.143

注：$N=1,046$. ** $p<.01$, * $p<.05$. 数値は非標準化回帰係数。カッコ内は標準誤差。冗長性を回避するため市区町村レベル 16 変数の B と SE は省略している。VIF 最大値は 2.793。

出所：国立教育政策研究所「ICT の教育活用についてのウェブ調査」、2(2) に記載した行政データ

4. 結語

　本章では、ICTの教育活用の分散規定要因を、探索的分析を通して解明することを目的とし、COVID-19下においてオンライン家庭学習を可能にした要因の探索（研究課題1）、学校での積極的なICT活用を可能にした要因の探索（研究課題2）を試みた。

　研究課題1に対しては、以下の結論が得られた。2020（令和2）年4月の段階でオンライン家庭学習の方針をいち早く提示できたのは、財政力が高く学力が安定している地域で、キーパーソンが配置されており、教育長のリーダーシップと校長会の理解がある自治体であった。また、同年6月の段階で実施に至ることができたのは、財政力が高く、それに伴い、PC1台あたりの児童生徒数が少なく、情報教育担当指導主事が配置されている自治体であった。オンライン家庭学習の実施においては、財政力の影響を少なからず受けていることが明らかとなった。全国一律型のGIGAスクール構想を導入していなければ、財政力に起因するオンライン家庭学習の実施状況格差が、生まれていたことは容易に予測できる。2020年11月時点の学校単位でのオンライン家庭学習の実施状況は、教育委員会の支援を基盤としてキーパーソン配置、ICT支援員配置、学習指導員・支援員配置といった人的資源によって説明されていた。また、校長の伝統的授業重視傾向や平等分配志向は、オンライン家庭学習の実施を阻害していた。オンライン家庭学習の実施に対して、自治体では財政力の影響が強いが、学校ではリーダーシップや人的資源配置の影響が強いといえる。特に、校長の平等分配志向が持つ負の効果は注目に値するものであり、「学校内での公平性の追求が、学校間における不公平の拡大を招く」という公平性のジレンマ現象の起点となっていた。

　研究課題2については以下の結論が得られた。学校でのICTの教育活用の推進状況に対しては、オンライン家庭学習と同様に、校長のリーダーシップ及び人的資源配置の影響が強く、また、教員を取り巻く支援ネットワーク（関係者相互の支援・相互理解状況）の影響が強いことが判明した。また、OLSによって析出された促進要因は、どのような学校に対しても効果を有するもの

ではなく、学校での ICT の教育活用度の状況によって効果は制約を受けることが判明した。例えば、ICT 支援員配置は、ICT の教育活用が一定程度進捗している学校において配置することで効果が高まる。学校が置かれる状況によって、同じ方法でも効果が異なることとする知見が得られた。

参考文献

文部科学省 (2020a)「新型コロナウイルス感染症対策のための学校の臨時休業に関連した公立学校における学習指導等の取組状況について (2020 年 4 月 16 日時点)」https://www.mext.go.jp/content/20200421-mxt_kouhou01-000006590_1.pdf (2024 年 2 月 16 日アクセス).

文部科学省 (2020b)「新型コロナウイルス感染症の影響を踏まえた公立学校における学習指導等に関する状況について (令和 2 年 6 月 23 日時点)」 https://www.mext.go.jp/content/20200717-mxt_kouhou01-000004520_1.pdf (2024 年 2 月 16 日アクセス).

三菱 UFJ リサーチ & コンサルティング (2020)『新型コロナウイルス感染症によって拡大する教育格差：独自アンケートを用いた雇用・所得と臨時休校の影響分析』https://www.murc.jp/wp-content/uploads/2020/08/seiken_200821.pdf (2024 年 2 月 16 日アクセス).

OECD (2020)『新型コロナウイルス感染症 (COVID-19) が子供に与える影響に対処する』https://www.oecd.org/coronavirus/policy-responses/combatting-covid-19-s-effect-on-children-8df48f29/ (2024 年 2 月 16 日アクセス).

露口健司 (2020)「With コロナにおける新しい学校経営論」篠原清昭・大野裕己『With コロナの新しい学校経営様式：ニューノーマルな教育システムの展望』ジダイ社, 41-63.

Tsuyuguchi, K., Fujiwara, F., & Uzuki, Y. (2020) The effects of community-wide distributed leadership on students' academic achievement, *International Journal of Leadership in Education*, 23, 1-23.

露口健司 (2022)「公正で質の高い教育における ICT 活用の促進条件」国立教育政策研究所『公正で質の高い教育を目指した ICT 活用の促進条件に関する研究：2020 年度全国調査の分析』12-52.

第2章　市区町村の社会経済的背景がもたらす ICT の教育活用への制約

卯月由佳

1. 研究の背景と分析課題

　ICT の教育活用における市区町村間や学校間の差は、市区町村や学校の社会経済的背景、教育長や校長の価値観や理念、教育委員会や学校の組織体制などが要因となって生じている可能性が第1章の探索的分析から示唆された。中でも市区町村や学校にとっても構造的・環境的な要因である社会経済的背景による差を縮小すべきことは、教育機会の平等化の観点から論争の余地はほとんどないだろう。そしてその問題に市区町村や学校だけで立ち向かうのは極めて困難だと考えられる。社会経済的に不利な市区町村や学校で ICT の教育活用に向けてより大きな制約に直面しているならば、そのような制約を取り除くための国による資源配分や支援についての検討が求められるだろう。そこで、その実態やそれが生じるメカニズムについてデータを基に理解することは、政策研究の重要な課題となる。

　ICT の教育活用には教育工学や認知科学で探究される様々なメリットとともに、「教育格差を拡大させる」(前田 2018, p.727) というデメリットもあることが、教育社会学で指摘されてきた。教育格差とは、本人には変えられない初期条件により教育成果に差があることを意味する (松岡 2019)。市区町村や学校の社会経済的背景はそのような初期条件の一つであり、教育格差を問題とする際には教育成果が現れるまでの教育や学習の過程にそうした初期条件の影響で様々な機会の不平等があることも問題と捉えられる。井上・藤村 (2020) は、GIGA スクール構想の下で全国の小・中学校に1人1台端末が配布され

た 2021 年以降は、1 人 1 台端末の活用に現れる格差が問題になるだろうと述べた。また、多喜 (2021) は、ICT の教育活用がそれぞれの市区町村や学校と民間事業者との連携により進められる中、「ICT 導入に伴う学校ごとの自由な選択の余地の拡大は、適切なサポートを伴わないのであれば、教育格差拡大の懸念をもたらす」(p.58) と論じた。

　しかし教育社会学でも、ICT の教育活用に関連した教育格差についてのデータ分析に基づく研究はまだ少ない。その中で得られている知見は以下のようにまとめられる。新型コロナウイルス感染症対策としての学校臨時休業期間中のオンライン教育受講状況について、多喜・松岡 (2020) は、内閣府が収集したデータを分析し、小学生と中学生のオンライン教育受講状況は、学校外教育だけでなく学校教育においても世帯収入や親学歴といった社会経済的背景により差があったことを明らかにした。多喜・松岡 (2020) は、この理由の一部は高収入世帯が多く集まる公立学校で保護者からのオンライン教育の要求に応じたためだと推測する。

　学校臨時休業期間の後、2020 年 11 月から 12 月時点の ICT 教育活用における市区町村間及び学校間の差については、本研究の「ICT の教育活用についてのウェブ調査」のデータ分析結果を卯月 (2022) が報告している。市区町村単位の分析から、社会経済的に不利な (就学援助利用者割合が高い、又は住民の大学卒業者割合が低い) 市区町村では、有利な市区町村に比べ、学習指導要領の目的に沿った ICT 活用の展開に滞りがある部分のあることが明らかとなった。また、学校の臨時休業や分散登校への備えとなる遠隔授業を目的とした ICT 活用についても市区町村の社会経済的背景による差が見られた。こうした市区町村間の差が生じる理由の一つとして、社会経済的背景の不利な市区町村で ICT 支援員の配置が困難になっている可能性を同様のデータに基づき指摘した (ICT 支援員の配置状況については本書の第 5 章で取り上げる)。

　他方で同調査データの学校単位の分析からは、学習指導やそれに関する校務、遠隔・オンライン学習などの様々な目的での ICT の教育活用が、社会経済的に不利な (就学援助利用者割合の高い) 学校で比較的停滞している傾向は見られなかった。市区町村の内部でより大きな困難を抱える学校に対してよ

り多くの支援を行い、ICT の教育活用にも差が出ないような手立てが講じられているならば、こうした分析結果が得られる可能性はある。ただし、小学校では、「プログラミング的思考を通じた情報活用能力（学習の基盤となる資質・能力）の育成」や「探究的な『見方・考え方』を働かせる教科横断的・総合的な授業や学習活動の充実」といった、今後の学校教育でますます重視され、ICT を有効に活用することで学習活動の充実を図ることも期待されている一部の領域で、学校の社会経済的背景による ICT の活用状況に差が出ていることも指摘している（卯月 2022）。また、池田（2023）は 2020 年度と 2021 年度のデータを用い、児童生徒の世帯収入の平均値が高い学校ほど児童生徒がより頻繁に ICT を活用していることを明らかにしている。学校の社会経済的背景による ICT の教育活用の差は、どのような目的での活用に着目するか、あるいは活用目的と活用頻度のいずれに着目するかで異なる可能性がある。

　本章は、2020 年度の「ICT の教育活用についてのウェブ調査」のデータに加え、2021 年度と 2022 年度に実施した追跡調査のデータも用い、2020 年度に見られた ICT の教育活用における社会経済的背景による差が、GIGA スクール構想の進展とともに縮小されたか、あるいは新たに懸念される差が生じていないか検討する。特に、学習指導における ICT 活用に焦点を合わせて市区町村単位で分析した結果を報告する[1]。また、2021 年度から新たに調査した各種 ICT ツールの導入状況及び費用負担の状況について、特に学習支援クラウド[2]に着目し、1 人 1 台端末と通信ネットワーク以外の面での ICT の教育活用の環境条件に市区町村の社会経済的背景による差が生じていないか検討する。無償での導入は、例えば民間事業者等が試行的に無償でデジタル教材やサービスを提供している場合や一部の簡易的な機能のみ無償で提供している場合などに考えられる。それに対して有償で導入していれば、教育委員会はその ICT ツールに意義があると判断して支出しており、ICT の教育活用の環境条件がより安定している可能性を示唆する。

2.　データと変数

　本章は、国立教育政策研究所が 2020 年、2021 年、2022 年の 3 回にわたり、いずれも 11 月から 12 月にかけて実施した「ICT の教育活用についてのウェブ調査」の教育委員会調査（指導主事等が回答）のデータを主に使用する[3]。ICT の教育活用の状況については、市区町村教育委員会が所管する小学校と中学校の別に、学習指導に関する七つの目的でそれぞれ全ての学校で活用しているか否か[4]の 2 値のカテゴリカル変数で把握する。具体的には、「各教科の『見方・考え方』を働かせる授業や学習活動の充実」「探究的な『見方・考え方』を働かせる教科横断的・総合的な授業や学習活動の充実」「児童生徒への基礎・基本の定着」「児童生徒による情報収集や調査活動の促進」「児童生徒一人ひとりの学習の深度に応じた学習支援」「発表や話合い、協働での意見整理、協働制作などの協働学習の促進」「各教科の授業での情報（デジタル教科書や映像等）の提示」である。

　図 2-1 は、小学校と中学校のそれぞれについて、2022 年度に全ての学校で ICT が活用されている市区町村の割合を、活用割合の高い目的の順に示したグラフである。学習指導に関する目的のうち ICT 活用が広がっている目的は小学校と中学校で共通している。2022 年度には「各教科の授業での情報の提示」（小学校 91％、中学校 92％）、「児童生徒による情報収集や調査活動の促進」（小学校 86％、中学校 87％）を目的に、大部分の市区町村で全ての学校で ICT を活用しているとの回答があった。次いで多くの市区町村で ICT が活用されているのは「児童生徒への基礎・基本の定着」（小学校 75％、中学校 74％）のためであるが、これは 2020 年度からの増加幅も大きい（小学校 31％ポイント増、中学校 31％ポイント増）。2020 年度からの増加幅の大きさでは、「発表や話し合い、協働での意見整理、協働制作などの協働学習の促進（協働学習の促進）」（小学校 34％ポイント増、中学校 31％ポイント増）、「児童生徒の一人ひとりの学習の深度に応じた学習支援」（小学校 31％ポイント増、中学校 30％ポイント増）でも顕著である。こうした変化は、特に 1 人 1 台端末の配布前の 2020 年度と配布後の 2021 年度の間で起きたことが読み取れる。

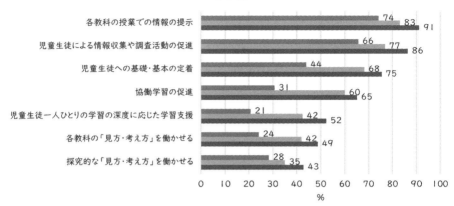

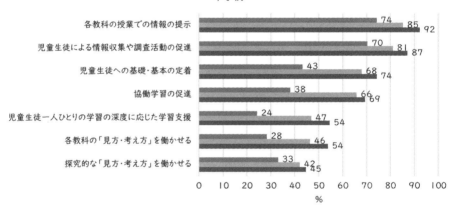

■2020　■2021　■2022

図 2-1　各目的において全ての学校で ICT を活用している市区町村の割合、2020 年度 ～ 2022 年度

注：サンプルサイズ（市区町村数）は 2020 年度 414、2021 年度 333、2022 年度 318。
出所：国立教育政策研究所「ICT の教育活用についてのウェブ調査」

　本章では、ICT の教育活用の環境条件として、2021 年度以降の調査項目である学習支援クラウドの導入状況及び費用負担の状況について、「有償で全校に導入」「無償で全校に導入」「全校には導入していない」の 3 値のカテゴリカル変数で把握する。図 2–2 に示すように、2021 年度と 2022 年度の導入割合に大きな変化は見られず、2021 年度に無償で利用できた ICT ツールが2022 年度に有償になり利用が途絶えるといったような状況は、少なくとも2021 年度時点で全校に導入されていた ICT ツールについては生じていない。ICT ツールの中で特に導入割合が高いのが学習支援クラウドである。2022 年度に着目すると、学習支援クラウドを有償で全校に導入している市区町村の割合は小学校と中学校ともに 56％であり、無償での導入も含めると小学校では 96％、中学校では 97％の市区町村が全校に導入している。

　市区町村の社会経済的背景については 2 種類の変数で把握する。一つ目は、市区町村教育委員会の所管の小学校と中学校の児童生徒全体に占める就学援助利用者割合に基づくカテゴリカル変数である。二つ目は、「国勢調査」の公表値に基づいて市区町村の住民の大学卒業者割合を示すカテゴリカル変数である。就学援助利用者割合別及び住民の大学卒業者割合別に、各目的においてICT を全ての学校で活用している市区町村の割合を比較する。ただし、本章で検討する七つの目的での ICT 活用の状況は、2020 年度時点で住民の大学卒業者割合による差が見られず、2022 年度時点でもその差は生じていない（卯月 2023）。そこで、七つの目的での ICT 活用の状況については市区町村の就学援助利用者割合による差のみ取り上げる。

　市区町村や学校の社会経済的背景による ICT の活用状況の差について検討する際のデータの取扱いについては、次の 2 点を基本的な方針とする。第1 に、複数年度について分析を行う際に、各年度の回答を全て用いた場合と、複数年度の回答が全てそろっているケースの回答のみを用いた場合の分析結果に実質的な差はほとんどないと判断し、サンプルサイズがより大きくなるよう各年度の回答を全て用いる。第 2 に、今回用いるデータはサンプルサイズが比較的小さいため、統計的に強いエビデンスが得られたか否かにかかわらず、市区町村や学校の社会経済的背景による ICT の活用状況に差がある

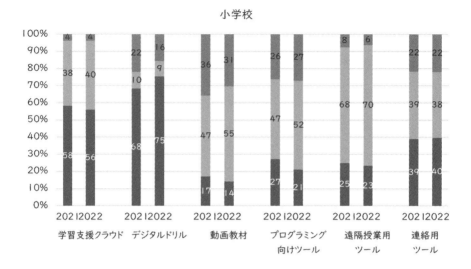

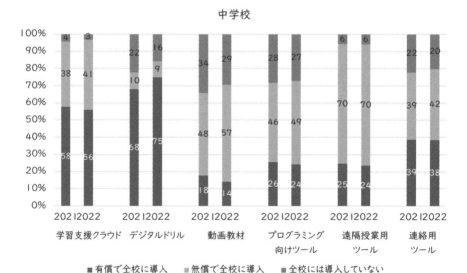

■有償で全校に導入　　■無償で全校に導入　　■全校には導入していない

図2-2　市区町村における各種ICTツールの導入状況、2021年度〜2022年度

注：サンプルサイズ（市区町村数）は2020年度414、2021年度333、2022年度318。
出所：国立教育政策研究所「ICTの教育活用についてのウェブ調査」

可能性があるかどうか検討する。そのような差の存在を懸念する政策研究において、市区町村や学校の社会経済的背景による ICT の活用状況に差があるにもかかわらず、それを統計的に有意な差だと判定できない誤り(帰無仮説を棄却しない第2種の誤り)を避けることが特に重要だからである。また、同じことは市区町村の社会経済的背景による ICT の教育活用の環境条件の差についても当てはまる。

3.　分析結果

(1) 市区町村の社会経済的背景別に見た、学習指導に関する各目的での ICT の活用状況

2020年度は、学習指導に関する目的のうち、「各教科の『見方・考え方』を働かせる授業や学習活動の充実」「探究的な『見方・考え方』を働かせる教科横断的・総合的な授業や学習活動の充実」「発表や話合い、協働での意見整理、協働制作などの協働学習の促進」といった、現行の学習指導要領で重視されている目的での ICT 活用が、小学校と中学校の両方で共通に就学援助利用者割合の高い市区町村では低い市区町村に比べて滞る傾向が見られた(卯月 2022)。2022年度にかけて、これらの目的での ICT 活用の広がりにおける市区町村の就学援助利用者割合による差がどのように変化したかについて、小学校と中学校の別に示すのが**図2–3**である。ここから、これらのいずれの目的での ICT 活用についても、2020年度から2022年度にかけて市区町村の就学援助利用者割合による差は縮小していることが読み取れる。

ただし、「各教科の『見方・考え方』を働かせる授業や学習活動の充実」「探究的な『見方・考え方』を働かせる教科横断的・総合的な授業や学習活動の充実」の二つの目的については、就学援助利用者割合5％未満と20％以上の市区町村の差が縮小しているものの、その2グループの市区町村に比べて就学援助利用者割合5％以上10％未満、10％以上20％未満の市区町村では ICT 活用の広がりが停滞している。仮説的に考えられるのは、就学援助利用者割合が特に高い少数の市区町村については支援が集中することで、就学援助利

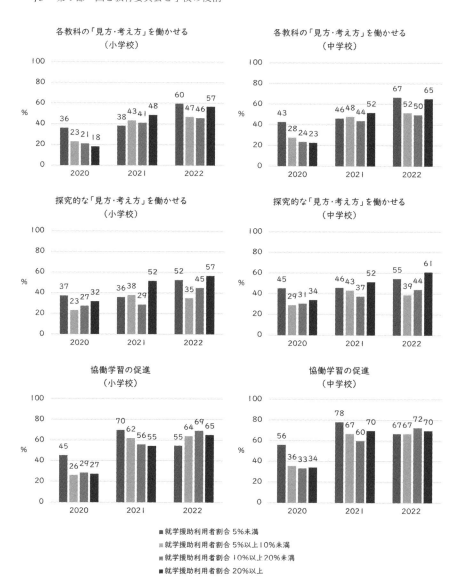

図2-3 就学援助利用者割合別に見た各目的において全ての学校でICTを活用している市区町村の割合（1）、2020年度〜2022年度

注：サンプルサイズ（市区町村数）は2020年度414、2021年度333、2022年度318。
出所：国立教育政策研究所「ICTの教育活用についてのウェブ調査」

用者割合の低い市区町村と同等の活用状況が可能になる場合もあるが、その一部の市区町村を除くと、やはり社会経済的に不利な場合は ICT の教育活用が停滞する可能性である。

　2020 年度には市区町村の就学援助利用者割合による差が見られなかったが、2022 年度にかけて新たに差が見られるようになった可能性があるのは、小学校での「児童生徒による情報収集や調査活動の促進」のための ICT 活用である（**図 2-4**）。就学援助利用者割合 5％未満の市区町村では 90％が全ての学校で情報収集目的での ICT 活用が行われていると回答しているが、就学援助利用者割合 20％の市区町村ではその割合が 78％である。大部分の市区町村や学校で普及した基本的な活用目的で差が生じているとすれば、一部の市区町村のみが取り残された状況にもなりかねないため留意が必要である。

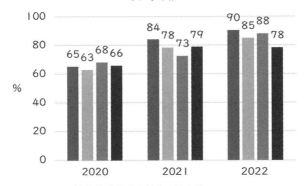

図 2-4　就学援助利用者割合別に見た各目的において全ての学校で ICT を活用している市区町村の割合 (2)、2020 年度〜 2022 年度

注：サンプルサイズ（市区町村数）は 2020 年度 414、2021 年度 333、2022 年度 318。
出所：国立教育政策研究所「ICT の教育活用についてのウェブ調査」

(2) 市区町村の社会経済的背景別に見た、学習支援クラウドの導入状況

　各種 ICT ツールの項目ごとに社会経済的背景による導入状況の差の特徴には、大きく三つのカテゴリーがあることがわかる。第1に、全校への導入割合、有償での導入割合のどちらにおいても社会経済的背景による差が見られる項目である。第2に、全校への導入割合においては社会経済的背景による差がほとんど見られないが、有償での導入割合において社会経済的背景による差が見られる項目である。第3に、全校への導入割合、有償での導入割合のどちらも社会経済的背景による差が見られない項目である (卯月 2023)。

　学習支援クラウドは第2のカテゴリーにあてはまる。既に述べたとおり、学習支援クラウドは小学校と中学校ともに全校への導入割合が高い。**図 2-5** に示すように、全校への導入割合は市区町村の就学援助利用者割合の別に見たとしても、ほとんど差がない。しかし、就学援助利用者割合 5% 未満の市区町村に比べて就学援助利用者割合 20% 以上の市区町村では有償での導入割合が低い。2022 年度の有償での導入割合は、就学援助利用者割合 5% 未満の市区町村では小学校で 55%、中学校で 57% であるのに対し、就学援助利用者割合 20% 以上の市区町村では小学校で 48%、中学校で 43% である。

　同じことを市区町村の住民の大学卒業者割合別に見た結果が**図 2-6** である。学習支援クラウドを有償で導入する割合が高いのは、大学卒業者割合 20% 以上の、社会経済的に特に有利な市区町村である。小学校と中学校ともに、大学卒業者割合 20% 未満の市区町村では有償での導入割合は 50 〜 56% だが、大学卒業者割合 20% 以上の市区町村では 70% 前後である。同じように学習支援クラウドを導入していたとしても、社会経済的に有利な市区町村ではより充実した機能を備えたものを有償で利用する傾向が高い可能性が考えられる。

4.　結論──ICT の教育活用の条件整備における不平等の縮小に向けて

　全国の小・中学校で児童生徒1人1台端末の配布が完了する前の 2020 年度、協働的な学びにおける ICT 活用など学習指導要領の目的に沿った ICT

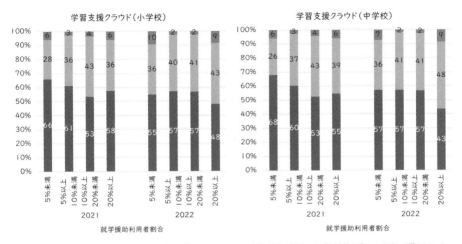

図 2-5　市区町村の就学援助利用者割合別に見た有償での学習支援クラウドの導入割合、2021 年度〜 2022 年度

注：サンプルサイズ（市区町村数）は 2021 年度 333、2022 年度 318。
出所：国立教育政策研究所「ICT の教育活用についてのウェブ調査」

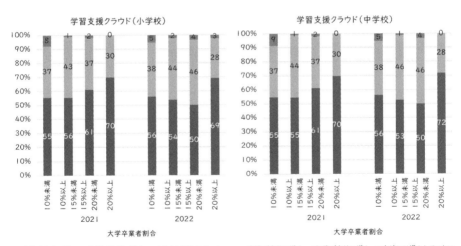

図 2-6　市区町村の住民の大学卒業者割合別に見た有償での学習支援クラウドの導入割合、2021 年度〜 2022 年度

注：サンプルサイズ（市区町村数）は 2021 年度 333、2022 年度 318。
出所：国立教育政策研究所「ICT の教育活用についてのウェブ調査」

活用の普及の程度には、社会経済的に不利な市区町村と有利な市区町村の間
で差が見られた。しかし、2020 年度から 2022 年度にかけてその差は縮小し
ていることが明らかになった。これは GIGA スクール構想の成果の 1 つだと
評価できる。ただし、「各教科の『見方・考え方』を働かせる授業や学習活動
の充実」「探究的な『見方・考え方』を働かせる教科横断的・総合的な授業や
学習活動の充実」の二つの目的については、2021 年度以降も社会経済的背景
による差が完全に解消されたとは言えないため、引き続き留意が必要である。
また、1 人 1 台端末の配布後は「児童生徒による情報収集や調査活動の促進」
のための ICT 活用は大きく普及したと言えるが、就学援助利用者割合の高
い市区町村の小学校ではそうでない市区町村の小学校に比べ、その目的での
ICT 活用にやや停滞が見られる点にも留意が必要である。社会経済的に不利
な市区町村で ICT の教育活用の環境条件により大きな困難が生じていない
か検討するため、ICT の教育活用の環境条件として、学習支援クラウドの導
入状況及び費用負担の状況における市区町村の社会経済的背景による差につ
いて分析した。その結果、学習支援クラウドはほぼ全ての市区町村で導入さ
れており、また導入割合自体には社会経済的背景による差がほとんどないこ
とが示された。しかし、有償での導入割合において社会経済的背景による差
が見られることが明らかとなった。学習支援クラウドのように、有償での導
入割合が市区町村の社会経済的背景により異なる場合の影響として考えられ
るのは、有償での導入がより充実した機能の利用可能性を意味するとすれば、
その充実した機能により促進される学びの実現可能性に不平等が生まれるこ
とである。
　「ICT の教育活用についてのウェブ調査」では、図 2-2 で示したように、学
習支援クラウド以外の ICT ツールの導入状況についても把握した。その中
には、市区町村の社会経済的背景が不利な場合に有償での導入割合が高い
ICT ツールもある。例えば、デジタルドリルは小学校と中学校ともに就学援
助利用者割合の高い市区町村で有償での導入割合が高い傾向が見られた（卯
月 2023）。そうした市区町村の児童生徒の学習ニーズに対応した結果であれば、
学習ニーズに対応する追加的な費用がかかるという課題はあるが、公正で質

の高い教育の実現に資する可能性もある。しかし、市区町村が所在する地域の市場規模や民間事業者との距離感の関係で、社会経済的背景の不利な市区町村では通常の機能を備えたデジタルドリルを利用するのに余分な費用がかかる傾向があるとすれば、懸念が残る[5]。

　井上・藤村 (2020) が予期したように、確かに 2021 年度以降は ICT の活用をめぐる格差が課題となっている。しかし、本章及び卯月 (2023) の分析結果を踏まえてその実態をより細かく捉えるならば、ICT の活用をめぐる市区町村間の差には 1 人 1 台端末の配布という条件整備により縮小した部分があり、他方でそうした条件整備の後も ICT の環境条件 (ICT ツールの導入状況及び費用負担状況) の差が残っていると言える。つまり、教育機会のさらなる平等化に向けて、2021 年度以降も国による資源配分について検討する必要性は消えていない。

　ICT ツールの導入状況及び費用負担状況の差が示唆するのは、一つには ICT 活用の有無や頻度という比較的単純な変数だけでは捉えられない、ICT を活用して実現する学びに差がある可能性である。もう一つは、同じように ICT を活用し、同じように学びを実現していることが観察されたとしても、社会経済的に不利な市区町村ではそれを実現するために克服している制約や課題がより大きい可能性である。これらのうちいずれの解釈が妥当かについては、今後の研究が待たれる。また、社会経済的に不利な学校の制約や課題についての検討も求められる。

注

1　本章で市区町村単位の分析結果のみ報告するのは、本文中で述べたとおり「ICT の教育活用についてのウェブ調査」の結果から、2020 年度に学校での ICT の教育活用における社会経済的背景の差は、主に市区町村単位で見られたためである。また、結果の提示は省略するが、2020 年度から 2022 年度にかけて学校単位での社会経済的背景による差が拡大した、あるいは新たに生じたという傾向も見られない。各種 ICT ツールの活用状況についても、社会経済的に不利な学校でのみ活用割合が低い項目は、2022 度では中学校でのプログラミング向けツールの活用頻度を除き、ほとんど見られなかった。ただし、中学校でのプログラ

ミング向けツールの活用は全体的に進んでおらず、2022年度に月に2回以上活用する中学校の割合は19%であった。

2　学習支援クラウドとは、教育と学習に特化したオンラインストレージやオンラインサービスの総称で、教材配信、思考の可視化、書き込みの共有など、「主体的・対話的で深い学び」を支援するツールをパッケージ化したものである。

3　そのほか、各市区町村の住民の大学・大学院卒業者割合（以下、住民の大学卒業者割合とする）については総務省の2010年「国勢調査」の公表値を用いる。変数の作成方法及び各変数の基本統計量は卯月（2023）を参照してほしい。

4　市区町村内の全ての学校で活用しているということは、その目的でのICT活用に取り残される学校が出ないようにすることも含め、教育委員会の判断や支援がある可能性が高い。しかし、そのように判断するか否かは教育委員会によって異なり、それが市区町村ごとの活用状況の差につながっていると考えられる。

5　他方で、中学校におけるデジタルドリルについては、大学卒業者割合20%以上の市区町村で、大学卒業者割合20%未満の市区町村に比べて有償での導入割合が高いことも示された（卯月2023）。学歴が比較的高く、教育への関心も比較的強い保護者は、ICTの教育活用の中でもデジタルドリルの活用に関心を示す傾向があり、その結果、そうした保護者の集まる市区町村ではより充実した機能を備えたデジタルドリルを有償で導入する傾向が強い可能性も示唆される。

参考文献

池田大輝（2023）「『1人1台端末』を利活用しているのは誰か：見えやすい指標と見えにくい不平等」浜銀総合研究所『新型コロナウイルス感染症と学校等における学びの保障のための取組等による児童生徒の学習面、心理面等への影響に関する調査研究』.

井上義和・藤村達也（2020）「教育とテクノロジー：日本型EdTechの展開をどう捉えるか？」『教育社会学研究』107, 135-162.

前田崇（2018）「教育活動とICT・メディア」日本教育社会学会編『教育社会学事典』丸善出版.

松岡亮二（2019）『教育格差：階層・地域・学歴』筑摩書房.

多喜弘文・松岡亮二（2020）「新型コロナ禍におけるオンライン教育と機会の不平等：内閣府調査の個票データを用いた分析から」〈プレスリリース資料〉https://researchmap.jp/multidatabases/multidatabase_contents/download/471561/1e9d544a131558d8e92fe5ec4b784f63/19560?col_no=2&frame_id=963374（2021年8月30日アクセス）.

多喜弘文（2021）「ICT導入で格差拡大：日本の学校がアメリカ化する日」松岡亮二

編『教育論の新常識：格差・学力・政策・未来』中央公論新社.

卯月由佳 (2022)「ICT の教育活用への社会経済的な制約、ICT の教育活用による社会経済的な不利の克服」国立教育政策研究所『公正で質の高い教育を目指した ICT 活用の促進条件に関する研究：2020 年度全国調査の分析』, 79-126.

卯月由佳 (2023)「ICT の教育活用への社会経済的な制約とその変化：市区町村単位の分析」国立教育政策研究所『公正で質の高い教育を目指した ICT 活用の促進条件に関する研究：全国調査及び政令指定都市調査の分析』, 68-92.

第 3 章　学習指導における ICT 活用の現状と展望

山下　絢

1.　はじめに——ICT 環境の整備と検証課題

　教育における ICT の活用をめぐって、国レベルでは 1 人 1 台端末の環境が令和時代における学びの「スタンダード」とされ、1 人 1 台端末および高速大容量の通信ネットワークを一体的に整備し、「個別最適な学び」と「協働的な学び」を実現するための ICT 環境の整備を目指す「GIGA スクール構想」のもとで、環境整備が行われている。その環境整備の過程で、「教育の ICT 化に向けた環境整備 5 か年計画（2018 ～ 2022 年度）」が策定され、必要となる財政措置として 1,805 億円（単年度）の地方財政措置が講じられた（文部科学省 2022[1]）。さらに、教育における新しい ICT 環境の整備をめぐる方針が 2025 年度の策定に向けて検討が進められていることを踏まえて、計画期間が 2 年間延長され、2024 年度までとされた（文部科学省 2023[2]）。自治体レベルにおける義務教育段階の端末の整備状況について、文部科学省が行った端末の整備状況に関わる調査（「端末利活用状況等の実態調査」）によれば、義務教育段階における端末の整備状況（1 人 1 台）は、全自治体等（義務教育段階における公立の学校設置者）のうち 1,785 自治体等（98.5％）が 2021 年度内に整備完了予定とされていた（文部科学省初等中等教育局修学支援・教材課 2022[3]）。

　本章は、ICT 端末の整備が最終段階ともいえる状況において、国立教育政策研究所が全国の小中学校の校長を対象として実施したアンケート調査「ICT の教育活用についてのウェブ調査（学校調査）」をもとに、学習指導における ICT の活用の実態と課題を明らかにするものである。ただし、本章は

学習指導における ICT の活用の充足率や達成率を明らかにするものではな
く、主として以下の 3 点を検討する。第 1 に、学習指導における ICT ツー
ルの活用状況を明らかにする。ここでは 2021 年度の調査を用いて、授業中、
授業外それぞれの場面でのツールがどの程度活用されているのかを明らか
にする。第 2 に、学習指導における ICT ツールの活用に影響をもたらして
いる要因を明らかにする。第 3 に、学習指導における ICT の活用によって、
学力格差が是正されることが期待されていることを踏まえて、どのような要
因が、社会経済的に不利な状況に置かれた児童生徒のサポートに寄与してい
ると考えられるのか、その背景を 2020 年度と 2021 年度の 2 時点分の同一対
象者の追跡調査 (パネルデータ) を用いて明らかにする。

　分析で用いるデータセットは、国立教育政策研究所が、全国の小中学校の
校長を対象として行ったアンケート調査 (ウェブ調査) の結果である。具体的
には、国立教育政策研究所「ICT の教育活用についてのウェブ調査 (学校調査)」
の第 1 回調査 (2020 年度：2020 年 11 月 9 日〜 12 月 11 日実施) および第 2 回調査 (2021
年度：2021 年 11 月 8 日〜 12 月 10 日実施) である[4]。アンケートの回答者数は、1 年
目 (2020 年度) は、小学校 693 名 (調査対象数：1,531、回収率：45.3%)、中学校 373
名 (調査対象数：971、回収率：38.4%) である。2 年目 (2021 年度) は、小学校 397 名 (調
査対象数：687、回収率：57.8%)、中学校 205 名 (調査対象数：369、回収率：55.6%) で
ある (付表 3-1)。

2.　ICT の活用状況

　第 1 の分析課題として、授業中および授業外の学習指導における ICT の
活用状況を確認する。授業外については、放課後学習および家庭学習の場合
を検討する。

(1) 授業中の ICT の活用状況

　学習指導における ICT の活用状況は、第 2 回調査 (2021 年度) において関連
する質問項目が設定されている。具体的な質問文は「貴校では現在 (調査時点)、

表 3-1　学習指導における ICT の活用状況

	授業中	放課後学習	家庭学習
学習支援クラウド	70.4%	6.3%	33.2%
デジタルドリル	40.2%	9.0%	39.9%
動画教材	55.1%	4.8%	19.8%
プログラミング向けツール	3.0%	2.5%	4.7%
遠隔授業用ツール	9.0%	2.8%	13.6%
チャット機能	7.1%	2.0%	5.1%

注：$N = 602$. 表中の割合は、授業中では、各ツールそれぞれにおいて、「4：ひんぱんに（1 週間に 2 ～ 4 回）あるいは「5：毎日」と回答している割合である。放課後学習においては、各ツールそれぞれにおいて「1：放課後学習に使用している」と回答している割合であり、家庭学習においては、各ツールそれぞれにおいて「家庭学習で活用している」と回答している割合を示しる。
出所：国立教育政策研究所「ICT の教育活用についてのウェブ調査（学校調査）」

小学 5 年生（小学校の場合）又は中学 2 年生（中学校の場合）の授業において、以下のデジタル教材・ソフトウェア・アプリ・サービス等をどのくらいの頻度で活用していますか。それぞれあてはまるものを 1 つ選んでください。〈ツール：デジタル教材・ソフトウェア・アプリ・サービス〉1. 学習支援クラウド：Google Classroom、ロイロノートなど、2. デジタルドリル：Qubena、スタディサプリなど、3. 動画教材、4. プログラミング向けツール、5. 遠隔授業用ツール：Zoom など、6. チャット機能」であった。回答の選択肢は「1：全く活用していない、2：たまに（1 か月に 1 回かそれ未満）、3：時々（1 か月に 2 ～ 4 回）、4：ひんぱんに（1 週間に 2 ～ 4 回）、5：毎日」であった。**表 3-1** は、各場面における各ツールそれぞれの活用状況を示したものである。

　表 3-1 より、授業中の学習指導において、最も活用されていた ICT ツールは学習支援クラウドであった[5]。その一方で、最も活用されていないものはプログラミング向けツールであった。プログラミング向けツールが最も活用されていない状況については、プログラミング関連の授業が頻繁に行われていないために、活用状況が低く示されていると推察される。

(2) 授業外の ICT の活用状況

　放課後学習と家庭学習における活用状況に関する質問文は「貴校では現在（調査時点）、小学 5 年生（小学校の場合）又は中学 2 年生（中学校の場合）の放課後学習や家庭学習において、児童生徒は以下のデジタル教材・ソフトウェア・アプリ・サービス等を活用していますか。それぞれあてはまるものを全て選んでください。〈ツール：デジタル教材・ソフトウェア・アプリ・サービス〉1. 学習支援クラウド：Google Classroom、ロイロノートなど、2. デジタルドリル：Qubena、スタディサプリなど、3. 動画教材、4. プログラミング向けツール、5. 遠隔授業用ツール：Zoom など、6. チャット機能」であった。回答の選択肢は「1. 放課後学習に使用している、2. 家庭学習で活用している、3. どちらも活用していない」であった。

　表 3-1 より、放課後学習における ICT ツールの活用状況は、全体的に低く、放課後学習で ICT ツールが活用されている状況は、示されていなかった。その中で最も活用されている ICT ツールは、デジタルドリルであり、最も活用されていない ICT ツールはチャット機能であった。家庭学習では、最も家庭学習で活用されている ICT ツールは、デジタルドリルであり、最も活用されていない ICT ツールは、プログラミング向けツールであった。

3.　ICT 活用の相違の背景

　第 2 の分析課題として、どのような背景によって学習指導において ICT が活用される状況に相違が生じているのか、その要因を検討する。なお紙幅の関係から、分析対象としては、最も活用されていた ICT ツールのみを検討する。背景として本章で着目するのは、①学習指導に関する時間確保要因、②学校の置かれた状況に関する要因、③校長の平等感に関する要因、④回答者（校長）の属性要因、⑤自治体に関する要因の 5 点である。これは、国立教育政策研究所 (2022)『公正で質の高い教育を目指した ICT 活用の促進条件に関する研究：2020 年度全国調査の分析（「高度情報技術の進展に応じた教育革新に関する研究」中間報告書 1)』（以下、『中間報告書 1』）をふまえている。

(1)　背景に関する変数

ア　学習指導に関する時間確保

　学習指導に関する時間確保に関する変数は、(1)「教員が児童生徒と向き合う時間を確保すること」、(2)「教員が授業の準備のための時間を確保すること」、(3)「教員が ICT を活用した授業の準備のための時間を確保すること」の 3 つの質問項目を用いた。具体的な質問文は、「貴校では現在（調査時点）、質の高い教育やきめ細かな教育を行う上で、以下の 1 から 6 のことはどの程度できていますか。貴職の自由なお考えで、それぞれあてはまるものを 1 つ選んでください」であり、回答の選択肢は「1. できていない、2. いくらかできている、3. かなりできている、4. 非常によくできている、5. 該当する児童生徒がいない」であった。なお、以下の分析では、かなりできている場合（3. かなりできている、4. 非常によくできている）を 1、それ以外の場合（1. できていない、2. いくらかできている、5. 該当する児童生徒がいない）を 0 とする二値変数として設定した。

イ　学校の特性

　学校の特性に関する変数は、(1) 学習への取り組み状況、(2) 就学援助率、(3) 本務教員一人当たり児童生徒数、(4) ICT 支援員の配置、の 4 つの変数を設定した。具体的には以下の通りである。

　学習への取り組み状況に関する変数は、学習への取り組み状況が、どの程度課題となっているのかを把握するために設定した。「貴校では現在（調査時点）、児童生徒の状況について、以下の 1 から 6 のことは課題となっていますか。貴職の自由なお考えで、それぞれあてはまるものを 1 つ選んでください」によって尋ね、回答の選択肢は「1. 課題となっていない、2. やや課題となっている、3. 大きな課題となっている」であった。就学援助率は、所属学校の就学援助を利用している児童生徒の割合を尋ね、1. 10％未満、2. 10％以上 20％未満、3. 20％以上の 3 段階で把握した。本務教員一人当たり児童生徒数は、児童生徒数を本務教員数で除した値であり、教員一人あたりの児童生徒数を用いる。この変数は、2021 年のデータはアンケート調査で収集されているが、2020 年のデータはアンケート調査で収集されていないため、『中間報告書 1』と同様に文部科学省から貸与を受けた「学校基本調査」をもとに

してた。ICT 支援員の配置は、「学校に情報通信技術支援員が常駐している」あるいは「複数の学校を巡回する情報通信技術支援員が配置されている」場合を 1、それ以外を 0 とする二値変数として設定した。

　ウ　校長の意識

　校長の意識に関する変数は、(1) 校長の平等観、(2) 授業関連の校務支援での ICT の活用の 2 つの変数を設定している。

　校長の平等観[6]（**付表 3-2**）は、『中間報告書 1』で詳細な議論がされているが (柏木 2022; 露口 2022a; 卯月 2022)、校長の平等感として、公正的平等観と形式的平等観に関する質問項目があった場合に、どちらの方がより回答者の考え方に近いのかを把握する。公正的平等観は、支援が必要な児童生徒に対して優先的に必要となる処遇を行うことである。その一方で、形式的平等観は全ての児童生徒を一律に扱うことである。本章では、柏木 (2022) をもとに、校長の平等観を、(1) 学習資源、(2) 教員の授業内時間、(3) 教員の授業外時間、の 3 つの観点から捉えている。第 1 の学習資源の観点からは、「A：全ての児童生徒に同じ量の資源（教材・機器等）を用意することが重要である」と「B：社会経済的に困難な家庭環境にある児童生徒には、より多くの税金を使ってでも、追加の資源（教材・機器等）を用意することが重要である」の 2 つの平等観に関する考え方に対して、A の方が近いと回答した場合には、形式的平等観であるとし、B の方に近いと回答した場合は公正的平等観であるとした。第 2 の教員の授業内時間の観点からは、「A：全ての児童生徒に、教員が授業時間を均等に使って教えることが重要である」と「B：社会経済的に困難な家庭環境にある児童生徒には、教員が授業内でより多くの時間を使ってでも、より丁寧に教えることが重要である」の 2 つの平等観に関する考え方に対して、A の方が近いと回答した場合には、形式的平等観であるとし、B の方に近いと回答した場合は公正的平等観であるとした。第 3 の教員の授業外時間の観点からは、「A：全ての児童生徒に、教員が授業外の時間を均等に使って対応することが重要である」と「B：社会経済的に困難な家庭環境にある児童生徒には、教員が授業外でより多くの時間を使ってでも、追加の支援（補習的な学習機会等）を提供することが重要である」の 2 つの平等観に関する考え方に

対して、A の方が近いと回答した場合には、形式的平等観であるとし、B の方に近いと回答した場合は公正的平等観であるとした。

　授業関連の校務支援での ICT の活用（**付表 3-3**）は、『中間報告書 1』をもとに、授業関連の校務支援に関わる 8 つの質問項目について、それぞれ「あてはまる」と回答しているものを 1 点として合算した合計得点である。具体的な 8 つの質問項目は、「学習評価の充実」「採点の効率化」「授業準備の効率化」「学習データ管理・共有の促進・効率化（児童生徒が自ら入力する場合を含む）」「健康データ管理・共有の促進・効率化（児童生徒が自ら入力する場合を含む）」「特別な配慮が必要な児童生徒に関する情報共有の促進・効率化」「児童生徒による自分自身又は匿名での SOS の発信・教職員との情報共有の促進」「教職員と児童生徒・保護者との日常的なコミュニケーションの促進・効率化」である。以上のように、本章における校務とは、授業に関連した校務（授業関連校務）であり、いわゆる校務支援システムで行われるような事務は含まれていない。具体的な質問文は下記の通りである。「貴校では現在（調査時点）、小学 5 年生（小学校の場合）又は中学 2 年生（中学校の場合）の教育において、以下のそれぞれの目的で ICT を実際に活用していますか。実際に行っている活用の目的としてあてはまるものを全て選んでください。※小学 5 年生（小学校の場合）又は中学 2 年生（中学校の場合）が 1 人も在籍していない場合には、在籍する最高学年の児童生徒の教育についてお答えください。※教職員等の指導者が教育活動や校務において ICT を活用することと、児童生徒が学校教育の一環としての学習活動や体験活動および学校生活において ICT を活用することの両方についてお答えください。ICT には、端末（デスクトップ型・ノート型・タブレット型コンピュータ）をはじめとした情報機器を含みます」によって尋ねた。

　エ　校長の属性

　校長の属性に関する変数は、(1) 性別（女性か否かを示すダミー変数、女性=1）、(2) 年齢、(3) 学歴（大学院修了者か否かを示すダミー変数、修了者=1）、(4) 在校年数（現在勤務している学校の勤務年数）、(5) 所属学校の学校種（小中学校を区別するダミー変数、中学校=1）の 5 つの変数を設定した。

オ　自治体の状況

　回答者 (校長) が所属する自治体 (市町村レベル) の状況に関する変数は、(1)
住民基本台帳人口 (2018 年)、(2) 住民の大学・大学院卒業者割合 (2010 年)、(3)
財政力指数 (2018 年) を用いた。なお、住民の大学・大学院卒業者割合は、
2010 年国勢調査の結果に基づく、市区町村別の大学・大学院卒業者割合を
用いた。

(2) ロジスティック回帰分析による分析結果

　以下では、上記で検討した背景によって、(1) 授業中、(2) 放課後学習、(3)
家庭学習の 3 つの場面における学習指導における ICT の活用確率がどのよう
に異なるのかを検討し、学習指導における ICT の活用の背景を明らかにする。
分析は、それぞれの場面の学習指導において ICT を活用していると回答す
る確率 Pr (ICT を活用していると回答する =1) を、設定した背景によって説明する
ロジスティック回帰分析によって行った。なお、表 3-1 と同様に、授業中の
場合には ICT ツールを活用していると回答している場合 (4：ひんぱんに (1 週間
に 2 〜 4 回)、5：毎日) を 1、それ以外の場合を 0 とし、放課後学習の場合には、
「放課後学習において使用している」と回答している場合を 1、それ以外の場
合を 0 とし、家庭学習の場合には「家庭学習で活用している」と回答してい
る場合を 1、それ以外の場合を 0 とする二値変数をもとに分析を行った。

　表 3-2 は、学習指導における ICT の活用確率に関するロジスティック回
帰分析の推定結果である。**図 3-1** は授業中の場合、**図 3-2** は放課後学習の場
合、**図 3-3** は家庭学習の場合に、ICT ツールを活用していると回答する予測
確率を図示したものである[7]。

　まず、授業中の場合では、表 3-2 より、5% 水準で統計的に有意であった変数は、
「教員が ICT を活用した授業の準備のための時間を確保すること」、「授業関連
の校務支援での ICT の活用」、「公正的平等観 (教員の授業内時間)」、「公正的平等観
(教員の授業外時間)」であった。これらの変数のうち、オッズ比の値が 1 よりも
大きい「教員が ICT を活用した授業の準備のための時間を確保すること」、「授
業関連の校務支援での ICT の活用」、「公正的平等観 (教員の授業内時間)」は、学習

表 3-2　学習指導における ICT 活用の背景

変数	授業中		放課後学習		家庭学習	
	OR	95% CI	OR	95% CI	OR	95% CI
学習指導に関する時間確保						
教員が児童生徒と向き合う時間を確保すること	1.28	[0.72,2.27]	0.93	[0.36,2.40]	0.96	[0.54,1.71]
教員が授業の準備のための時間を確保すること	0.60	[0.29,1.24]	1.61	[0.49,5.31]	1.03	[0.48,2.24]
教員が ICT を活用した授業の準備のための時間を確保すること	2.74*	[1.14,6.60]	0.79	[0.22,2.81]	1.23	[0.55,2.73]
学校の特性						
学習への取り組み状況	0.71+	[0.47,1.07]	1.21	[0.56,2.60]	0.99	[0.66,1.49]
就学援助率	1.19	[0.84,1.68]	1.48+	[0.95,2.30]	0.93	[0.69,1.27]
ICT 支援員の配置	1.47	[0.89,2.42]	1.23	[0.52,2.91]	0.96	[0.59,1.56]
本務教員一人当たり児童生徒数	1.01	[0.95,1.07]	1.04	[0.93,1.15]	0.98	[0.93,1.03]
校長の意識						
公正的平等観 (学習資源)	0.74	[0.43,1.27]	0.94	[0.40,2.19]	0.71	[0.41,1.20]
公正的平等観 (教員の授業内時間)	2.01*	[1.14,3.55]	0.67	[0.28,1.61]	1.10	[0.63,1.92]
公正的平等観 (教員の授業外時間)	0.45**	[0.25,0.81]	1.42	[0.62,3.28]	0.86	[0.49,1.50]
授業関連の校務支援での ICT の活用	1.26**	[1.09,1.46]	1.30*	[1.03,1.63]	1.22**	[1.08,1.38]
校長の属性						
性別	1.59	[0.79,3.18]	1.93	[0.62,6.00]	0.89	[0.47,1.71]
年齢	0.96	[0.85,1.07]	0.89+	[0.78,1.02]	0.90+	[0.81,1.00]
学歴	0.95	[0.44,2.04]	1.77	[0.56,5.59]	1.00	[0.47,2.11]
在校年数	0.85	[0.63,1.14]	0.97	[0.56,1.69]	1.12	[0.85,1.48]
所属学校の学校種	0.77	[0.46,1.30]	2.46*	[1.05,5.78]	0.94	[0.56,1.55]
自治体の状況						
住民基本台帳人口	1.00	[1.00,1.00]	1.00	[1.00,1.00]	1.00	[1.00,1.00]
住民の大学・大学院卒業者割合	0.99	[0.94,1.05]	1.01	[0.94,1.09]	1.08**	[1.03,1.14]
財政力指数	0.84	[0.21,3.40]	0.12+	[0.01,1.28]	2.19	[0.55,8.72]

注：N = 365. 表中の推定値は、ロジスティック回帰分析によるものである。OR はオッズ比、95% CI は信頼区間を示している。標準誤差は、頑健誤差である。
　+ $p < 0.1$, * $p < 0.05$, ** $p < 0.01$.
出所：国立教育政策研究所「ICT の教育活用についてのウェブ調査 (学校調査)」

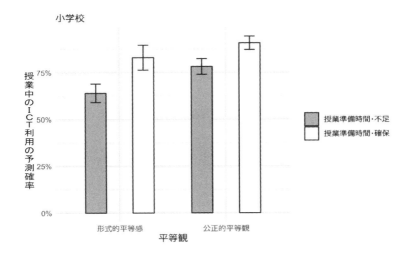

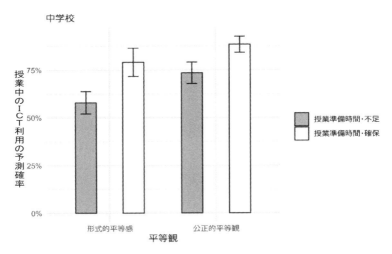

図 3-1　授業中の学習指導において ICT ツール (学習支援クラウド) を活用すると回答する予測確率

注：エラーバーは、標準誤差を示している。
出所：国立教育政策研究所「ICT の教育活用についてのウェブ調査 (学校調査)」

指導におけるICTを活用する確率を高めているといえる。その一方で、オッズ比の値が1よりも小さい「公正的平等観（教員の授業外時間）」は、学習指導におけるICTを活用する確率を低める傾向が確認される。次に、図3-1では、授業中の学習指導におけるICT活用確率を高める傾向にあることが確認された変数のなかでも、オッズ比の値が最も大きかった、「教員がICTを活用した授業の準備のための時間を確保することと」、2番目にオッズ比の値が大きかった、「公正的平等観（教員の授業内時間）」の変動によって、学習支援クラウドを活用していると回答する予測確率がどのように変動するのかを示している。教員がICTを活用した授業の準備のための時間を確保できている場合とできていない場合では、校長の平等観が形式的平等観の場合には、学習支援クラウドを活用していると回答する予測確率の相違は約19から21ポイントであり、校長の平等観が公正的平等観の場合には、その相違は約13から15ポイントであった。

　放課後学習では、表3-2より、5％水準で統計的に有意であった変数は、「授業関連の校務支援でのICT活用」であり、オッズ比の値が1よりも大きいことから、授業関連の校務支援でICTを活用していることが、放課後学習で

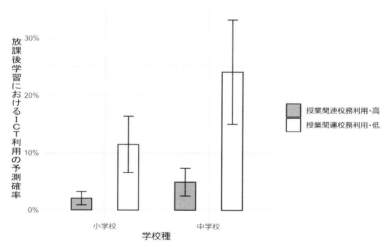

図3-2　放課後学習においてICTツール（デジタルドリル）を活用していると回答する予測確率

注：エラーバーは、標準誤差を示している。
出所：国立教育政策研究所「ICTの教育活用についてのウェブ調査（学校調査）」

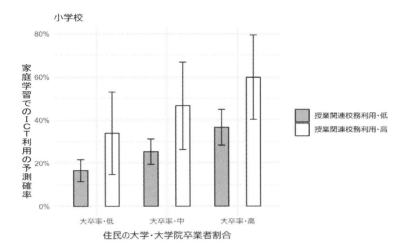

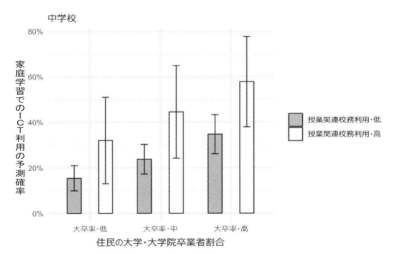

図 3-3　家庭学習において ICT ツール (デジタルドリル) を活用していると回答する予測確率

注：エラーバーは、標準誤差を示している。
出所：国立教育政策研究所「ICT の教育活用についてのウェブ調査 (学校調査)」

デジタルドリルを活用する頻度を高めていることが確認された。また、「所属学校の学校種」も 5 ％水準で統計的に有意であり、オッズ比の値が 1 よりも大きいことから、中学校の方が放課後学習における ICT が行われていることが確認された。次に、図 3-2 からは、放課後学習においてデジタルドリルを活用していると回答する予測確率の差は、授業関連の校務支援で ICT を積極的に活用していない場合（授業関連校務利用・低）と積極的に活用している場合（授業関連校務利用・高）[8] を比較すると、小学校では約 9 ％、中学校では約 19 ％であった。

　家庭学習の場合では、表 3-2 より、5 ％水準で統計的に有意であった変数は、「授業関連の校務支援での ICT の活用」「住民の大学・大学院卒業率割合」であった。授業関連の校務支援での ICT の活用や住民の大学・大学院卒業者割合のオッズ比の値が 1 よりも大きいことから、授業関連の校務支援での ICT が活用されていることや住民の大学・大学院卒業者割合が高いことが、家庭学習においてデジタルドリルを頻繁に活用していると回答する確率を高めているといえる。次に、図 3-3 から、家庭学習においてデジタルドリルを頻繁に活用していると回答する予測確率について、住民の大学・大学院卒業者割合を、「大卒率・低」、「大卒率・中」、「大卒率・高」の 3 つのグループに分類した場合に[9]、それぞれ授業関連の校務支援で ICT を積極的に活用している場合と積極的に活用していない場合では約 17 ％から 23 ％ポイントの差が確認された。また、住民の大学・大学院卒業者割合の低い場合と高い場合を比較すると、約 19 ％から 26 ％の差が確認され、地域の大学・大学院卒業者割合によっても、家庭学習で ICT が活用される確率に違いがあることが確認された。

4.　ICT 活用による児童生徒の支援

　第 3 の分析課題として、学習指導における ICT 活用が社会経済的に不利な状況に置かれた子どもたちのサポートとなっているか否かを明らかにする。分析で用いるデータセットは、2020 年度と 2021 年度の 2 時点の追跡調査の結果であり（2 時点パネルデータ）、分析対象は、2 年連続して回答した小中学校

の校長である。社会経済的に不利な状況に置かれた子どもたちのサポートに
関しては、「貴校では現在(調査時点)、質の高い教育やきめ細かな教育を行う
上で、以下のこと(社会経済的に困難な家庭環境にある児童生徒を支援すること)はど
の程度できていますか。貴職の自由なお考えで、それぞれあてはまるものを
1つ選んでください」と尋ね、回答の選択肢は「1：できていない、2：いくら
かできている、3：かなりできている、4：非常によくできている、5：該当
する児童生徒がいない」であった。

(1) ICT 活用による児童生徒支援の状況

　表3-3 は、2020 年度および 2021 年度の ICT 活用による児童生徒支援の状
況を示したものである。回答の選択肢を、支援することがかなりできている
場合(3：かなりできている、4：非常によくできている)を 1、できていない場合(1：
できていない、2：いくらかできている、5：該当する児童生徒がいない)を 0 とする二
値変数とした場合、2020 年度と 2021 年度ともに約 25％の校長が、支援がか
なりできていると回答しており、また、わずかではあるが、2021 年度の方が、
支援がかなりできていると回答している割合が増加している。

表 3-3　ICT 活用による社会経済的に困難な児童生徒支援の状況

2020 年度	2021 年度		合計
	できていない	かなりできている	
できていない	350	102	452
	58.1%	16.9%	75.1%
かなりできている	88	62	150
	15.0%	10.0%	25.0%
合計	438	164	602
	73.0%	27.0%	100%

注：$N = 602$.
出所：「ICT の教育活用についてのウェブ調査(学校調査)」

(2) 固定効果ロジスティックモデルによる分析結果

　次に、どのような場合に、社会経済的に困難な家庭環境にある児童生徒を
支援することが可能になっているのか、その背景を検討する。分析は、固定

表 3-4　ICT 活用による児童生徒支援の背景

変数	OR	95% CI
教員が児童生徒と向き合う時間を確保すること	2.07*	[1.05,4.07]
教員が授業の準備のための時間を確保すること	1.20	[0.55,2.59]
教員が ICT を活用した授業の準備のための時間を確保すること	2.67+	[0.93,7.65]
学習への取り組み状況	0.81	[0.47,1.40]
就学援助率	0.72	[0.36,1.41]
ICT 支援員の配置	0.99	[0.51,1.94]
本務教員一人当たり児童生徒数	0.97	[0.76,1.25]
授業関連の校務支援での ICT の活用	1.07	[0.91,1.27]
公正的平等観（学習資源）	0.83	[0.54,1.28]
公正的平等観（教員の授業内時間）	1.23	[0.74,2.05]
公正的平等観（教員の授業外時間）	1.33	[0.81,2.19]

注：$N = 264.$ 表中の推定値は、固定効果ロジスティックモデルによるものである。OR はオッズ比、95%
　　 CI は信頼区間を示している。標準誤差は、頑健誤差である。
　 $+ p < 0.1, *p < 0.05, **p < 0.01.$
出所：国立教育政策研究所「ICT の教育活用についてのウェブ調査（学校調査）」

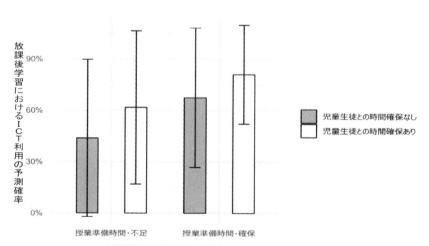

図 3-4　「社会経済的に困難な家庭環境にある児童生徒を支援すること」がかなりできていると回答する予測確率

注：エラーバーは、標準誤差を示している。
出所：国立教育政策研究所「ICT の教育活用についてのウェブ調査（学校調査）」

効果ロジスティックモデル[10]によって行った。背景に関する変数は、ICT 活用の背景を分析した際に設定した変数と基本的に同様のものを設定しているが、時間の経過によって変動しない背景（例：所属学校の学校種に関する変数）は、分析に含まれていない。

　表 3-4 は、固定効果ロジスティックモデルの推定結果であり、**図 3-4** は、その推定結果をもとに、「社会経済的に困難な家庭環境にある児童生徒を支援すること」がかなりできていると回答する予測確率を図示したものである。まず、表 3-4 より、5％水準で統計的に有意であった変数は、「教員が児童生徒に向き合う時間を確保すること」であった。「教員が ICT を活用した授業の準備のための時間を確保すること」は、10％水準で有意であった。この 2 つの変数においてオッズ比の値が 1 を超えていたことから、これらの時間確保ができていることが、社会経済的に困難な子どもたちの支援に寄与しているといえる。次に、図 3-4 から、「教員が児童生徒と向き合う時間を確保すること」がかなりできている場合とできていない場合を比較すると、「社会経済的に困難な家庭環境にある児童生徒を支援すること」がかなりできていると回答する予測確率において、約 13 から 18 ポイントの差が確認される。

5.　おわりに——得られた知見と今後の課題

　本章は、全国の小中学校の校長を対象に行われたアンケート調査をもとに、学習指導における ICT の活用の実態と課題について定量的に検討を行った。今回の分析結果から明らかになったことは、主に以下の 3 点である。第 1 は、最も活用されていた学習指導における ICT ツールは、授業中では学習支援クラウドであり、授業外の放課後学習や家庭学習では、デジタルドリルであった。授業中における ICT が活用される背景は、教員が ICT を活用した授業の準備のための時間を確保をすること、授業関連の校務支援での ICT の活用、校長の在校年数、公正的平等観（教員の授業内時間）、公正的平等観（教員の授業外時間）であった。第 2 は、放課後学習において ICT が活用される背景は、授業関連の校務支援で ICT を活用していることであり、家庭学習に

おいて ICT を活用する確率の違いとなる背景は、授業関連の校務支援で ICT を活用していること、住民の大学・大学院卒業率割合であった。第 3 は、社会経済的に困難な家庭環境にある児童生徒を支援することが、「かなりできている」と回答している場合とそれ以外の相違の背景は、教員が児童生徒と向き合う時間の確保ができていることであった。

　以上の得られた知見をもとに、学習指導における ICT 活用に向けての今後の展望について述べる。学習指導における ICT の活用は、いかに ICT を活用した授業のための準備時間や児童生徒と向き合うための時間を確保できているかが重要な要因であることが改めて明らかになった。多喜ほか (2021) は、文部科学省の委託のもとに全国の小中学校を対象としたアンケート調査によってコロナ禍における学校が抱える課題を明らかにしている。その調査結果からは、新型コロナウイルス感染症の感染者数が軽減しても、感染症拡大前と比べて教職員の一層の多忙化の様相が確認でき、その背景としては感染症への対応だけでなく、学校が社会的に求められる対応に追われている可能性が示唆されている。これを踏まえると、学習指導における ICT の活用のために、その準備時間や児童生徒と向き合うための時間を確保をするために、学習指導における ICT の活用の単独の促進というよりは、教職員の働き方改革と連動させていく必要があるといえる。また、授業関連の校務支援における ICT の活用に向けて、露口 (2022b) は、同僚との信頼関係の高さや、ICT の活用に対する知識、技能を個人のものとしてではなく、学校組織内に浸透させるマネジメントの必要性を指摘している。これらを達成できた場合に、本章で検討してきた ICT を授業関連の校務支援のために活用することが可能であるといえ、学校改善をめぐる議論で指摘されてきた同僚性、信頼関係、組織マネジメントの関連から、ICT に関わる施策の検討の必要性が改めて示唆される。

　また、多喜・松岡 (2020) は、内閣府が実施した「新型コロナウイルス感染症の影響下における生活意識・行動の変化に関する調査」をもとに、小中学校段階のオンライン教育の受講割合の地域差があることを明らかにし、このことを「生まれ」に基づく教育機会の不平等として指摘している。米国に

おけるコロナ禍の教育状況を分析した García & Weiss (2022) は、コロナ禍では、低所得の児童生徒がより一層不利な立場に置かれ、なかでも、オンライン学習に不可欠なデバイスやオンライン環境へのアクセスや利用における格差によって、コロナ禍において学習が十分にできていない場合があることを指摘している。これらの現象は、デジタルデバイド (digital divide) による教育格差の問題として議論されている (Kang 2021; Isha & Wibawarta 2023)。この点について、本章の分析では、家庭学習おけるデジタルドリル活用状況が、地域の大学・大学院の卒業者割合によって異なっていることが示されており、特に大卒率の低い地域において、家庭学習で ICT が活用されていないことが確認された。本章の知見は、デジタルデバイドによる新たな教育格差の固定化や拡大につながらないように、改めて ICT の活用状況を注視する必要性を示唆しているともいえる。

　残された本章の課題は、2020 年度と比較すると 2021 年度のサンプルサイズが小さくなっている、脱落の問題への対処である。より発展的な課題は、今回、学習指導における ICT の活用に影響を及ぼす要因として、時間の確保や授業関連の校務支援の影響が確認されたが、それらを可能にする環境要因が何であるのかについての検討である。

付記

　本研究は、JSPS 科研費 22K02371 の研究成果の一部でもある。

付表

付表 3-1　「ICT の教育活用についてのウェブ調査」の回答状況

	2020 年度			2021 年度		
	調査対象数	回答数	回答率 (%)	調査対象数	回答数	回答率 (%)
小学校長	1,531	693	45.3	687	397	57.8
中学校長	971	373	38.4	369	205	55.6

注:2020 年度および 2021 年度の回収率において、分母には教育委員会の判断で調査依頼が配布されなかったケースを含む。2021 年度の調査対象数において、2020 年度に回答のあった学校から、2020 年度末で閉校あるいは 2021 年度に休校の学校を除いている。

付表 3-2 校長の平等観

	A：形式的平等観	Aに近い(%)	Bに近い(%)	B：公正的平等観
学習資源	A：全ての児童生徒に同じ量の資源(教材・機器等)を用意することが重要である	36.7	63.3	B：社会経済的に困難な家庭環境にある児童生徒には、より多くの税金を使ってでも、追加の資源(教材・機器等)を用意することが重要である
教員の授業内時間	A：全ての児童生徒に、教員が授業時間を均等に使って教えることが重要である	53.8	46.2	B：社会経済的に困難な家庭環境にある児童生徒には、教員が授業内でより多くの時間を使ってでも、より丁寧に教えることが重要である
教員の授業外時間	A：全ての児童生徒に、教員が授業外の時間を均等に使って対応することが重要である	35.7	64.3	B：社会経済的に困難な家庭環境にある児童生徒には、教員が授業外でより多くの時間を使ってでも、追加の支援(補習的な学習機会等)を提供することが重要である

出所：国立教育政策研究所「ICTの教育活用についてのウェブ調査(学校調査)」
注：N＝602.分析の便宜上、2つに区分しているものであり、明確には2つに区分する回答の難しさがあったことが想定される。

付表 3-3 授業関連の校務支援での ICT の活用

変数	平均	標準偏差	最小	最大
学習評価の充実	0.43	0.50	0	1
採点の効率化	0.22	0.42	0	1
授業準備の効率化	0.60	0.49	0	1
学習データ管理・共有の促進・効率化(児童生徒が自ら入力する場合を含む)	0.62	0.49	0	1
健康データ管理・共有の促進・効率化(児童生徒が自ら入力する場合を含む)	0.38	0.49	0	1
特別な配慮が必要な児童生徒に関する情報共有の促進・効率化	0.27	0.45	0	1
児童生徒による自分自身又は匿名でのSOSの発信・教職員との情報共有の促進	0.05	0.22	0	1
職員と児童生徒・保護者との日常的なコミュニケーションの促進・効率化	0.15	0.35	0	1

注：N＝602.
出所：国立教育政策研究所「ICTの教育活用についてのウェブ調査(学校調査)」

注

1　文部科学省 (2022)『文部科学白書 (令和 3 年度)』日経印刷

2　文部科学省初等中等教育局修学支援・教材課 (2023)「令和 5 年度学校の ICT 化に向けた環境整備に係る地方財政措置について」https://www.mext.go.jp/a_menu/shotou/zyouhou/detail/20230125-mxt_kouhou02-1.pdf (2023 年 2 月 1 日アクセス).

3　文部科学省初等中等教育局修学支援・教材課 (2022)「義務教育段階における 1 人 1 台端末の整備状況 (令和 3 年度末見込み)」https://www.mext.go.jp/content/20220204-mxt_shuukyo01-000009827_001.pdf (2023 年 2 月 17 日アクセス).

4　抽出方法などアンケート調査の詳細は、序章及び卯月・露口 (2022) を参照。

5　学習支援クラウドの具体例として Google Classroom やロイロノートなどを挙げたが、これらは一例であり、他のサービスを排除するものではない。本章の分析結果には、これら 2 つ以外のものも含まれている。

6　公正的平等観の捉え方は、以下と同様である。「先行研究に基づいて定義される『公正的平等観』も含め、これらの概念は考え方の違いを説明するためのものであり、いずれか一方の考え方のみの普遍的な正しさや善さを表すものではない。個人を、どちらの考え方に近いかに応じて相対的に特徴付られたとしても、いずれか一方の考え方のみを有するとして分類できるわけではないことも念のため付言する」(卯月・露口 2022, p.10)。

7　予測確率の算出は、図示してある説明変数以外の変数は平均値にセットしている。

8　ICT の授業関連校務利用は、授業関連校務利用・低は 0、授業関連校務利用・高は 7 としてセットしている。

9　住民の大学・大学院卒業者割合の 3 グループは、大卒率・低は平均値−1 標準偏差、大卒率・中は平均値、大卒率・高は平均値＋1 標準偏差としてセットしている。なお、地域の大卒比率別にみたコロナ休校時における教育委員会の対応状況は、中村・松岡・苅谷 (2021) が明らかにしている。

10　固定効果ロジスティックモデルは、推定において個体内の変動のみを用いるために、被説明変数である ICT 活用による児童生徒支援の状況が変化していない対象者や説明変数が時間の経過に関わらず変化しない変数 (時間不変の変数: time invariant variables) は、分析に含まれていない (Allison 2009; Singer & Willett 2003)。

参考文献

Allison, P. D. (2009) *Fixed Effects Regression Models*. Sage(=2022, 太郎丸博監訳『固定効果モデル』共立出版).

García, E., & Weiss, E. (2020) *COVID-19 and Student Performance, Equity, and US Education Policy: Lessons from Pre-Pandemic Research to Inform Relief, Recovery, and Rebuilding*, Economic

Policy Institute.

Kang, B.（2021）How the COVID-19 Pandemic Is Reshaping the Education Service. In Lee, J. & Han, S. H.（Eds.）, *The Future of Service Post-COVID-19 Pandemic, Volume 1: Rapid Adoption of Digital Service Technology*, Springer, 15-36.

柏木智子（2022）「校長の平等観・学習観とICTの教育活用」国立教育政策研究所『公正で質の高い教育を目指したICT活用の促進条件に関する研究：2020年度全国調査の分析』, 70-78.

Isha, S., & Wibawarta, B.（2023）The impact of the COVID-19 pandemic on elementary school education in Japan, *International Journal of Educational Research Open*, 4, 1-8.

中村高康・松岡亮二・苅谷剛彦（2021）「コロナ休校時における教育委員会の対応：地域差と階層差に注目して（令和3年7月8日第131回初中分科会資料6）」https://www.mext.go.jp/content/20210713-mxt_syoto02-000016589_16.pdf（2024年2月20日アクセス）

多喜弘文・松岡亮二（2020）「新型コロナ禍におけるオンライン教育と機会の不平等：内閣府調査の資料」〈プレスリリース資料〉https:// researchmap.jp/ read 0153386/ published_ works,（2023年9月30日アクセス）.

多喜弘文・中村高康・香川めい・松岡亮二・相澤真一・有海拓巳・苅谷剛彦（2021）「コロナ禍のもとで学校が直面した課題：文部科学省委託調査の概要と小中学校調査の基礎分析」『理論と方法』36（2）, 226-243.

露口健司（2022a）「公正で質の高い教育におけるICT活用の促進条件」国立教育政策研究所『公正で質の高い教育を目指したICT活用の促進条件に関する研究：2020年度全国調査の分析』, 12-52.

露口健司（2022b）「政令指定都市調査の分析結果：横浜市の事例報告」国立教育政策研究所『高度情報技術が教育にもたらすインパクト：教育実践・教育研究・教育行政の観点から』, 27-33.

Singer, J. D., & Willett, J. B.（2003）Applied longitudinal data analysis: Modeling change and event occurrence. Oxford University Press.（＝菅原ますみ監訳（2012）『縦断データの分析1・2』朝倉書店）

卯月由佳（2022）「ICTの教育活用への社会経済的な制約、ICTの教育活用による社会経済的な不利の克服」国立教育政策研究所『公正で質の高い教育を目指したICT活用の促進条件に関する研究：2020年度全国調査の分析』, 79-102.

卯月由佳・露口健司（2022）「本章の課題と方法」国立教育政策研究所『公正で質の高い教育を目指したICT活用の促進条件に関する研究：2020年度全国調査の分析』, 2-22.

第4章　ICT の教育活用におけるキーパーソンの役割と組織的取り組み

諏訪英広

1.　はじめに

　本章では、ICT 教育活用におけるキーパーソンに着目した分析を通して、その意義を明らかにした上で、キーパーソンに期待される役割と組織的取り組みに関して検討する。

　ICT 教育活用の実態把握、活用の促進要因について、様々に研究がなされてきている。そのうち、露口（2022）は、学校での積極的な ICT 活用を可能にした要因分析の結果として、校長のリーダーシップ（校長の革新的授業重視傾向、校長の ICT リテラシー）と社会関係資本（ICT 環境整備と教育推進における教育委員会の支援状況）の説明量が大きく、市区町村の影響は小さいことを明らかにしている。さらに、学校の ICT 活用度の分布位置ごとの分析を行い、ICT 活用度の高低にかかわらず効果的な要因として、校長の ICT リテラシー、教育委員会の支援、ICT 推進の教職員理解、ICT 授業準備のゆとり、ICT の教育活用推進におけるキーパーソン（以下「キーパーソン」）の存在の重要性を指摘している。また、佐藤靖泰（2020）は、ICT の教育活用推進における体制整備の人的整備の側面から、学校 CIO（Chief Information Officer）、情報化担当教員、ICT 支援員といったキーパーソンの重要性と期待される役割を指摘している。さらに、寺嶋ほか（2022）では、ICT 推進リーダーは、リーダー研修受講後に、ICT 教育の普及・推進に関わる取り組みにおいて、信念（公教育として課せられている使命感や責任感等）に基づいて、エンジョイメント（仕事のやりがいや意義を見つけること）とストレッチ（問題意識を持って、新規性のある課題に取り組むこと）に

あわせて、技術を適用することで行動している可能性が高いことを示唆している。以上の研究は、ICT の教育活用におけるキーパーソンの意義・必要性及びその具体的役割遂行の重要性を指摘していると言える。

　そこで、本章では、先の研究知見のうち、国立教育政策研究所「ICT の教育活用についてのウェブ調査」の 2021 年度学校調査データを用いて、ICT の教育活用の推進における人材の問題として、キーパーソンに着目した分析及びそれに関連する検討を行うこととする。ただし、2021 年度調査では、本章の目的に照らして分析対象となり得る項目としては、キーパーソンの存在状況の他、ICT 活用状況、ICT の環境整備と ICT の教育活用の推進に関する教員の理解、教員と教職員との連携のみであるため、キーパーソンの具体的な役割・内容やキーパーソンの配置・研修等に関する検討は難しい。そこで、筆者が 2021 年度に訪問調査を実施した川崎市教育委員会（以下「川崎市教委」）及び川崎市立 A 小学校（以下「A 小」）の事例を踏まえて（詳細は、諏訪 2022 参照）、前記の点について検討していきたい。

　なお、本章におけるキーパーソンの定義について確認しておきたい。「ICT の教育活用についてのウェブ調査」では、キーパーソンについて、特に学校における ICT の教育活用推進のための人的体制整備の重要な役職・役割である学校 CIO、情報化担当教員、ICT 支援員といった特定の役職・役割に限定せず、「影響」「鍵」という視座から、「ICT の環境整備と ICT の教育活用の推進において影響力の大きい、鍵となる人材」と定義している。よって、本章でも、この定義を採用する。

2. キーパーソンに関する量的調査データ分析

(1) キーパーソンの存在

　はじめに、キーパーソンに関する量的調査データの分析を行う。

　表 4-1 は、2020 年度調査と 2021 年度調査にて、校内にキーパーソンがいるかどうか（有無）問うた結果を示したものである。表 4-1 にもとづき、2021 年度の実態に注目すると、分析対象の小学校 397 校中、「いる」が 341 校（85.9%）、

表 4-1　キーパーソン有無の 2 調査比較

	2020 年度調査				2021 年度調査			
	いる		いない		いる		いない	
小学校	度数	比率	度数	比率	度数	比率	度数	比率
	486	72.8%	182	27.2%	341	85.9%	56	14.1%
	いる		いない		いる		いない	
中学校	度数	比率	度数	比率	度数	比率	度数	比率
	279	73.8%	99	26.2%	182	88.8%	23	11.2%

出所：国立教育政策研究所「ICT の教育活用についてのウェブ調査」

「いない」が 56 校（14.1%）、分析対象の中学校 205 校中、「いる」が 182 校（88.8%）、「いない」が 23 校（11.2%）であり、小学校、中学校ともに「いる」の比率が 85% を超えている。校種間の比較を行ったところ、統計的に有意な差は認められなかった。2020 年度調査との経年比較を行うと、小学校は、「いる」が 13.1 ポイント増加し、中学校は、「いる」が 15.0 ポイント増加している実態が見られた。

(2) キーパーソンの有無と「ICT 活用状況」の関連

　次に、キーパーソンの有無によって学校での ICT 活用状況に違いが見られるかどうか分析する。ICT 活用状況に関しては、校長に対して、31 の目的について、「現在（調査時点）、貴校において ICT を実際に活用していますか。実際に行っている活用の目的としてあてはまるものを全て選んでください」と尋ねた。つまり、「該当する＝活用している、該当しない＝活用していない」の 2 択である。

　まず小学校について見ていく。表 4-2 は、小学校におけるキーパーソン有無別に見た「ICT 活用状況」の結果を示したものである。表 4-2 を見ると、全 31 項目中、24 項目において、「いる」の選択率が高く、そのうち、「3　プログラミング的思考を通じた情報活用能力（学習の基盤となる資質・能力）の育成」、「6　各教科の『見方・考え方』を働かせる授業や学習活動の充実」、「23　授業準備の効率化」、「24　学習データ管理・共有の促進・効率化（児童生徒が自ら入力する場合を含む）」、「30　研究授業・校内研修における児童生徒の学習活

表4-2　キーパーソン有無と「ICT活用状況」の関連：小学校

		いる	いない	検定
1	言語能力(学習の基盤となる資質・能力)の育成	59.8%	46.4%	
2	情報手段の基本的な操作(キーボード入力等)の習得を通じた情報活用能力(学習の基盤)	91.5%	91.1%	
3	プログラミング的思考を通じた情報活用能力(学習の基盤となる資質・能力)の育成	70.4%	55.4%	*
4	情報モラル・情報セキュリティに関する情報活用能力(学習の基盤となる資質・能力)の育成	73.6%	62.5%	
5	問題発見・解決能力(学習の基盤となる資質・能力)の育成	64.8%	58.9%	
6	各教科の「見方・考え方」を働かせる授業や学習活動の充実	64.5%	48.2%	
7	探究的な「見方・考え方」を働かせる教科横断的・総合的な授業や学習活動の充実	66.0%	58.9%	
8	児童生徒への基礎・基本の定着	77.4%	69.6%	
9	児童生徒による情報収集や調査活動の促進	91.5%	92.9%	
10	児童生徒一人ひとりの学習の深度に応じた学習支援	53.1%	44.6%	
11	発表や話し合い、協働での意見整理、協働制作などの協働学習の促進	84.8%	78.6%	
12	各教科の授業での情報(デジタル教科書や映像等)の提示	89.7%	83.9%	
13	へき地や小規模校への対応としての遠隔授業(配信型)	2.1%	5.4%	
14	へき地や小規模校への対応としての遠隔授業(双方向型)	8.8%	8.9%	
15	不登校や「院内学級」への対応としての遠隔授業(配信型)	12.6%	12.5%	
16	不登校や「院内学級」への対応としての遠隔授業(双方向型)	9.4%	8.9%	
17	臨時休業や分散登校への対応としての遠隔授業(配信型)	22.6%	26.8%	
18	臨時休業や分散登校への対応としての遠隔授業(双方向型)	32.6%	25.0%	
19	他校、他地域、海外等、離れた場所にいる人々との遠隔交流	29.0%	21.4%	
20	学習指導員・学習支援員等による遠隔での学習支援・相談対応等	2.9%	1.8%	
21	学習評価の充実	41.9%	42.9%	
22	採点の効率化	19.6%	23.2%	
23	授業準備の効率化	62.5%	48.2%	*
24	学習データ管理・共有の促進・効率化(児童生徒が自ら入力する場合を含む)	64.5%	48.2%	*
25	健康データ管理・共有の促進・効率化(児童生徒が自ら入力する場合を含む)	35.8%	37.5%	
26	特別な配慮が必要な児童生徒に関する情報共有の促進・効率化	26.1%	23.2%	
27	児童生徒による自分自身又は匿名でのSOSの発信・教職員との情報共有の促進	3.8%	1.8%	
28	教職員と児童生徒・保護者との日常的なコミュニケーションの促進・効率化	13.5%	10.7%	
29	研究授業・校内研修における教員の授業	76.5%	71.4%	
30	研究授業・校内研修における児童生徒の学習活動	64.2%	50.0%	*
31	事前研修や事後研修(ワークシートの参照や記録の見直し等を含む)	43.1%	33.9%	

注：回答(選択肢)は、1：該当、2：非該当であり、表は、「該当」の回答(選択)率を表示。回答率の高い方を太字表示。検定はχ^2乗検定。以上のことは、次の中学校の場合も同様。
出所：国立教育政策研究所「ICTの教育活用についてのウェブ調査」

動」といった 5 項目において有意な差(いずれも 5% 水準)が認められた。このことから、小学校において、全体として、校内でのキーパーソンの存在がICT 活用に寄与していることが推察される。そして、特に、プログラミング的思考を通じた情報活用能力の育成、授業準備の効率化、学習データ管理・共有の促進・効率化、研究授業・校内研修における児童生徒の学習活動という面においてその傾向が強いことがうかがえる。

　次に、中学校については、**表 4-3** は、キーパーソンの有無と「ICT 活用状況」の結果を示したものである。表 4-3 を見ると、31 項目中 25 項目において、「いる」の選択率が高く、4 項目において有意な差が認められた。「5　問題発見・解決能力(学習の基盤となる資質・能力)の育成」は 1% 水準、「1　言語能力(学習の基盤となる資質・能力)の育成」、「7　探究的な「見方・考え方」を働かせる教科横断的・総合的な授業や学習活動の充実」、「10　児童生徒一人ひとりの学習の深度に応じた学習支援」は 5% 水準での有意な差が認められた。このことから、中学校において、全体として、校内でのキーパーソンの存在が ICT活用に寄与し、小学校と同様の傾向を示している実態が推察される。そして、特に、問題発見・解決能力の育成、言語能力の育成、探究的な「見方・考え方」を働かせる授業や学習活動の充実、児童生徒一人ひとりの学習の深度に応じた学習支援という面においてその傾向が強いことがうかがえる。

(3) キーパーソン有無別に見た「ICT の教育環境と ICT の教育活用の推進に関する教員の理解」

　次に、キーパーソンの有無によって ICT の教育環境と ICT の教育活用の推進に関する教員の理解に違いが見られるかどうか分析する。ICT の教育環境と ICT の教育活用の推進に関する教員の理解について、「貴校では、ICTの環境整備と ICT の教育活用の推進において、教職員の理解はどの程度得られていますか」と尋ねた。選択肢は、「1:得られていない、2:得られている、3：かなり得られている、4：非常に得られている」の 4 つである。平均値(最小 1、最大 4)を算出した。

　まず、小学校について見ていく。**表 4-4** は、キーパーソンの有無と「ICT

表 4-3　キーパーソン有無と「ICT 活用状況」の関連：中学校

		いる	いない	検定
1	言語能力 (学習の基盤となる資質・能力) の育成	**57.1%**	34.8%	*
2	情報手段の基本的な操作 (キーボード入力等) の習得を通じた情報活用能力 (学習の基盤)	**80.2%**	73.9%	
3	プログラミング的思考を通じた情報活用能力 (学習の基盤となる資質・能力) の育成	**40.1%**	34.8%	
4	情報モラル・情報セキュリティに関する情報活用能力 (学習の基盤となる資質・能力) の育成	73.1%	**73.9%**	
5	問題発見・解決能力 (学習の基盤となる資質・能力) の育成	**71.4%**	43.5%	**
6	各教科の「見方・考え方」を働かせる授業や学習活動の充実	**69.8%**	52.2%	
7	探究的な「見方・考え方」を働かせる教科横断的・総合的な授業や学習活動の充実	**71.4%**	47.8%	*
8	児童生徒への基礎・基本の定着	**65.9%**	56.5%	
9	児童生徒による情報収集や調査活動の促進	89.6%	**91.3%**	
10	児童生徒一人ひとりの学習の深度に応じた学習支援	**52.7%**	30.4%	*
11	発表や話し合い、協働での意見整理、協働制作などの協働学習の促進	**85.7%**	78.3%	
12	各教科の授業での情報 (デジタル教科書や映像等) の提示	86.3%	**91.3%**	
13	へき地や小規模校への対応としての遠隔授業 (配信型)	**1.1%**	0.0%	
14	へき地や小規模校への対応としての遠隔授業 (双方向型)	2.2%	**4.3%**	
15	不登校や「院内学級」への対応としての遠隔授業 (配信型)	**21.4%**	17.4%	
16	不登校や「院内学級」への対応としての遠隔授業 (双方向型)	**13.7%**	4.3%	
17	臨時休業や分散登校への対応としての遠隔授業 (配信型)	**33.5%**	17.4%	
18	臨時休業や分散登校への対応としての遠隔授業 (双方向型)	**35.2%**	21.7%	
19	他校、他地域、海外等、離れた場所にいる人々との遠隔交流	**26.4%**	17.4%	
20	学習指導員・学習支援員等による遠隔での学習支援・相談対応等	**4.9%**	0.0%	
21	学習評価の充実	**44.0%**	43.5%	
22	採点の効率化	**28.6%**	13.0%	
23	授業準備の効率化	60.4%	**60.9%**	
24	学習データ管理・共有の促進・効率化 (児童生徒が自ら入力する場合を含む)	**61.0%**	56.5%	
25	健康データ管理・共有の促進・効率化 (児童生徒が自ら入力する場合を含む)	**41.2%**	39.1%	
26	特別な配慮が必要な児童生徒に関する情報共有の促進・効率化	**31.3%**	26.1%	
27	児童生徒による自分自身又は匿名でのＳＯＳの発信・教職員との情報共有の促進	**8.8%**	0.0%	
28	教職員と児童生徒・保護者との日常的なコミュニケーションの促進・効率化	**19.2%**	4.3%	
29	研究授業・校内研修における教員の授業	**72.5%**	69.6%	
30	研究授業・校内研修における児童生徒の学習活動	**56.0%**	43.5%	
31	事前研修や事後研修 (ワークシートの参照や記録の見直し等を含む)	42.9%	**52.2%**	

出所：国立教育政策研究所「ICT の教育活用についてのウェブ調査」

表 4-4　キーパーソン有無別に見た「ICT の教育環境と ICT の教育活用の推進に関する教員の理解」：小学校

いる			いない			検定
度数	平均値	標準偏差	度数	平均値	標準偏差	
341	3.13	0.70	56	2.82	0.69	**

注：回答（選択肢）は，1：得られていない，2：いくらか得られている，3：かなり得られている，4：非常に
　　よく得られている　の4段階であり，1点～4点の平均値を算出。検定は t 検定。
出所：国立教育政策研究所「ICT の教育活用についてのウェブ調査」

の教育環境と ICT の教育活用の推進に関する教員の理解」の結果を示したも
のである。表 4-4 を見ると、「いる」の平均値が有意（1%水準）に高かった。こ
のことから、キーパーソンの存在が、ICT の教育環境と ICT の教育活用の推
進に関する教員の理解の促進に寄与していることが推察される。

　次に、中学校について見ていく。**表 4-5** は、キーパーソンの有無と「ICT
の教育環境と ICT の教育活用の推進に関する教員の理解」の結果を示したも
のである。表 4-5 を見ると、「いる」の平均値が有意（1%水準）に高かった。こ
のことから、小学校同様、キーパーソンの存在が、ICT の教育環境と ICT の
教育活用の推進に関する教員の理解の促進に寄与していることが推察される。

表 4-5　キーパーソン有無別に見た「ICT の教育環境と ICT の教育活用の推進に関する教員の理解」：中学校

いる			いない			検定
度数	平均値	標準偏差	度数	平均値	標準偏差	
182	3.08	0.73	23	2.57	0.51	**

出所：国立教育政策研究所「ICT の教育活用についてのウェブ調査」

(4) キーパーソン有無別に見た「教員と教員以外の職員の連携」

　最後に、キーパーソンの有無によって教員と教員以外の職員の連携に違い
が見られるかどうか分析する。教員と教員以外の職員の連携について、「貴
校では、ICT の環境整備と ICT の教育活用の推進において、教員と教員以外
の職員の連携はどの程度取れていますか」と尋ねた。選択肢は、「1：取れて
いない、2：いくらか取れている、3：かなり取れている、4：非常によく取

表4-6　キーパーソン有無別に見た「教員と教員以外の職員の連携」：小学校

いる			いない			検定
度数	平均値	標準偏差	度数	平均値	標準偏差	
341	2.72	0.69	56	2.34	0.69	***

注：回答（選択肢）は、1：取れていない、2：いくらか取れている、3：かなり取れている、4：非常に取れているの4段階であり、1点〜4点の平均値を算出。検定はt検定。
出所：国立教育政策研究所「ICTの教育活用についてのウェブ調査」

れている」の4つである。平均値（最小1、最大4）を算出した。

　まず、小学校について見ていく。**表4-6**は、キーパーソン有無別に見た「教員と教員以外の職員の連携」の結果を示したものである。表4-6を見ると、「いる」の平均値が有意（0.1％水準）に高かった。このことから、キーパーソンの存在が、教員と教員以外の職員の連携の促進に寄与していることが推察される。

　次に、中学校について見ていく。**表4-7**は、キーパーソン有無別に見た「教員と教員以外の職員の連携」の結果を示したものである。表4-7を見ると、「いる」の平均値が有意（5％水準）に高かった。このことから、小学校同様、キーパーソンの存在が、教員と教員以外の職員の連携の促進に寄与していることが推察される。

表4-7　キーパーソン有無別に見た「教員と教員以外の職員の連携」：中学校

いる			いない			検定
度数	平均値	標準偏差	度数	平均値	標準偏差	
182	2.74	0.77	23	2.39	0.58	*

出所：国立教育政策研究所「ICTの教育活用についてのウェブ調査」

　以上の分析結果を整理しておきたい。

　第一に、2021年度、小学校、中学校ともに、90％弱の学校にキーパーソンが存在し、その比率は、前年度より約15％増加している。

　第二に、小学校、中学校ともに、キーパーソンの有無とICT活用状況に関連が見られ、いくつかの活用内容においては特に関連が強い。とくに小学

校では、「プログラミング的思考を通じた情報活用能力の育成」など、中学校では「問題発見・解決能力の育成」などにおいてキーパーソンがいる学校の方がより ICT 活用が見られる。

　第三に、小学校、中学校ともに、キーパーソンの有無と教員と教員以外の職員の連携促進に有意な関連が見られる

　第四に、小学校、中学校ともに、キーパーソンの有無と ICT の教育環境と ICT の教育活用の推進に関する教員の理解状況に有意な関連が見られる。

　以上の結果は、総じて、キーパーソンの有無が ICT の教育活用の促進にかかる諸側面に関連する可能性が高いことを示唆していると考えられる。そこで、次節では、川崎市教委及び A 小の事例を織り交ぜつつ、ICT の教育活用の促進にかかるキーパーソンの具体的な役割と組織的取り組みについて検討していく。

3.　ICT の教育活用におけるキーパーソンの役割と組織的取り組み

(1) キーパーソンの役割

　はじめに、キーパーソンの配置について検討する。

　しばしば指摘されるように、ICT の教育活用そのものは、あくまでも教育目的を達成するための手段である。キーパーソンは、ICT の教育活用の方向性を指定するために、所属校の学校教育目標とそれを実現させるための学校経営重点項目等を熟知した上で、教職員の共通理解度を高め、指導・支援にあたる必要がある。A 小では、キーパーソンはそのことを十分に自覚し、年度初めには教職員に対して明示している。あわせて、教職員向けの研修資料にもそのことを記載するなど啓発を行っている。それでは、そもそもどのような教員がキーパーソンとして分掌配置されるのだろうか。従前から分掌配置されている情報教育担当教員や研究主任、それらにかかわらず ICT に長けた、あるいは強い興味・関心を有する教員が想定されるが、校長の人材発掘及び分掌配置の力に依存することは言うまでもない。校長は、当該自治体・当該校の ICT 教育推進ポリシー等を具現化し得る教員として、所属教員（あ

るいは他校の教員) の職歴・実践歴等を参考に、担当教員として抜擢すること
になる。有為な人材と判断されるならば、必ずしも年齢・教員歴の高さ・長
さに依存する必要はない。ちなみに、A 小の場合、ICT 関係の民間会社経験
を有する教員を全校担当の GIGA スクール推進教員 (GIGA School Leader：略称
「GSL」)、さらに、各ブロック (低・中・高) 担当リーダーも 1 名ずつ配置している。
この配置により、各ブロック－各学年－各学級の ICT 教育が相互連関し合い、
組織的取り組みにつながっていく。また、特に GSL が担う役割は、校内で
の技術的支援や教員への心理的支援のほか、校内外のネットワークやプラッ
トフォーム (資料の共有、意見交流の場等) の整備など多岐にわたっている。この
役割は A 小に特別ではなく、川崎市内の全小中でも同様に見られ、川崎市
教委として、ICT の教育活用促進ためのシステムづくりの一環と言える。

(2) キーパーソンを核とする組織的取り組み

　次に、キーパーソンを核とする組織的取り組みについて検討する。

　ICT 教育推進は、リーダー的立場の教員だけでなく、全教職員すなわち組
織的取り組みになっていく必要がある。川崎市の事例を交えつつ、この点に
ついて述べたい。

　第一に、川崎市教委では、ICT の教育活用を複数のステップに分けて、年
度ごとに着実にステップアップしていくために、教職員向けのハンドブック
を作成している。キーパーソンはハンドブックに基づき、ICT の教育活用に
かかる教職員の意識啓発のための校内研修の企画・運営、実践にあたっての
指導・助言を進める。このことは、ICT の教育活用が教員個々の解釈や個別
実践になることを避け、川崎市の教員として、A 小の教員として、共通理解
のもと組織的な取り組みとなっていることを意味する。この時、各所のハブ
となっているのがキーパーソンと言える。さらに、川崎市教委は、学校現場
に頻繁に出向き、GSL 及び教職員の活動実態を正確に把握し、その場で適
切な指導・支援を行う。

　第二に、キーパーソンが自身の ICT 教育推進のイメージを自由に構想し、
動くことができる環境づくりや校長をはじめとする周囲からのサポート、特

に心理的サポートが提供されている。A 小の事例では、川崎市教委は「各校の環境・状況に応じた ICT 教育推進」を前提とし、校長は、キーパーソンのアイデアや取り組みを信用し、任せている。その一方で、市教委、校長とも、キーパーソンや各リーダーの困り感を常に聴取し、必要な支援、特に心理的サポートを行う体制を整えていることにより、キーパーソンらは安心して実践できている。さらに、キーパーソンが複数いることにより、相互の情報交換や相談がスムースになされ、多様な関係性の中で多くの教職員を巻き込み、結果として、ICT の教育活用が促進されている。換言すると、複数のリーダーを配置することによる分散型リーダーシップが発揮されやすい組織づくりがなされていると言える。

(3) ICT の教育活用におけるキーパーソンを核とする組織的取り組みを促す教育委員会と校長の支援

　最後に、ICT の教育活用におけるキーパーソンを核とする組織的取り組みを促す教育委員会と校長の支援について考えてみたい。

　まず、教育委員会による支援について述べる。前記したように、教育委員会としての ICT の教育活用の方針を明示し、学校が自主的・自律的に取り組むことが可能となるような、人的・情報的・心理的支援を行うことが重要となる。川崎市を事例にすると、人的支援：全市 15 名の GIGA スクールサポーターや（巡回による ICT の環境整備と教育活用の支援）全校の GSL の配置、情報的支援：ハンドブックの作成や電子プラットホームの整備による GSL 同士及び市内教職員のネットワークづくり、心理的支援：オフライン・オンラインによる GSL に対する心理的支援がなされている。そして、トップダウンではなくボトムアップ的な発想から（GSL や教職員の挑戦意欲や困り感などに基づく）全ての支援がなされているのである。

　校長による支援については、市の方針、学校の方針に軌を一にすることを前提として、キーパーソンのアイデアや取り組みを信用して任せることが最も重要である。A 小の事例でも、GSL が自由かつ創造的に取り組むことが保障されていることにより、ほとんど前例のない ICT の教育活用に対する挑

戦的志向性を有し、それを現実化させている。また、ICT の教育活用そのものが目的ではなく、学校教育目標の実現のためという前提を明確にしているため、GSL や教職員の方向性にブレがない。そして、結果として、そのことが教員の授業力や組織力の向上につながる可能性が看取されるのである。

4.　今後の研究的・政策的課題

　本章で述べてきたことは、学校において ICT の教育活用をリードし、マネジメントし得る人材の発掘・配置・研修と組織的取り組みへの展開の重要性である。そのことは、コロナ禍早々のオンライン授業を実現させた熊本市の事例(佐藤明彦 2020)からも看取できる。特に、キーパーソンに関しては、コロナ以前からの柔軟な教員研修体系の構築等により、特定の役割・役職に限定されず、キーパーソンになり得る人材育成がなされていたという点が特筆される。このことは、熊本市に限らず、コロナ禍において、学校内における人材、特にキーパーソンのありようが、ICT の教育活用の推進だけでなく、学校教育推進の成否に影響を及ぼすことを示唆するものであり、研究及び政策・実践面での重要な検討事項であることが示唆される。この視点を本章の検討内容を踏まえて、今後の研究及び政策・実践の課題を数点述べて、稿を閉じたい。

　第一に、研究面での今後の課題・提案について、本調査では、「ICT の環境整備と ICT の教育活用の推進において影響力の大きい、鍵となる人材」という定義を用いたが、「影響力」の中身とその程度をどのような視点・尺度から見ていけばよいのかを明らかにする必要がある。そのためにも、現在キーパーソンと見なされている人はいかなる資質能力を有し、どのような行動を取っているか、そして、それが誰(たち)に対して、どのような影響を及ぼしているのか等に関する定量的・定性的調査を行う必要があろう。

　第二に、第一と関連する面があるが、政策・実践面での課題として、教育委員会及び個々の学校が、ICT の教育活用の推進に関して既に学校や個人が蓄積してきている知や経験を広く収集し、共有するための手段・方法を開発

することが必要であろう。

　第三に、第一と第二を踏まえた上で、キーパーソンの発掘・育成・配置・研修に関する研究（研究者）と政策（教育委員会）・実践（学校）の共同研究・作業を、これまで以上に進める必要があろう。

参考文献

佐藤明彦（2020）『教育委員会が本気出したらスゴかった。：コロナ禍に2週間でオンライン授業を実現した熊本市の奇跡』時事通信出版局.

佐藤靖泰（2020）「体制整備」堀田龍也・為田裕行・稲垣忠・佐藤靖泰・安藤明伸『学校アップデート：情報化に対応した整備のための手引き』さくら社, 96-119.

諏訪英広（2022）「川崎市」国立教育政策研究所『公正で質の高い教育を目指したICT活用の促進条件に関する研究：2021年度政令指定都市調査の第一次分析』, 59-68.

露口健司（2022）「公正で質の高い教育におけるICT活用の促進条件」国立教育政策研究所『公正で質の高い教育を目指したICT活用の促進条件に関する研究：2020年度全国調査の分析』, 12-52.

寺嶋浩介・泰山裕・時任隼平・藤井佑介（2022）「ICT推進リーダーの校内での普及・推進に資する行動の分析：研修転移場面での経験学習の視点から」『大阪教育大学紀要　総合教育科学』70, 209-220.

第5章　ICT 支援員の配置状況と授業づくり 支援の効果

卯月由佳

1. ICT 支援員の政策課題と研究課題

　ICT 支援員は、ICT の教育活用に苦手意識を抱える児童生徒や教職員を「誰一人取り残さない」環境づくりを通じ、公正で質の高い教育の実現に向けて重要な役割を果たすと考えられる (武井 2023)。ICT 支援員とは、ICT の教育活用を支援する「外部人材 (外部専門スタッフ)」である。2015 年 12 月に出された中央教育審議会答申「チームとしての学校の在り方と今後の改善方策について」において、ICT 支援員は「授業等において教員を支援する専門スタッフ」(p.33) の一職種として挙げられた。文部科学省は「教育の情報化に関する手引」で ICT 支援員を 4 校に 1 人の割合で配置する目標を掲げ、その所要経費については地方財政措置を講じている[1]。ところが 2022 年時点でこの配置目標は未達成であり[2]、文部科学省は同年に策定した「学校教育情報化推進計画」において「教職員を支援する体制として ICT 支援員の配置を充実させること」「市町村単位を越えた広域的な支援体制を構築すること」(p.12) を強調している。

　しかし、公正で質の高い教育の担い手としての ICT 支援員に関する検討課題は、配置の有無や数にとどまらない。教育工学の分野では、ICT 支援員の業務の内容も注目されている。炭村・藤村 (2020) は、教職員が ICT 支援員に教材の紹介や作成、効果的活用方法や授業事例の紹介など授業づくり支援を希望していることを明らかにした。さらに炭村・藤村 (2021) は、教職員の ICT 機器の活用スキルが向上した後も授業づくり支援の重要性が見込まれる

ことを予測し、ICT 支援員から「ICT 教育活用支援員」への名称変更も提案している。そして「ICT 教育活用支援員」に求められるのは、ICT 機器の活用能力というより、「先生方の相談相手となり、信頼関係を構築でき、ICT 環境に応じた活用を提案出来、子供たちにより良い教育を行える」(p.114) ことだという。

ICT 支援員に関する以上の教育政策の動向及び先行研究の知見を踏まえ、本章は以下の三つの分析課題に取り組む。第 1 に、市区町村や学校の社会経済的背景により ICT 支援員の配置状況にはどのような差があるか、また 2020 年度から 2022 年度にかけて、GIGA スクール構想の進展とともにその差が縮小しているか、継続しているか、それとも拡大したかを分析することである。学校における ICT 支援員の配置状況については、ICT 支援員の在校頻度にも着目して検討する。ICT 支援員の在校頻度は各市区町村における ICT 支援員の配置数により影響を受けるはずで、目標とされている 4 校につき 1 人の配置数が達成されるならば、各学校に週 1 回以上は在校することが可能だと想定される。

第 2 に、ICT 支援員が配置されている学校を対象に在校頻度の多寡に着目し、ICT 支援員の在校頻度は、ICT 支援員の業務として重視される授業づくり支援を促進しているか、2022 年度の状況について分析する。市区町村ごとの ICT 支援員の配置数や在校頻度が、ICT の教育活用の推進体制として実質的にどのような意味を持つかを明らかにしたい。第 3 に、ICT 支援員の授業づくり支援が学校での学習指導における ICT 活用を促進しているか、同じく 2022 年度のデータを用いて分析する。

2.　データ

本章の分析には、国立教育政策研究所が 2020 年、2021 年、2022 年のそれぞれ 11 月から 12 月に実施した「ICT の教育活用についてのウェブ調査」の教育委員会調査 (教育長及び指導主事等が回答) と学校調査 (校長が回答) のデータを主に使用する[3]。最初の分析課題として、市区町村や学校の社会経済的背景

によるICT支援員の配置状況の差について検討する際のデータの取扱いについては、次の3点を基本的な方針とする。第1と第3の点については、第2章でICTの教育活用における市区町村間の差を検討したときと同様である。

　第1に、複数年度について分析を行う際に、各年度の回答を全て用いた場合と、複数年度の回答が全てそろっているケースの回答のみを用いた場合の分析結果に実質的な差はほとんどないと判断し、サンプルサイズがより大きくなるよう各年度の回答を全て用いる。第2に、学校単位でデータの分布を示す際に、調査設計上の理由により大都市よりも小規模な市区町村の結果が大きく反映される傾向を補整するため、学校の抽出確率の逆数によるウェイト調整を行う。第3に、今回用いるデータはサンプルサイズが比較的小さいため、統計的に強いエビデンスが得られたか否かにかかわらず、市区町村や学校の社会経済的背景によるICT支援員の配置状況に差がある可能性があるかどうか検討する。そのような差の存在を懸念する政策研究において、市区町村や学校の社会経済的背景によるICT支援員の配置状況に差があるにもかかわらず、それを統計的に有意な差だと判定できない誤り（帰無仮説を棄却しない第2種の誤り）を避けることが特に重要だからである。

　前節に示した第2と第3の分析課題についての分析方法は、次節で分析結果を報告する際に要点を述べる。変数の作成方法と基本統計量、分析方法の詳細については卯月（2023）を参照してほしい。

3．分析結果

(1) 市区町村や学校の社会経済的背景別に見たICT支援員の配置状況

　市区町村や学校の社会経済的背景によるICT支援員の配置状況の差を見る前に、2020年度から2022年度にかけての全体的な配置状況の変化を見ておこう。**図5-1**の各年度の全体を表す棒グラフで示すとおり、4校に1人以上配置している市区町村の割合は2020年度に19％だったが、2022年度には39％に増えた。この間に、ICT支援員の配置のない市区町村の割合も47％から23％に減少した。主に2020年度から2021年度にかけて、児童生徒の1人

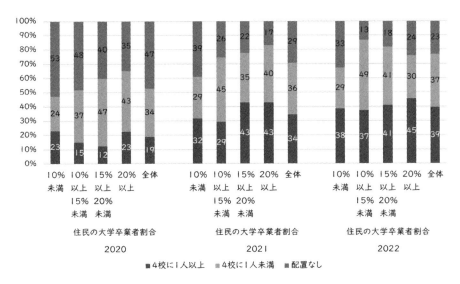

図 5-1　市区町村の住民の大学卒業者割合別に見た ICT 支援員の配置状況（2020 年度 ～ 2022 年度）

注：サンプルサイズ（市区町村数）は，2020 年度 351，2021 年度 276，2022 年度 256。

出所：国立教育政策研究所「ICT の教育活用についてのウェブ調査」

1 台端末が配備されたタイミングで ICT 支援員の配置される市区町村が増加していることがわかる。

　これと同時に，市区町村の社会経済的背景による ICT 支援員の配置状況の差にはどのような変化が見られただろうか。市区町村の社会経済的背景は大学卒業者割合により把握する。同じく図 5-1 に示すように，2020 年度，ICT 支援員を配置する市区町村の割合は大学卒業者割合 20％以上の市区町村で 66％だったのに対し，大学卒業者割合 10％未満の市区町村で 47％にとどまっていた。2022 年度になると，大学卒業者割合 20％以上の市区町村で 75％だったのに対し，大学卒業者割合 10％未満の市区町村で 67％だった。全体の配置割合が上昇するとともに，市区町村の社会経済的背景による差も縮小したが，引き続き差が見られることも見過ごせない。ただし，住民の大学卒業者割合に比例して ICT 支援員の配置割合が高くなる傾向が見られるわけではない。留意すべきは，大学卒業者割合が 10％を下回る，社会経済的に特に

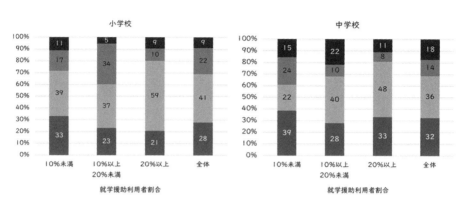

図5-2　学校の就学援助利用者割合別に見たICT支援員の在校頻度（2022年度）

注：サンプルサイズ（学校数）は小学校380、中学校195。
出所：国立教育政策研究所「ICTの教育活用についてのウェブ調査」

不利だと捉えられる市区町村においてICT支援員の配置が困難になっている可能性である。

　学校単位では、ICT支援員の配置の有無よりも在校頻度に着目した場合に社会経済的背景による差が見えてくる。学校の社会経済的背景については就学援助利用者割合で把握した。**図5-2**に示す2022年度のデータによると、ICT支援員が週に1日以上在校する割合は、就学援助利用者割合10％未満の小学校では33％であるのに対し、10％以上の学校では21％～23％と低くなっている。中学校ではその差は小さいが、やはり就学援助利用者割合10％未満の学校の39％に比べ、10％以上の学校で28％～33％とやや低い傾向が読み取れる。

　ICT支援員の在校頻度の差がICT支援員の行動の差にも関連することも、「ICTの教育活用についてのウェブ調査」のデータ分析結果から明らかになっている（卯月2023）。その結果によると、小学校と中学校のいずれも、在校頻度が月に1日未満の場合に比べ、「月に1日以上、週に1日未満」あるいは「週に1日以上」の場合に、ICT支援員は「職員室で教員と話すこと」と「教室に入って普段の授業を見学すること」[4]をより頻繁に行っている。本章でICT支援員

の在校頻度が授業づくり支援の実施を促進しているか分析する際には、ICT 支援員のこれらの行動が媒介要因になっている可能性についても検討する。

(2) ICT 支援の在校頻度と授業づくり支援

　第 2 の分析課題である、ICT 支援員の在校頻度が授業づくり支援の実施状況にもたらす効果については、授業づくり支援の実施状況に関する変数を被説明変数とし、ICT 支援員の在校頻度を説明変数として分析する。授業づくり支援の実施状況は、「ICT を活用する授業計画や授業案の作成に当たり、教員に助言する」「ICT を活用する授業で用いる既存の教材やアプリを提案する」「ICT を活用する授業で用いる教材作成のための資料を集める」「ICT を活用する授業で用いる新たな教材を作成する」「ICT を活用する授業で用いる新たなアプリを開発する」「授業で ICT を活用した感想を教員から収集し、次回の活用に役立てる」「他校や他の自治体の ICT 活用事例について収集し、教員に情報提供する」の 7 つの業務[5] のうち、学校に配置されている ICT 支援員が実施していると校長が回答した業務の数の合計である。

　分析に入る前に、ICT 支援員の授業づくり支援の実施状況について確認する。図 5-3 は、小学校と中学校の別に、授業づくり支援のほか、教員や児童生徒に対する ICT 機器の操作支援や ICT 機器の準備、片付けを実施している割合を示す棒グラフを、小学校での実施割合が高い順に並べたものである。小学校と中学校ともに ICT 支援員により最も多く行われているのは教員への操作支援である（小学校 79％、中学校 82％）。続いて、小学校では児童生徒への操作支援もよく行われている（66％）。授業づくり支援の中では、小学校と中学校ともに「ICT を活用する授業で用いる既存の教材やアプリを提案する」ことが最もよく行われている（小学校 58％、中学校 64％）。また、「他校や他の自治体の ICT 活用事例について収集し、教員に情報提供する」ことも比較的よく行われている。同調査データからは ICT 支援員が授業づくり支援には携わっていない小学校は 23％、中学校は 15％であることも示された。また、ICT 支援員が授業づくり支援に携わっている場合でも、実際に行っている授業づくり支援の業務の種類が少なく、39％の小学校と 35％の中学校で行わ

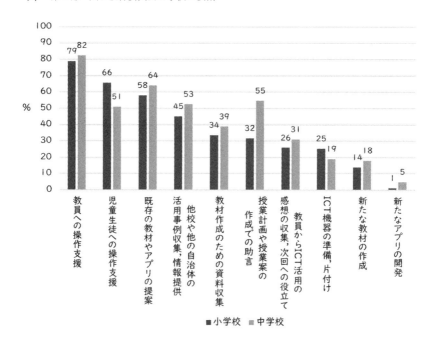

図5-3 学校でのICT支援員の各業務の実施割合 (2022年度)

注：サンプルサイズ (学校数) は小学校336、中学校158。
出所：国立教育政策研究所「ICTの教育活用についてのウェブ調査」

れていると回答のあった業務の数は一つ又は二つである (卯月2023)。

　そのような状況下で、上述のICT支援員の授業づくり支援の実施状況を被説明変数とし、在校頻度を説明変数とした最小二乗法 (Ordinary Least Squares：OLS) モデルを小学校と中学校の別に推定する[6]。ICT支援員の在校時の行動として、「職員室で教員と話すこと」「教室に入って普段の授業を見学すること」をそれぞれ行う頻度の媒介効果についても推定する。全てのモデルで学校の就学援助利用者割合、本務教員1人当たり児童生徒数、市区町村の人口規模の変数を統制し、学校や市区町村の基本的な特徴の影響を考慮した上で、ICT支援員の在校頻度や在校時の行動が授業づくり支援の実施状況にどのような効果を与えているか検討する。

　その結果を**表5-1**に示す。(1) 列から、小学校では、ICT支援員の在校頻

表 5-1　授業づくり支援の実施状況への ICT 支援員の在校頻度と行動の効果、2022 年度

	小学校				中学校			
	(1)	(2)	(3)	(4)	(5)	(6)	(7)	(8)
在校頻度(基準:月に 1 日未満)								
月に 1 日以上、週に 1 日未満	1.28**	0.77**	0.77**	0.57*	0.86*	0.73	0.37	0.52
	(0.25)	(0.28)	(0.26)	(0.28)	(0.42)	(0.49)	(0.44)	(0.49)
週に 1 日以上	1.68**	1.09**	1.07**	0.85**	0.64	0.51	0.15	0.30
	(0.27)	(0.30)	(0.28)	(0.30)	(0.45)	(0.51)	(0.45)	(0.50)
職員室で教員と話すこと(基準:ほとんど行わない)								
時々行っている		0.46		0.25		-0.27		-0.49
		(0.33)		(0.33)		(0.60)		(0.59)
在校時はひんぱんに行っている		1.39**		0.91*		0.62		0.03
		(0.34)		(0.36)		(0.61)		(0.63)
教室に入って普段の授業を見学すること(基準:ほとんど行わない)								
時々行っている			0.70**	0.48*			0.77*	0.64+
			(0.21)	(0.22)			(0.34)	(0.36)
在校時はひんぱんに行っている			1.57**	1.19**			1.55**	1.32**
			(0.26)	(0.28)			(0.41)	(0.45)
調整済み R² 乗値(統制変数含む)	0.095	0.166	0.179	0.205	0.056	0.096	0.129	0.134
n	336	336	336	336	158	158	158	158

注:授業づくり支援に関する変数(連続変数として扱う)を被説明変数とした OLS モデルの推定結果。
　　表中に示す特記のない数値は回帰係数で、括弧内の数値は標準誤差である。全てのモデルで学校の
　　就学援助利用者割合、本務教員 1 人当たり児童生徒数、市区町村の人口規模の変数を統制済み。
　　+ $p<0.10$, * $p<0.05$, ** $p<0.01$.
出所:国立教育政策研究所「ICT の教育活用についてのウェブ調査」

　度が「月に 1 日未満」の場合に比べ、「月に 1 日以上、週に 1 日未満」あるい
は「週に 1 日以上」の場合に、より多くの授業づくり支援を行っていること
が読み取れる(5%水準で統計的に有意)。結果の表示は省略するが、「月に 1 日
以上、週に 1 日未満」と「週に 1 日以上」の間にも差のあることがわかった(5%
水準で統計的に有意)。つまり、小学校については ICT 支援員の在校頻度が多
いほど、より多くの授業づくり支援を行っていると解釈できる。
　(5)列から、中学校では、ICT 支援員の在校頻度が「月に 1 日未満」の場合

に比べ、「月に1日以上、週に1日未満」の場合により多くの授業づくり支援を行っていることが読み取れる（5％水準で統計的に有意）。ただし、在校頻度の効果は小学校に比べると弱く、「週に1日以上」の効果は正であるが統計的に有意ではない。また、結果の表示は省略するが、「月に1日以上、週に1日未満」と「週に1日以上」の間には統計的に有意な差はなかったため、中学校ではICT支援が授業づくり支援を行う上で、月に1回以上在校することが必要だと示唆される。

　さらに、(2)列から(4)列の推定結果から、小学校でICT支援員の在校頻度が授業づくり支援の実施状況に影響を与え得る理由の一部は、ICT支援員が在校時に「職員室で教員と話すこと」と「教室に入って普段の授業を見学すること」を頻繁に行うためだと示唆され、両方同時に考慮した際にもそのように言える。「教室に入って普段の授業を見学すること」は時々行うだけでも、統計的に有意な効果を持つ。これらの媒介効果を考慮した上でも、小学校ではICT支援員の在校頻度が授業づくり支援に影響を与えている可能性が示唆され、ICT支援員のこれら二つの行動以外にも在校頻度が高くなることで授業づくり支援がしやすくなる理由があると推察される。

　(6)列から(8)列の推定結果から、中学校では小学校に比べてICT支援員の在校頻度が授業づくり支援の実施状況に及ぼす効果は小さいが、ICT支援員が「教室に入って普段の授業を見学すること」を行うことが授業づくり支援に及ぼす効果は小学校と同程度であり、そのためこれが在校頻度の効果の大部分を説明している。また、中学校については「教室に入って普段の授業を見学すること」の効果を考慮した後は、ICT支援員の在校頻度それ自体が直接、授業づくり支援に及ぼす効果は見られなくなる。配置されたICT支援員が在校時に教室に入ってふだんの授業を見学しているか否かが、より多くの授業づくり支援を行うための鍵となる。

　以上の分析結果をまとめると、ICT支援員は、小学校ではより頻繁に在校しているほど、中学校では少なくとも月に1回在校している場合に、授業づくり支援をより多く行っていることが明らかになった。ただし、ICT支援員が授業づくり支援をより多く行うためには単にICT支援員が在校して教員

とコミュニケーションが取れていれば十分というわけではなく、小学校でも中学校でも、ICT支援員が教室に入ってふだんの授業を見学することが重要だと言える。

(3) ICT支援の授業づくり支援と学習指導におけるICT活用

　第3の分析課題については、ICT支援員の授業づくり支援の実施状況が学習指導におけるICT活用にもたらす効果を検討する。被説明変数である学習指導におけるICT活用に関する変数は、「問題発見・解決能力（学習の基盤となる資質・能力）の育成」「各教科の『見方・考え方』を働かせる授業や学習活動の充実」「探究的な『見方・考え方』を働かせる教科横断的・総合的な授業や学習活動の充実」など12の目的のうち（詳細は卯月（2023）を参照）、小学5年生（小学校の場合）又は中学2年生（中学校の場合）の教育で実際にICTを活用している目的の合計数である。これを被説明変数とするOLSモデルを推定する[7]。授業づくり支援が有する効果についてほかの変数の効果との比較を通じて理解するため、まずICT支援員の配置状況と在校頻度の効果を、続いてICT支援員の配置された学校に分析対象を絞り、ICT支援員の在校時の行動の媒介効果を推定する。最後に、ICT支援による授業づくり支援に関する変数を追加してその効果を推定する。全てのモデルで就学援助利用者割合、本務教員1人当たり児童生徒数、市区町村の人口規模の変数を統制し、学校や市区町村の基本的な特徴の影響を考慮した上で、ICT支援員の授業づくり支援の実施状況が学習指導でのICT活用にどのような効果を与えているか検討する。

　その結果を**表5-2**に示す。まず2022年度に回答のあったサンプル全体を対象に、学習指導におけるICT活用に関する変数を被説明変数とし、ICT支援員の配置の有無及び在校頻度を表す変数を説明変数とした重回帰モデルを小学校と中学校の別に推定した結果が(1)列と(4)列である。小学校と中学校ともに、ICT支援員の配置の有無及び配置頻度のみでは学習指導におけるICT活用の状況を説明できていない。(2)列と(5)列では、ICT支援員が配置されている学校に絞り、ICT支援員の配置頻度と在校時の行動（「職員室で教員

表 5-2　学習指導における ICT 活用への ICT 支援員の配置状況，行動と授業づくり支援の実施状況の効果、2022 年度

	小学校			中学校		
	(1)	(2)	(3)	(4)	(5)	(6)
	全体	配置あり	配置あり	全体	配置あり	配置あり
在校頻度（基準：月に 1 日未満）						
配置なし	0.36	—	—	0.15	—	—
	(0.54)	—	—	(0.67)	—	—
月に 1 日以上、週に 1 日未満	0.27	0.47	0.30	0.13	-0.58	-0.83
	(0.40)	(0.46)	(0.46)	(0.59)	(0.73)	(0.69)
週に 1 日以上	0.30	0.50	0.25	-0.25	-0.94	-1.08
	(0.43)	(0.50)	(0.50)	(0.62)	(0.75)	(0.71)
職員室で教員と話すこと（基準：ほとんど行わない）						
時々行っている		-0.95+	-1.03+		0.75	0.98
		(0.56)	(0.55)		(0.87)	(0.83)
在校時はひんぱんに行っている		-0.45	-0.72		1.12	1.10
		(0.61)	(0.60)		(0.94)	(0.89)
教室に入って普段の授業を見学すること（基準：ほとんど行わない）						
時々行っている		-0.15	-0.30		0.37	0.07
		(0.37)	(0.36)		(0.53)	(0.51)
在校時はひんぱんに行っている		0.23	-0.13		0.75	0.13
		(0.47)	(0.48)		(0.67)	(0.65)
授業づくり支援の実施項目数			0.30**			0.47**
			(0.09)			(0.12)
調整済み R^2 乗値（統制変数含む）	-0.000	0.011	0.040	-0.008	-0.001	0.096
n	380	336	336	195	158	158

注：授業づくり支援に関する変数（連続変数として扱う）を被説明変数とした OLS モデルの推定結果。
　　表中に示す特記のない数値は回帰係数で、括弧内の数値は標準誤差である。全てのモデルで学校の
　　就学援助利用者割合、本務教員 1 人当たり児童生徒数、市区町村の人口規模の変数を統制済み。
　　 + $p<0.10$, * $p<0.05$, ** $p<0.01$.
出所：国立教育政策研究所「ICT の教育活用についてのウェブ調査」

と話すこと」と「教室に入って普段の授業を見学すること」）についての変数を説明変数として用いた。これらの変数も、学習指導における ICT 活用を説明しない。しかし、(3) 列と (6) 列に示すモデルで、授業づくり支援の実施項目数を説明変数として追加すると、小学校と中学校ともに、ICT 支援員による授業づくり支援がより多く行われているほど、学習指導でより積極的に ICT が活用されていることが明らかになった（5% 水準で統計的に有意）。

4.　結論——ICT 支援員の配置と授業づくり支援の促進に向けて

　本章の三つの分析課題について得られた結果をそれぞれまとめる。第 1 に、2022 年度のデータから、社会経済的背景が不利な（住民の大学卒業者割合が低い）市区町村で ICT 支援員を配置している割合が比較的低いことが明らかになった。これらの市区町村では、ICT 支援員の人材が不足している可能性が考えられる。学校単位で見ると、社会経済的に不利な（就学援助利用者割合が比較的高い）小学校では、ICT 支援員が週 1 日以上在校する割合が比較的低いことが読み取れた。

　第 2 に、ICT 支援員の在校頻度は ICT 支援員の授業づくり支援を促進する可能性が示された。2022 年度のデータから、小学校では ICT 支援員の在校頻度の多さが授業づくり支援を促進しており、それは部分的には、ICT 支援員が職員室で教員と頻繁に話したり、教室に入ってふだんの授業を頻繁に見学したりするためだと読み取れる。中学校では ICT 支援員の在校頻度それ自体より、ICT 支援員が頻繁に授業を見学することが授業づくり支援を促進している状況が見られた。在校頻度の影響が小学校と中学校で異なる理由はデータからは説明できないが、ICT 支援員が教室に入ってふだんの授業を頻繁に見学する意義は小学校と中学校に共通である。

　第 3 に、ICT 支援員の授業づくり支援は学習指導における ICT 活用を促進する可能性がある。2022 年度のデータから、小学校と中学校に共通し、ICT 支援員の配置の有無や在校頻度それ自体より、ICT 支援員による授業づくり支援の実施状況が学習指導における ICT 活用を促進していることが読み取

れる。卯月（2023）の分析結果を参照すると、小学校と中学校ともに、ICT 支援員の授業づくり支援は「言語能力の育成」「プログラミング的思考を通じた情報活用能力の育成」「情報モラル・情報セキュリティに関する情報活用能力の育成」「問題発見・解決能力の育成」「児童生徒への基礎・基本の定着」など、2022 年度時点ではこれから ICT 活用を増加させる余地があると見られる様々な目的・場面での ICT 活用を促している傾向が見られる[8]。

　ICT を活用した公正で質の高い教育を実現する条件として、ICT 支援員の配置の有無や在校頻度における市区町村や学校の社会経済的背景による差を定期的に把握する必要性が本章の分析結果から示唆された。また、先行研究（炭村・藤村 2020; 2021）が論じるように、ICT 支援員の業務として ICT を活用した授業づくり支援への着目とその拡充も重要である。ICT 支援員の配置効果を検証する際には、ICT 支援員が実施する授業づくり支援の ICT 活用への効果に着目することが望ましい。現状では、ICT 支援員が配置されていても授業づくり支援が十分に行われていないことも多く、配置の有無を見るだけでは、ICT 支援員の ICT の教育活用に対する（潜在的な）効果が明らかにならない可能性がある。

　ICT 支援員が授業づくり支援に携わるには、ICT 支援員が知識・技能や行動上の工夫を蓄積する以外に、ICT 支援員と教職員や ICT 支援員同士の関係づくりに向けた条件整備も重要となる。熊本市の ICT 支援員の業務内容と組織体制について調査した武井（2023）は、「授業のイニシアティブを握るのは教員であって自身はあくまでその補助役だという認識を持つ」（p.278）ICT 支援員が教職員と良好な関係を築くには、間を取り持つ教育センター指導主事の果たす役割が大きいことを明らかにした。また、担当校で基本的に単独で業務に当たる ICT 支援員同士が横につながる機会の設定も、ICT 支援員の不安の抑制に功を奏しているという。公正で質の高い教育の実現に向けてICT 支援員の役割に期待をする際には、こうした条件整備に関する知見の蓄積と共有も求められるだろう。

注

1　2021 年には「学校教育法施行規則の一部を改正する省令（令和 3 年文部科学省令第 37 号）」において、ICT 支援員の名称は情報通信技術支援員とされ、「教育活動その他の学校運営における情報通信技術の活用に関する支援に従事する」という職務が規定された。ただし、ここでは現在も一般的に用いられている ICT 支援員の名称を用いる。

2　文部科学省が 2022 年に策定した「学校教育情報化推進計画」に記載された「自治体における学校の ICT 関係決算状況等調査等」に基づく数値では、全国での目標配置数 8,000 人に対し、2021 年度は 5,620 人、すなわち 5.7 校につき 1 人という配置数にとどまっている。

3　そのほか、各市区町村の住民の大学・大学院卒業者割合（以下、住民の大学卒業者割合とする）については総務省の 2010 年「国勢調査」の公表値を、各市区町村の人口規模については総務省の 2018 年「住民基本台帳人口」を、2020 年度の各学校の児童生徒数及び教員数については目的外利用申請を経て文部科学省から貸与を受けた 2020 年度の「学校基本調査」のデータを用いる。

4　ICT 支援員が「教室に入って普段の授業を見学すること」の重要性については、熊本市の ICT 支援員である早川裕子氏から大きな示唆をいただいた。記して感謝申し上げる。

5　「ICT の教育活用についてのウェブ調査」における ICT 支援員の業務に関する質問項目は、日本教育情報化振興会 (2018) を参考に作成した。

6　授業づくり支援の合計数は小学校と中学校のいずれでも正規分布に従っているとは言えないが、被説明変数の正規分布を仮定する OLS モデルを採用することにした。

7　学習指導における ICT 活用の合計数も、小学校と中学校のいずれでも正規分布に従っているとは言えないが、被説明変数の正規分布を仮定する OLS モデルを採用した。

8　ただし、卯月 (2023) によると、探究的な学びを促す場面では、まだ ICT 活用を増加させる余地もありながら、ICT 支援員の授業づくり支援の実施状況と ICT 活用の有無は関連がないようである。探究的な学びを促す授業で ICT を活用するか否かは、現状では ICT 支援員の授業づくり支援よりも教員の授業づくりへの考え方が大きく影響するためではないかと推察される。

参考文献

日本教育情報化振興会 (2018)『情報通信技術を活用した教育振興事業：ICT 支援員の育成・確保のための調査研究成果報告書』https://www.mext.go.jp/

content/1398432_4.pdf（2023年1月30日アクセス）.

炭村紀子・藤村裕一（2020）「教員が求めるICTを活用した授業支援の具体：ICT活用教育支援員の必要性」『日本教育工学会研究報告集』, 91-97.

炭村紀子・藤村裕一（2021）「教職員に求められるICT活用教育の支援に関する研究」『日本教育工学会研究報告集』, 112-119.

武井哲郎（2023）「『公正で質の高い教育』の実現に向けたICT支援員の役割」国立教育政策研究所『公正で質の高い教育を目指したICT活用の促進条件に関する研究：全国調査及び政令指定都市調査の分析』, 277-282.

卯月由佳（2023）「ICT支援員の配置と授業づくり支援」国立教育政策研究所『公正で質の高い教育を目指したICT活用の促進条件に関する研究：全国調査及び政令指定都市調査の分析』, 44-67.

第2部 教員と児童生徒の現状と可能性

第6章　どのような教員が授業場面等で ICT を積極的に活用
　　　　しているのか？ ……………………………………………… 露口健司

第7章　1人1台端末配備が教員の時間確保に及ぼす影響 … 露口健司

第8章　ICT の教育活用により時間確保が進んだのはどのような教員か
　　　　──カリキュラム・マネジメントの推進と成長志向の学校文化の醸成──
　　　　…………………………………………………………………… 生田淳一

第9章　児童生徒の学習における ICT 活用は学習エンゲージメントと
　　　　批判的思考態度を促すのか？ …………………………… 清水優菜

第10章　1人1台端末配備が児童生徒の希望形成に及ぼす影響
　　　　……………………………………………………………………… 露口健司

第11章　社会経済的に不利な家庭に育つ子どもたちの困難
　　　　──探究的・協働的な学びと ICT 活用をめぐって── … 卯月由佳

第12章　困難を抱える子どもの学びへの参加を促す ICT 活用
　　　　──ケアする関係の形成と言葉による意思表示に着目して──
　　　　……………………………………………………………………… 柏木智子

第 6 章　どのような教員が授業場面等で ICT を積極的に活用しているのか？

露口健司

1. ICT の教育活用の教員間分散に着目する意義

　本章では、ICT の教育活用における教員間分散の規定要因を探索的に分析することで、授業場面等において ICT を積極的に活用している教員の特性を明らかにする。

　今日、GIGA スクール構想による 1 人 1 台端末整備、ICT ネットワーク環境の整備・運用、教育情報セキュリティポリシーガイドラインの作成・浸透、教員の ICT 活用指導力の育成等、ICT の教育活用に関する政策・事業が、全国において展開されている（文部科学省 2021）。これらの政策・事業の全国展開は、児童生徒の情報活用能力や教員の ICT 活用指導力の向上を目指すものであるが、それと同時に、自治体間の教育格差の解消も視野に含まれている。例えば、COVID-19 による一斉休業直後（2020（令和 2）年 4〜6 月頃）において家庭学習のオンライン支援やデジタル教材配信が提供できた自治体の条件として、財政力指数が高いこと、PC1 台あたり児童生徒数が少ないこと等が確認されている（第 1 章参照）。突発的な環境変動下において、財政的にゆとりのある自治体においてのみ、ICT の教育活用による児童生徒の学習継続が保障されている。ICT の教育活用が、地方自治体の財政力に起因する状態は望ましいものとは言えない。GIGA スクール構想による 1 人 1 台端末配備は、財政力に起因する「自治体間格差」の抑制に一定の効果を及ぼした。

　しかしながら、各自治体共通に 1 人 1 台端末配備が進展したとしても、学習活動や校務に ICT を活用できる学校とそうでない学校が出現する可能性

が危惧される。ICT の教育活用における「学校間格差」の懸念である。2020
（令和2）年秋時点における ICT の教育活用における学校間格差の原因解明を
試みた調査結果（第1章）では、学校間格差の原因として、校長の ICT リテラ
シー、校長の平等分配志向（負の効果）、ICT 推進の教職員理解、ICT 授業準
備のゆとり、キーパーソンの存在、教育委員会の支援、ICT 支援員の配置等
の多様な要因が確認されている。ICT の教育活用の学校間格差は、校長のビ
ジョンとリーダーシップ、教員を取り巻く支援ネットワークによる影響が大
きいとする結果が得られている。

　さらに、1人1台端末配備がほぼ完了した 2021（令和2）年度以降は、ICT の
教育活用の「教員間格差」への関心が高まっている。ICT の教育活用に積極
的な教員とそうでない教員の出現、そして、この現象が生み出す教育格差拡
大への懸念である。例えば、現実問題として、授業において ICT を活用す
る教員とほとんど活用しない教員が同学年で出現している。児童生徒間の
情報活用能力の格差が潜在的に発生している可能性がある。日本では、ICT
の教育活用による教育効果のエビデンスが十分に蓄積されていない。しか
し、世界各地の教育経済学等の先行研究を見ると、特定の条件下（ICT を対象
とする教員研修やカリキュラム・マネジメントの実施等）において、ICT の教育活用
が児童生徒の学力等に対して因果的効果を有することが確認されている（露
口 2022a）。これらの条件が比較的整備されている日本では、ICT の教育活用は、
児童生徒の資質能力や成長に重要な正の影響を及ぼす可能性が高い。ICT 活
用が教育効果を持つ場合、ICT を活用しないという選択は非合理的なものと
なる。特定の学級において、児童生徒にとって享受できるはずの能力向上の
機会を逸失するという現象は望ましいものではない。自治体間・学校間に加
えて、教員間における ICT の教育活用における格差の実態とその発生原因
を特定することには実践的・学術的に価値があると言える。

　それでは、どのような教員が ICT の教育活用に積極的であり、どのよう
な教員が消極的なのか。その背景・理由は何か。これらの研究課題を解明す
ることで、教員間格差抑制（上方向への調整）のための教員に対する実践的支援
策の視点が明らかとなる。また、いわゆる「公正で質の高い教育」とは、ど

の自治体・学校・学級に所属していたとしても、一定水準以上の教育が受けられる状態、過度の自治体・学校・教員間の格差が抑制された状態を示す概念である。教員間格差の原因を特定し、その解消を目指す試みは、「公正で質の高い教育」の実現においても重要な価値を持つと言える。

　この点に関連して、ICT の教育活用が低調な教員の特性を、ICT 活用不安に着目した上で解明した研究が報告されている (露口 2022b)。ロジスティック回帰分析の結果、ICT 活用不安は、女性教員、ベテラン教員、小学校勤務者において高く、大学院修了者や、職能開発機会が豊富で、同僚信頼が高い教員は低い傾向が認められている。こうした ICT 活用不安の発生メカニズムに関する調査研究の結果を踏まえると、実際の ICT の教育活用状況においても、教員の属性（性別・年齢・学歴等）や学校特性（研修体制・同僚信頼等）が影響を及ぼすことが予測される。

　ICT の教育活用においては、安定した学級経営や学級での活用の必要性等の学級特性要因も、分散を説明する可能性が高い。例えば、児童生徒に落ち着きがなく、学力水準が低調な学級では、端末を使用した授業が困難であり、不適切利用が予期されるため、使用回避が選択される可能性がある。また、特別に支援を要する児童生徒が学級に配属されており、ICT 活用による学習効果（機能補填効果）が期待できる場合は、積極活用が選択される可能性がある。状況要因としての学級特性についても、ICT の教育活用の規定要因として検討する必要がある。

　そして、最も注目すべき ICT の教育活用の規定要因は、教員の授業スタイルであろう。伝統的な一斉・一方向・伝達型の授業スタイルをとる場合、授業での ICT 活用の場面は乏しいであろう。また、こうした伝統的授業スタイルは、アナログ方式（チョーク・トーク・ペーパー）と親和的であるため、授業場面だけでなく学習評価データ等を処理する校務場面においても、ICT 活用が抑制されるであろう。遠隔・オンライン学習場面でも、伝統的授業スタイルでのライブ配信は、相当の工夫を講じないと、音声や視覚面での問題が生じ、学習効果は高まりにくい。一方、主体的・対話的・探究的な学びを促す授業スタイルをとる教員は、授業での ICT 活用場面が豊富である。デジ

タル方式（端末利用・多元的対話・デジタルコンテンツ）をとり入れたイノベーティブな授業スタイルでは、学習評価データ等を処理する校務場面においても端末を積極的に活用するであろう。また、遠隔・オンライン学習場面でも、デジタル教材を用意しており、オンライン会議ツールを用いる等して、主体的・対話的で深い学びの実現に努めるであろう。ICT の教育活用に対して積極的である教員とは、ICT と親和的な主体的・対話的・探究的な授業スタイルを日常的に採用している教員であると考えられる。

　これらの見解を踏まえ、ICT の教育活用における教員間分散の規定要因を、授業スタイル、教員の個人特性、担任学級の特性、学校特性の視点から、以下の方法に基づき、探索的に分析・検討する。

2. 調査方法・変数・分析戦略

(1) 調査手続とデータ

　調査対象は、本調査への協力が承諾された日本の五つの政令指定都市より、教育委員会担当者・校長・調査者との実施可能性等についての協議を通して抽出された公立小学校 124 校及び公立中学校 88 校である。小学校 4 〜 6 学年及び中学校は 1 〜 3 学年の学級担任と所属児童生徒に対して、WEB アンケートを実施した。調査時期は 2021（令和3）年 7 月〜 10 月であり、各自の端末を使用しての回答を依頼した。児童生徒調査は調査項目数と回答所用時間を考慮し 2 回に分けて実施した。調査対象者数・有効回答数・有効回収率は、教員調査において小学校（1,042 人・749 人・71.9％）、中学校（1,209 人・766 人・63.4％）であった。児童生徒調査においては、小学校 1 回目（32,709 人・25,333 人・77.4％）、2 回目（32,709 人・16,789 人・51.3％）、中学校 1 回目（40,789 人・27,870 人・68.3％）、2 回目（40,789 人・22,964 人・56.3％）であった。なお、分析に当たっては、児童生徒（2 回回答）と学級担任の両者から回答が得られている学級データ（N=1,514）を対象とする。

(2) 変数

1) 被説明変数

ICT 活用度：ICT 活用場面の 21 項目を設定し、5 件法での回答を教員に対して求めた。主成分分析の結果（**表 6-1**）、「授業場面」、授業と関連した「校務場面」、遠隔・オンライン学習場面の 3 成分が抽出された（詳細は露口 2022a 参照）。

表 6-1　ICT 活用度の主成分分析の結果

	成分			共通性
	1	2	3	
・問題発見・問題解決能力の育成	**.905**	-.056	-.036	.743
・各教科の「見方・考え方」を働かせる授業の充実化	**.865**	-.027	.009	.725
・論理的思考力の育成	**.838**	-.058	.052	.674
・発表や話し合い等の協働学習の充実化	**.815**	.034	-.064	.670
・基礎・基本の定着	**.800**	.020	-.090	.624
・言語能力の育成	**.789**	-.004	.032	.635
・探究的な学習の充実化	**.779**	-.021	-.010	.583
・児童生徒一人ひとりの学習の深度に応じた学習支援の充実化	**.732**	.054	.108	.650
・情報モラル・情報セキュリティに関する能力の育成	**.650**	.015	.119	.497
・PC 等の操作方法の習得	**.562**	.075	.010	.378
・デジタル教科書や映像等の提示	**.466**	.222	-.212	.359
・学習データ管理・共有の促進・効率化	-.084	**.927**	-.062	.754
・学習評価の充実化	-.050	**.918**	-.024	.782
・授業準備の効率化	.011	**.791**	-.022	.629
・採点の効率化	.012	**.670**	.144	.520
・研究授業・校内研修の充実化	.131	**.646**	.121	.593
・児童生徒の学びの見とりの充実化	.284	**.646**	-.010	.718
・へき地や小規模校対応としての遠隔授業	-.117	.038	**.899**	.766
・他校や海外の児童生徒との遠隔交流・協働学習	.032	-.053	**.881**	.777
・多様な大人との遠隔交流・協働学習	.123	-.061	**.857**	.788
・不登校や院内学級への対応としての遠隔授業	-.053	.128	**.659**	.458

因子間相関係数				
1	1.000			
2	.611	1.000		
3	.307	.198	1.000	

出所 国立教育政策研究所「ICT の教育活用と学習についての教員・児童生徒調査」

表 6–2　授業スタイルの主成分分析の結果

	成分	共通性
・児童生徒自身が解決の手段や方法を考えて実行しなければならない複雑な課題を提示する	**.731**	.535
・授業の終了時にさらに知りたいことや探求したいこと、疑問をもたせることを目指した課題や活動を児童生徒に与える	**.596**	.356
・児童生徒を少人数のグループに分け、問題や課題に対する共同の解決法を出させる	**.596**	.356
・完成までに少なくとも1週間を必要とする課題を児童生徒に与える	**.535**	.287
・明らかな解決法が存在しない課題を提示する	**.532**	.283
・全児童生徒が単元の内容を理解していることが確認されるまで、類似の課題を児童生徒に演習させる	**.490**	.240
・批判的に考える必要がある課題を与える	**.483**	.234

出所：国立教育政策研究所「ICT の教育活用と学習についての教員・児童生徒調査」

2) 説明変数

　授業スタイル：OECD (2019) を参考として、教員の主体的・対話的・探究的な学びを促す授業スタイルについての7項目を設定し、4件法（ほとんどなし (1) ～いつも (4)）での回答を教員に対して求めた。主成分分析の結果（**表6-2**）、1成分抽出が抽出された。

　個人特性：学級担任の年齢から10歳区分の4分類を作成した（20歳代 (1)、30歳代 (2)、40歳代 (3)、50歳代以上 (4)）。学級担任の性別について、男性 (1)、女性／その他 (0) を設定した。勤務校在校年数として、教員の勤務校在校年数を設定した。最終学歴として、大学院修了 (1)、その他 (0) を設定した。教員の ICT 親和性として、PC 利用に対する肯定的価値観や基本的操作スキルについての4項目を設定し、4件法（あてはまらない (1) ～あてはまる (4)）での回答を教員に対して求めた。主成分分析の結果、1成分が抽出された。

　担任学級の特性：担任学級における学業成績が低い児童生徒、問題行動を起こす児童生徒、特別な支援を要する児童生徒、日本語指導を要する児童生徒、就学援助を利用している児童生徒の構成比率について、6件法（在籍していない (0)、5%未満 (1)、5-10%未満 (2)、10-20%未満 (3)、20-30%未満 (4)、30%以上 (5)）

での回答を教員に対して求めた。学級集団の発達段階の代理指標として、所属学年を設定した。学級規模として、所属学級の在籍児童生徒数を設定した（20人以下(1)、21-25人(2)、26-30人(3)、31-35人(4)、36-40(5)、41人以上(6)）。

　学校特性：ICT活用のキーパーソンの存在について、いる(1)、その他(0)を設定した。ICT活用を支援してくれる同僚スタッフ（ICT支援者）の存在について、いる(1)、その他(0)を設定した。保護者・同僚・管理職との信頼関係について、ひじょうに弱い(0)、ひじょうに強い(10)、その中間(5)として11件法での回答を求めた。カリキュラム・マネジメントの実施状況について、3項目を設定し、4件法（あてはまらない(1)〜あてはまる(4)）での回答を求めた。主成分分析の結果、1成分が抽出された。成長支援の学校文化について、3項目を設定し、4件法（あてはまらない(1)〜あてはまる(4)）での回答を求めた。主成分分析の結果、1成分が抽出された。

(3) 分析戦略

　ICTの教育活用における教員間分散の規定要因を探索するために、授業場面（正規分布）、校務場面（正規分布）、遠隔・オンライン学習場面（ポワソン分布）の三つの被説明変数に対する、授業スタイル（1変数）、個人特性（5変数）、担任学級の特性（7変数）、学校特性（7変数）の計20の説明変数を投入する一般化線形モデル（北村2009）を実施する。通常の重回帰分析ではなく一般化線形モデルを選択する主な理由は、分析モデルに正規分布ではない被説明変数（遠隔・オンライン学習場面）を含むこと、説明変数に複数のカテゴリカル変数（年齢4区分と学年6区分）を含むことにある。

　分析においては、勤務校が持つ集団レベルの効果を事前に調整する方法を採用する。すなわち、一般化線形モデルを活用し、三つの被説明変数に対して名義尺度としての学校IDを説明変数として投入し予測値を求め、所属学校（どの学校で勤務しているか）では説明しきれない残差を、学校調整済み変数として使用する。

　記述統計量分析と主成分分析においては、IBM SPSS Base ver. 28.0 を、一般化線形モデルについては IBM SPSS Advanced Statistics ver. 28.0 を使用した。

3. ICT の教育活用における教員間分散の規定要因分析

(1) 記述統計量

　本研究において使用する変数の記述統計量を**表 6-3** に示す。記述統計量の表記において、各変数を構成する測定項目の実測値と、分析に使用する変数生成過程で算出された主成分得点等を使用している。今後、自治体や学校が本研究の測定項目を使用する場合に、比較対照として活用することを考慮するためである（M=0, SD=1 の標準化得点のみの表記では、この作業が困難となる）。

(2) 一般化線形モデルの分析結果

　次に、ICT の教育活用度の規定要因を一般化線形モデルによって探索的に

表 6-3　記述統計量

	実測値				変換後				
	M	SD	Min.	Max.	M	SD	Min.	Max.	N
ICT 活用：授業場面	2.011	0.829	0.000	4.000	0.001	1.025	-2.460	3.108	1,514
ICT 活用：校務場面	1.900	0.939	0.000	4.000	-0.002	1.025	-2.985	2.911	1,514
ICT 活用：遠隔通信場面	0.430	0.691	0.000	4.000	1.722	2.766	0.000	16.000	1,513
授業スタイル	2.093	0.442	1.000	3.710	0.000	1.000	-2.483	3.702	1,514
男性教員ダミー	0.527	0.499	0.000	1.000					1,419
勤務校在校年数	3.264	2.050	1.000	10.000					1,403
大学院修了ダミー	0.072	0.259	0.000	1.000					1,417
ICT 親和性	2.962	0.550	1.000	4.000	0.000	1.000	-3.705	1.714	1,513
学級環境：学業成績が低い	1.894	1.018	0.000	5.000					1,508
学級環境：問題を起こす	1.112	0.891	0.000	5.000					1,504
学級環境：特別な支援を要する	1.401	0.970	0.000	5.000					1,509
学級環境：日本語指導を要する	0.196	0.666	0.000	5.000					1,508
学級環境：就学援助を利用	1.376	1.108	0.000	5.000					1,496
学級規模	2.932	0.846	1.000	4.000					1,502
キーパーソン	0.796	0.403	0.000	1.000					1,488
ICT 支援者	0.898	0.303	0.000	1.000					1,493
保護者との信頼関係	5.743	1.594	0.000	10.000					1,507

同僚教員との信頼関係	6.743	1.721	0.000	10.000					1,507
管理職との信頼関係	6.305	1.889	0.000	10.000					1,508
カリキュラム・マネジメント	2.807	0.603	1.000	4.000	0.000	1.000	-3.018	1.980	1,502
成長支援の学校文化	3.231	0.615	1.000	4.000	0.000	1.000	-3.638	1.254	1,499

	％	N
年齢：50 歳代以上	13.8	190
年齢：40 歳代	19.8	273
年齢：30 歳代	34.0	468
年齢：20 歳代	32.3	445
学年：中学校 3 年生	16.8	254
学年：中学校 2 年生	16.8	254
学年：中学校 1 年生	15.9	240
学年：小学校 6 年生	17.4	264
学年：小学校 5 年生	16.1	244
学年：小学校 4 年生	17.0	258

注：変換後の記述において、授業場面と校務場面は学校調整済みの値であるため M=0, SD=1 となっていない。遠隔通信場面は、ポアソン対数線形の一般化線形モデルを使用するために測定に使用した 4 項目の合計点をとっている。
出所：国立教育政策研究所「ICT の教育活用と学習についての教員・児童生徒調査」

分析する。授業場面と校務場面は「線型」を、遠隔・オンライン学習場面は「ポアソン対数線型」を被説明変数のモデルとして選択している。説明変数としては 18 個の量的変数と、2 個の質的変数を投入している。なお、説明変数のうち、主成分分析を実施して生成したものについては実測値ではなく、推定値の解釈を容易にするために、変換後得点を使用している。教員の ICT 活用度の規定要因の分析結果 (**表 6-4**) を、以下の四つの変数群ごとに記述する。

　第 1 は、授業スタイルの影響である。授業場面（B=0.327, p<.01）、校務場面（B=0.154, p<.01）、遠隔・オンライン学習場面（B=0.102, p<.05）において有意な正の影響が認められている。主体的・対話的・探究的な学びを促す授業スタイルをとる教員が、多様な場面で ICT 活用に積極的に取り組んでいる。

　第 2 は、個人特性の影響である。授業場面では、年齢（50 歳代以上 B=0.325, p<.01）と ICT 親和性（B=0.191, p<.01）の影響が認められている。また、校務場面でも、年齢（50 歳代以上 B=0.479, p<.01; 30 歳代 B=0.147, p<.05）と ICT 親和性（B=0.256,

表6-4　ICT活用度を被説明変数とする一般化線形モデルの分析結果

自治体	授業場面		校務場面		遠隔通信場面	
変数	B	SE	B	SE	B	SE
切片	-0.709**	0.238	-0.611**	0.234	0.707	0.379
授業スタイル	0.327**	0.030	0.154**	0.031	0.102*	0.048
年齢：50歳代以上 (ref.20歳代)	0.325**	0.086	0.479**	0.089	-0.027	0.166
年齢：40歳代 (ref.20歳代)	0.029	0.082	0.111	0.083	-0.139	0.131
年齢：30歳代 (ref.20歳代)	0.038	0.070	0.147*	0.072	-0.130	0.108
男性教員ダミー	0.020	0.059	-0.049	0.060	0.217*	0.095
勤務校在校年数	-0.001	0.014	-0.004	0.015	-0.036	0.024
大学院修了ダミー	0.066	0.105	0.166	0.099	0.387**	0.140
ICT親和性	0.191**	0.029	0.256**	0.032	-0.044	0.049
学業成績が低い	-0.049	0.032	-0.045	0.034	-0.082	0.059
問題を起こす	0.065	0.034	0.021	0.037	0.020	0.060
特別な支援を要する	0.037	0.031	0.029	0.034	0.040	0.051
日本語指導を要する	0.023	0.033	0.065	0.048	0.098	0.055
就学援助を利用	0.026	0.027	0.057*	0.027	-0.043	0.045
学年：中学校3年生 (ref. 小4)	-0.191	0.098	-0.271**	0.101	0.020	0.155
学年：中学校2年生 (ref. 小4)	-0.132	0.096	-0.189	0.100	0.074	0.150
学年：中学校1年生 (ref. 小4)	-0.255*	0.098	-0.363**	0.101	-0.180	0.166
学年：小学校6年生 (ref. 小4)	0.095	0.105	-0.181	0.098	-0.001	0.160
学年：小学校5年生 (ref. 小4)	0.042	0.103	-0.155	0.100	0.141	0.149
学級規模	0.055	0.032	0.046	0.034	0.031	0.054
キーパーソン	0.087	0.080	-0.064	0.085	0.210	0.148
ICT支援者	0.076	0.117	0.272*	0.117	-0.473**	0.177
保護者との信頼関係	0.043	0.023	0.047*	0.024	0.094**	0.034
同僚教員との信頼関係	0.017	0.029	0.029	0.031	-0.063	0.042
管理職との信頼関係	-0.004	0.027	-0.030	0.028	-0.007	0.042
カリキュラム・マネジメント	0.104**	0.033	0.062*	0.031	0.234**	0.055
成長支援の学校文化	-0.003	0.037	0.060	0.040	-0.079	0.064
逸脱／自由度	1004/1151=.872		1042/1151=.905		4049/1222=3.313	
AIC	3210		3255		5865	
BIC	3352		3397		6003	

注：N=1178. ** $p<.01$, * $p<.05$.
出所：国立教育政策研究所「ICTの教育活用と学習についての教員・児童生徒調査」

p<.01) の影響が認められている。一方、遠隔・オンライン学習場面では、男性教員ダミー（B=0.217, p<.05）、大学院修了ダミー（B=0.387, p<.05）の影響が認められている。授業やそれに関連する校務場面では、若手教員が当初の予想よりも ICT 活用に積極的ではない点、ICT 活用に対する肯定的価値観や基本的操作スキル保有が影響を及ぼしている実態が確認された。遠隔・オンライン学習場面では、性別と学歴の影響が確認されている。大学院修了の影響については、大学院カリキュラムの潜在的効果であると解釈できる。

　第3は、担任学級の特性の影響である。授業場面では学年（中学校1年生 B=-0.255, p<.05）に、校務場面でも学年（中学校1年生 B=-0.363, p<.01, 中学校3年生 B=-0.271, p<.01）に影響が認められている。中学校1年生で停滞する理由は今回のデータからは推測が難しいため、今後の検討課題としたい。

　第4は、学校特性の影響である。教員の ICT 活用に対して、カリキュラム・マネジメントの実践が、授業場面（B=0.104, p<.01）、校務場面（B=0.062, p<.05）、遠隔・オンライン学習場面（B=0.234, p<.01）のいずれにおいても促進条件として機能している結果が示されている。ICT 活用を教育目標達成の手段として明確化し、組織的・計画的に活用しようとするマネジメントの実践が、教員の ICT 活用を促進しているものと解釈できる。また、保護者との信頼関係が、校務場面（B=0.047, p<.05）と遠隔場面（B=0.094, p<.01）において正の影響を及ぼしている。教員の ICT 活用の促進要因は、同僚や上司との信頼関係（ビジョンや知識・技能の組織内での共有）から、端末の持ち帰り利用を契機として、保護者との信頼関係へとシフトチェンジしている可能性がある。さらに、ICT 支援者の存在は、校務場面（B=0.272, p<.05）では正の影響となっているが、遠隔・オンライン学習場面（B=-0.473, p<.01）では負の影響となっている。遠隔・オンライン学習場面では、ICT 支援者がいない状態で利用度が高まるということは、ICT 活用のトップにいる教員（常に支援する側にいる教員）の利用度が高いという可能性がある。

4. 結語

　本章の目的は、ICTの教育活用における教員間分散の規定要因を探索的に分析することで、授業場面等においてICTを積極的に活用している教員の特性を明らかにすることであった。以下、本章において得られた知見を整理する。

　授業場面での積極的なICT活用は、教員の主体的・対話的・探究的な学びを促す授業スタイルによって影響を受ける傾向が示された。逆に言えば、一斉・一方向・伝達型の伝統的な授業スタイルをとる教員は、授業場面でのICT活用が消極的となる傾向がある。主体的・対話的・探究的な学びを促す授業スタイルは、一定の教職経験年数を経て構築されるものであろう。一般的にICT活用は若手教員が積極的というイメージで語られるが、本研究の分析結果からは、こうした傾向は確認されていない。年齢の効果よりも、主体的・対話的・探究的な学びを促す授業スタイルの習得が、ICTの積極活用においてより重要な要因であることが明らかとなった。また、ICT親和性も、授業場面でのICT活用を促進する重要な要因であった。授業において使用可能な情報機器やアプリに実際に触れて親しみを持ち、基本操作を習得するような学校内外の研修の必要性が示唆される。

　校務場面での積極的なICT活用は、授業場面と同様、授業スタイルとICT親和性の影響を受ける傾向が示された。ここでの校務場面とは、授業関連の校務であるため、授業スタイルの影響の受けることは容易に予測できる。また、学習支援クラウドや校務支援システムの日常的な利用のためには、ICT親和性が影響を及ぼすことも、容易に理解できる。授業スタイルとICT親和性は、校務場面でのICT活用に対して影響を及ぼす要因であることが確認されている。

　遠隔・オンライン学習場面での積極的なICT活用の規定要因として、カリキュラム・マネジメントの効果が確認された。事前準備等を考慮すると、カリキュラム・時間割に明確に位置付けないと、遠隔・オンライン学習の実施は困難である。なお、分析結果では、カリキュラム・マネジメントは、遠

隔・オンライン学習場面以外でも、教員の ICT の教育活用に影響を及ぼしていることが確認されており、教員による ICT 活用を促進する上での最も重要な要因のひとつであることが確認されている。

参考文献

北村行伸（2009）『ミクロ計量経済学入門』日本評論社.

露口健司（2022a）「公正で質の高い教育における ICT 活用の促進条件」『公正で質の高い教育を目指した ICT 活用の促進条件に関する研究：2020 年度全国調査の分析』, 12-52.

露口健司（2022b）「教員の ICT 活用不安と抑鬱傾向」『学校改善研究紀要』4, 1-16.

文部科学省（2021）『令和 2 年度学校における教育の情報化の実態等に関する調査結果』https://www.mext.go.jp/a_menu/shotou/zyouhou/detail/mext_01635.html（2024 年 2 月 16 日アクセス）.

OECD（2019）*TALIS 2018 results: Teachers and school leaders as lifelong learners*, Volume 1., OECD.

第7章　1人1台端末配備が教員の時間確保に及ぼす影響

露口健司

1. 1人1台端末配備の教員アウトカムとしての時間確保

　本章では、1人1台端末配備の教員アウトカムとして教員の時間確保（授業準備や児童生徒と向き合う時間的ゆとりの確保）に着目し、その効果を検証する。前章では、主体的・対話的・探究的な授業スタイルをとり、ICT 親和性が高く、カリキュラム・マネジメントが機能している学校に勤務する教員が、ICT の教育活用に積極的姿勢を示すことが確認された。それでは、教員による ICT の教育活用は、業務の効率化等を伴い、教員に必要な時間的ゆとりを生み出す方向に進展しているのだろうか。それとも、新規技術の習得に時間を要し、時間的なゆとりが損なわれ、多忙を悪化させる方向に進展しているのであろうか。

　上記研究目的の解明にあたっては、いくつかの考慮すべき要因がある。第1は、教員の個人間差である。ICT の教育活用による時間確保は、どのような教員にも同等に発生するものではないと予測される。そこで、【研究課題1】として、ICT の教育活用と時間確保の正の関係が、どのような教員に生じやすいのかを検討する（教員アウトカムの個人間差）。1人1台端末配備の教員アウトカムを回帰分析等の方法で検討する場合、想定されるのは平均的な教員である。しかし、教員が置かれる環境は多様であり、例えば、時間確保については、それを既に実現している教員層と実現できていない教員がいる。前者（時間確保ができている教員）の場合は、ICT 活用において学習・準備時間があり、その活用によって効率化が促進され、さらなる時間的ゆとりを生み出せる可

能性がある。一方、後者（時間確保ができていない教員）の場合は、ICT活用において学習・準備時間等をとることが困難であり、ICT活用の要請によって勤務のさらなる長時間化が進んだり、時間的ゆとりが奪われたりする可能性がある。

　教員が置かれる状況は多様であり、ICTの教育活用が、どの層の教員に対しても同じような効果を及ぼすとは考えにくい。しかしながら、ICTの教育活用は、時間確保の低位群・中位群・高位群いずれの層の教員にも効果がある汎用性を持った変数である可能性も排除できない（「一律効果」）。また、高位群で上昇が認められ、低位群ではさらに大きな傾きでの上昇が認められる、「底上げ効果」。特定の層にのみ効果が認められる、例えば、時間確保の高位群の教員にのみ効果が出現する「偏在化効果」。高位群は上昇し低位群が下降する「格差拡大効果」。低位群が上昇するが高位群が低下することで生じる「中心化効果」。そして、すべての層の教員に効果がない「無効果」の可能性もある。

　こうした分布帯別の効果の検討においては、分位点回帰分析（Angrist & Pischke 2009; 末石 2015 等）の方法が適している。分位点回帰とは、平均値ではなく、任意のパーセンタイル点を予測する回帰式を求める分析法である。分位点回帰は、従来から使用されている回帰モデル（マルチレベルモデルや共分散構造分析等を含む）が、分布の中心に関心を集中し、裾に位置するデータを軽視する傾向があるという問題を克服する可能性がある。所得や世帯年収等の非正規性を持つデータを対象とする社会格差研究において分位点回帰分析は発展を遂げてきた（石黒 2013）。本章では、平均的な中位分布だけでなく、低位分布や高位分布への効果を推計することで、ICTの教育活用がどのような層の教員対して効果的であるのかを、時間確保をアウトカム指標とした上で明らかにする。

　また、ICTの教育活用による時間確保には、地域間差があると考えられる。ICTの教育活用において研修・支援体制が整備されており、カリキュラム・マネジメントが展開されている等の促進条件が整っている地域では、ICTの教育活用は時間確保を促進するかもしれない。しかし、条件が整備されてい

ない地域では、効果は発生しない可能性がある。そこで、【研究課題 2】として、どの地域においても同様の効果を持つのかを検討する (教員アウトカムの自治体間差)。近年、教員の ICT 活用度の規定要因における自治体間差の存在が報告されている (露口 2023)。教員の ICT 活用度の規定要因分析では、全サンプルデータを対象とした分析で有意であり、自治体別データを対象とした分析においても多くの自治体において有意であった変数は、ICT 親和性や授業スタイル等、少数であった。大半の変数は、自治体文脈に依存しており、自治体ごとに効果が認められたり、認められなかったりと多様な結果を示していた。

　さらに、ICT の教育活用と時間確保の関係は、因果的効果といえるかどうかの検討が必要である。ICT を活用することで、時間的ゆとりが創出されるという政策期待があるが、この期待は果たして妥当なのであろうか。実際は、時間確保できている教員が、ICT の教育活用に着手しているだけなのではないか。そこで、【研究課題 3】として、教員アウトカムへの影響は因果的効果といえるのか (教員アウトカムに対する因果的効果) を検討する。周知の通り、今日、教育政策評価において、因果的効果の検討が重視されている。本研究では、因果的効果の一般的な要件である、共変動関係・時間的先行性・交絡要因統制を充足するため、2 期間パネルデータを用いたハイブリッド固定効果モデルを使用する (詳細は露口 2023)。

2.　データ・変数・分析戦略

(1) データ

　研究課題 1 と研究課題 2 の分析対象データは、第 6 章と同様である。研究課題 3 の因果的効果の検証を目的として、Ⅱ期調査 (2021 年 11 〜 12 月) を Ⅰ 期調査 (2021 年 7 月) と同様の方法にて実施した。有効回収率は教員調査において、小学校 (470/1,042 人、45.1％)、中学校 (553/1,209 人、45.7％) であった。児童生徒調査においては、小学校前半調査 (19,140/32,709 人、58.5％)、小学校後半調査 (19,402/32,709 人、59.3％)、中学校前半調査 (24,060/40,789 人、59.0％)、中学校後

半調査（24,279/40,789 人、59.5％）であった。因果推論を実施するための分析対象サンプルは、Ⅰ期・Ⅱ期 2 回の回答が得られた教員と児童生徒のうち、教員と児童生徒（6 名以上回答）の双方に回答があった学級に所属する児童生徒15,161 人、教員 664 人である。継続率は、教員 36.0％（664/1,846 人）、児童生徒 46.8％（15,161/32,428 人）である。脱落群と継続群の特性を確認したところ、児童生徒調査と教員調査の双方において、調査の根幹が揺らぐような脱落現象、例えば、ICT 利用頻度が低い学級や、教師との信頼関係が低調な学級等が調査を回避するといった現象は生じていない。

(2) 変数

時間確保：授業準備や児童生徒と向き合う時間の確保に関する 3 項目を作成し、4 件法（できていない (1) ～ひじょうによくできている (4)）での回答を教員に対して求めた。調査項目は、「授業の準備のための時間を確保すること」「ICTを活用した授業の準備のための時間を確保すること」「児童生徒と向き合う時間を確保すること」である。分析の結果、1 成分が抽出された（分散説明量59.1％、McDonald の ω =0.674）。なお、時間確保は、自治体レベル（勤務自治体）と学校レベル（勤務校）による影響力を受けることが予測されるため、事前にこれらの影響力を除外した標準化残差スコアを用いる。

ICT 活用度：第 6 章の変数と同様、授業場面・校務場面・遠隔場面を設定した。

授業スタイル：第 6 章の変数と同様。

個人特性：男性教員ダミー、教員年齢、勤務校在校年数、大学院修了ダミー、ICT 親和性のいずれも第 6 章の変数と同様。

学級特性：学級規模として所属学級の在籍児童生徒数について 25 人を基準とする 5 人区分の 4 段階（「25 人以下 (1)」「26 ～ 30 人 (2)」「31 ～ 35 人 (3)」「36 以上 (4)」）を設定した。女子児童生徒率として児童生徒対象調査データから学級に所属する女子児童生徒率を算出した。学級不安定度として「授業を始める際、児童生徒が静かになるまでかなり長い時間待たなければならない」との質問を設定し、4 件法（あてはまらない (1) ～あてはまる (4)）での回答を教員に対して求めた。所属学年として、教員が所属する学年についてのカテゴリー変数を

設定した。

　社会関係資本：教員を取り巻く児童生徒・保護者・同僚・管理職との信頼関係について、「ひじょうに弱い(0)」～「ひじょうに強い(10)」、「その中間(5)」として11件法での回答を教員に対して求めた。

　学校特性：カリキュラム・マネジメント、成長支援の学校文化ともに第6章の変数と同様。

(3) 分析戦略

　研究課題1の分位点回帰分析では、教員アウトカム（時間確保）の分位点として、四分位に両端10%を加えた、10%、25%、50%、75%、90%を設定する。また、説明変数として、個人特性5変数（男性教員ダミー・年齢層・大学院修了ダミー・勤務校在校年数・ICT親和性）、学級特性4変数（担当学年・学級規模・女子児童生徒率・学級不安定度）、社会関係資本4変数（児童生徒信頼・保護者信頼・同僚信頼・管理職信頼）、学校特性2変数（カリキュラム・マネジメント・成長支援志向の学校文化）、授業スタイル1変数、教員ICT活用度3変数（授業場面・校務場面・遠隔場面）の計19変数を設定する。これらの変数をコントロールした上で、分位点ごとのICT活用度による教員アウトカムへの直接効果を検証する。

　研究課題2の分位点回帰では、記述の冗長性を回避するために自治体別に中央値（50%）のみを対象とした分析を実施する。説明変数は研究課題1と同様である。

　研究課題3のハイブリッド固定効果モデルは、観測されない異質性を統制した上で、個人内の変化で被説明変数の変化を説明することができる。また、時点不変の変数の投入が可能であり、個人間差による被説明変数の変化の説明が可能となる等、固定効果モデルと変量効果モデルの長所を取り込んだ分析方法である。ICT活用度の教員アウトカムに対する因果的効果を検証するために、被説明変数ごとにModel 0～Model 2の3つのマルチレベルモデルを構築する。Model 0は、説明変数を投入しないNull Modelであり、参照基準としての役割を持つ。Model 1は、時点ダミーと個人内変数（実測値と2期間平均値の差分）を投入したモデルである。教員ICT活用度3変数（授業場面・校

務場面・遠隔場面）、授業スタイル、ICT 親和性、社会関係資本 4 変数（児童生徒信頼・保護者信頼・同僚信頼・管理職信頼）、学級不安定度、学校特性（カリキュラム・マネジメント・成長支援志向の学校文化）の計 12 数を投入する。Model 2 は、Model 1 に個人間変数（不変変数と 2 期間平均値）を投入したモデルである。個人特性（男性教員ダミー・年齢層・大学院修了ダミー・教員在校年数・担当学年）と学級特性変数（学級規模・女子児童生徒率）との不変変数、及び Model 1 において投入した変数の 2 期間平均値を投入する。時間確保という先行研究の蓄積が乏しい分野の分析であるため探索性に重点を置いたモデルとしている。

　なお、記述統計と主成分分析は IBM SPSS Statistics Base System ver.28.0 を、マルチレベル分析は同 Advanced ver.28.0 を、分位点回帰分析は同 Regression ver.28.0 を使用した。

3.　ICT の教育活用が教員アウトカムとしての時間確保に及ぼす影響

(1) ICT の教育活用が時間確保に結びつきやすい教員とは？

　教員アウトカムとしての時間確保を被説明変数とする分位点回帰分析を実施したところ、表 7-2 に示す結果が得られた（記述統計は表 7-1）。授業場面については、q10 を除く分位点モデルにおいて有意な影響が認められている。また、校務場面については、q90 を除く分位点モデルにおいて有意な影響が認められている。さらに、遠隔通信場面については、q10 及び q25 の分位点モデルにおいて、有意な負の影響が認められている。分析結果からは、授業場面と校務場面での ICT 活用度は、多様な分布帯において時間確保を押し上げる効果を有することが確認されている。しかし、遠隔場面での活用は低位分布帯をさらに押し下げる効果を持つことが確認されている。

　各分位点モデルの非標準偏回帰係数の傾きは、授業場面・校務場面・遠隔場面で異なっている。授業場面での ICT 活用は各分布帯で時間確保スコアが上昇するが、特に高位分布帯に効果が顕著な「偏在化効果」が認められている（図 7-1）。校務場面での ICT 活用は各層で時間確保スコアが上昇し格差が縮小する「底上げ効果」が認められている（図 7-2）。遠隔場面では、各層で

表7-1　記述統計量（研究課題1・2）

量的変数	実測値				変換後				
	M	SD	Min.	Max.	M	SD	Min.	Max.	N
時間確保	2.130	0.500	1.000	4.000	-0.001	1.025	-2.947	4.130	1,503
ICT活用度：授業場面	2.011	0.829	0.000	4.000	0.000	1.000	-2.395	2.521	1,403
ICT活用度：校務場面	1.900	0.939	0.000	4.000	0.000	1.000	-2.210	2.388	1,403
ICT活用度：遠隔場面	0.430	0.691	0.000	4.000	0.000	1.000	-0.846	5.448	1,403
授業スタイル	3.714	0.442	1.000	3.714	0.000	1.000	-2.483	3.702	1,498
男性教員ダミー	0.527	0.499	0.000	1.000	—	—	—	—	1,419
大学院修了ダミー	0.072	0.259	0.000	1.000	—	—	—	—	1,417
勤務校在校年数	3.264	2.050	1.000	10.000	—	—	—	—	1,403
ICT親和性	3.169	0.575	1.000	4.000	0.000	1.000	-3.640	1.461	1,506
学級規模	2.932	0.846	1.000	4.000	—	—	—	—	1,502
女子児童生徒率	0.500	0.067	0.200	0.830	—	—	—	—	1,489
学級不安定度	1.750	0.820	1.000	4.000	—	—	—	—	1,509
児童生徒信頼	6.599	1.570	0.000	10.000	—	—	—	—	1,508
保護者信頼	5.743	1.594	0.000	10.000	—	—	—	—	1,507
同僚信頼	6.743	1.721	0.000	10.000	—	—	—	—	1,507
管理職信頼	6.305	1.889	0.000	10.000	—	—	—	—	1,508
カリキュラム・マネジメント	2.807	0.603	1.000	4.000	0.000	1.000	-3.018	1.980	1,502
成長支援の組織文化	3.231	0.615	1.000	4.000	0.000	1.000	-3.638	1.254	1,499

質的変数	%	N
年齢：50歳代以上	15.0	209
年齢：40歳代	19.6	273
年齢：30歳代	35.1	489
年齢：20歳代	30.4	424
学年：中学校3年生	16.8	254
学年：中学校2年生	16.8	254
学年：中学校1年生	15.9	240
学年：小学校6年生	17.4	264
学年：小学校5年生	16.1	244
学年：小学校4年生	17.0	258

出所：国立教育政策研究所「ICTの教育活用と学習についての教員・児童生徒調査」

表 7-2　時間確保を被説明変数とする分位点回帰モデル

分位点	q10		q25		q50		q75		q90	
変数	B	SE	B	SE	B	SE	B	SE	B	SE
切片	-1.537**	0.425	-1.379**	0.318	-0.576*	0.289	0.228	0.353	0.789	0.422
男性教員ダミー	-0.206*	0.090	-0.019	0.067	0.049	0.061	0.193**	0.075	0.261**	0.089
年齢：50s 以上 (ref. 20s)	-0.374*	0.146	-0.079	0.109	-0.201*	0.099	-0.135	0.121	-0.229	0.145
年齢：40s (ref. 20s)	0.020	0.128	-0.101	0.095	-0.283**	0.087	-0.262*	0.106	-0.269*	0.126
年齢：30s (ref. 20s)	-0.062	0.108	-0.195*	0.081	-0.170*	0.073	-0.050	0.089	-0.067	0.107
大学院修了ダミー	-0.030	0.164	0.037	0.123	-0.111	0.112	-0.203	0.136	-0.399*	0.163
勤務校在校年数	-0.053*	0.022	-0.008	0.017	-0.024	0.015	-0.017	0.019	-0.036	0.022
ICT 親和性	-0.118**	0.048	-0.056	0.036	-0.037	0.033	-0.042	0.040	-0.085	0.048
学年：中 3 (ref. 小 4)	-0.100	0.153	-0.165	0.115	-0.198	0.104	-0.168	0.127	-0.137	0.152
学年：中 2 (ref. 小 4)	0.001	0.155	-0.204	0.116	-0.158	0.105	-0.226	0.128	-0.242	0.154
学年：中 1 (ref. 小 4)	-0.040	0.155	-0.212	0.116	-0.293**	0.105	-0.360**	0.129	-0.506**	0.154
学年：小 6 (ref. 小 4)	0.026	0.146	-0.069	0.109	0.072	0.099	0.271*	0.121	0.275	0.145
学年：小 5 (ref. 小 4)	0.070	0.148	-0.137	0.110	0.019	0.100	0.087	0.123	0.063	0.146
学級規模	-0.077	0.052	0.010	0.039	-0.006	0.035	-0.036	0.043	0.042	0.052
女子児童生徒率	-0.109	0.590	-0.163	0.440	-0.115	0.401	-0.613	0.489	-0.760	0.585
学級不安定度	-0.078	0.054	0.009	0.040	-0.008	0.037	0.017	0.045	-0.011	0.054
児童生徒信頼	0.156**	0.044	0.129**	0.033	0.129**	0.030	0.123**	0.037	0.170**	0.044
保護者信頼	-0.040	0.041	-0.003	0.031	-0.006	0.028	-0.016	0.034	-0.063	0.041
同僚信頼	0.065	0.044	0.032	0.033	0.036	0.030	0.038	0.036	0.012	0.044
管理職信頼	-0.011	0.040	0.009	0.030	-0.020	0.027	-0.023	0.033	-0.003	0.039
カリキュラム・マネジメント	0.057	0.047	0.094**	0.035	0.116**	0.032	0.164**	0.039	0.074	0.047
成長支援志向の学校文化	-0.062	0.054	0.002	0.041	0.073*	0.037	0.075	0.045	0.135*	0.054
授業スタイル	0.028	0.049	0.054	0.037	0.111**	0.033	0.092*	0.041	0.153**	0.049
ICT 活用度：授業場面	0.104	0.059	0.103*	0.044	0.104**	0.040	0.190**	0.049	0.276**	0.059
ICT 活用度：校務場面	0.270**	0.055	0.125**	0.041	0.115**	0.038	0.136**	0.046	0.104	0.055
ICT 活用度：遠隔場面	-0.136**	0.047	-0.079*	0.035	-0.055	0.032	-0.035	0.039	-0.021	0.046
個人特性要因 $\triangle R^2$	0.013		0.003		0.015		0.028		0.022	
学級特性要因 $\triangle R^2$	0.017		0.002		0.002		0.005		0.015	
社会関係資本要因 $\triangle R^2$	0.052		0.027		0.027		0.035		0.044	
学校特性要因 $\triangle R^2$	0.005		0.007		0.011		0.016		0.014	
授業スタイル $\triangle R^2$	0.007		0.007		0.016		0.016		0.024	
ICT 活用度 $\triangle R^2$	0.035		0.018		0.016		0.030		0.035	
合計 R^2	0.129		0.064		0.085		0.130		0.154	

注：N=1,514. ** p <.01, * p <.05.
出所：国立教育政策研究所「ICT の教育活用と学習についての教員・児童生徒調査」

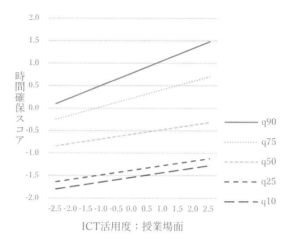

図7-1　時間確保に対する ICT 活用度（授業場面）の分位点別効果推計

出所：国立教育政策研究所「ICT の教育活用と学習についての教員・児童生徒調査」

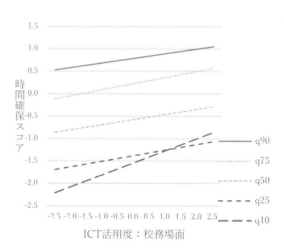

図7-2　時間確保に対する ICT 活用度（校務場面）の分位点別効果推計

出所：国立教育政策研究所「ICT の教育活用と学習についての教員・児童生徒調査」

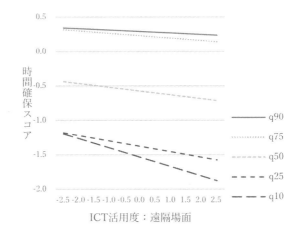

図 7-3　時間確保に対する ICT 活用度（遠隔場面）の分位点別効果推計
出所：国立教育政策研究所「ICT の教育活用と学習についての教員・児童生徒調査」

時間確保的ゆとりが下降し、特に低位分布帯において負の効果が顕著な「偏在化効果」が認められている（**図7-3**）。

　これら他、児童生徒信頼（全分位点）、カリキュラム・マネジメント（q25〜q75）、授業スタイル（q50〜q90）において有意な正の影響が認められている。また、決定係数には社会関係資本（信頼関係）の説明量の大きさが示されている。

(2) 時間確保の効果に自治体間差はあるのか？

　教員アウトカムとしての時間確保に対しては、授業場面の効果が D 市と E 市において確認されている（**表7-3**）。また、校務場面の効果が A 市と B 市において確認されている。ICT 活用による時間確保の効果は一部の自治体での現象であり、どの自治体においても効果が観察されるわけではなく、自治体文脈に依存している現象であると解釈できる。調査対象の自治体では、授業場面（D 市・E 市）あるいは校務場面（A 市・B 市）のいずれかの場面での活用で効果が認められる傾向が示されている。ICT 活用度（授業場面・校務場面・遠

表7-3　時間確保を被説明変数とする分位点回帰モデル（自治体別 /q50）

自治体	A市		B市		C市		D市		E市	
変数	B	SE	B	SE	B	SE	B	SE	B	SE
切片	-1.390**	0.399	-0.406	0.764	-1.053	1.280	0.580	0.870	-0.115	0.470
男性教員ダミー	0.096	0.092	0.134	0.142	0.064	0.193	0.086	0.173	-0.026	0.092
年齢：50s 以上 (ref. 20s)	-0.092	0.161	-0.380	0.267	0.536	0.434	-0.418	0.336	0.227	0.134
年齢：40s (ref. 20s)	-0.175	0.133	-0.461*	0.190	-0.392	0.295	-0.118	0.313	-0.014	0.134
年齢：30s (ref. 20s)	-0.208	0.108	-0.239	0.172	-0.288	0.212	0.017	0.190	0.191	0.130
大学院修了ダミー	-0.206	0.180	-0.003	0.235	0.040	0.353	1.084*	0.469	0.059	0.148
勤務校在校年数	0.005	0.023	0.059	0.032	-0.181**	0.046	-0.106**	0.040	-0.051	0.028
ICT 親和性	-0.029	0.050	0.006	0.068	-0.207	0.112	-0.114	0.088	0.056	0.052
学年：中3 (ref. 小4)	-0.122	0.155	-0.549*	0.238	-0.129	0.325	-0.579	0.329	0.182	0.158
学年：中2 (ref. 小4)	-0.226	0.154	-0.665**	0.248	0.201	0.321	0.041	0.335	0.327*	0.163
学年：中1 (ref. 小4)	-0.148	0.163	-0.688**	0.249	0.101	0.308	-0.349	0.335	0.006	0.160
学年：小6 (ref. 小4)	0.057	0.143	-0.213	0.236	0.777	0.409	0.151	0.259	0.219	0.165
学年：小5 (ref. 小4)	-0.051	0.145	-0.419	0.233	0.348	0.352	0.212	0.271	0.395*	0.162
学級規模	0.000	0.056	0.013	0.096	0.135	0.133	-0.097	0.129	0.018	0.060
女子児童生徒率	1.099*	0.540	-0.705	1.310	-1.792	1.930	-1.584	1.187	-1.227*	0.593
学級不安定度	-0.009	0.057	0.007	0.078	0.007	0.114	-0.014	0.100	-0.030	0.059
児童生徒信頼	0.075	0.048	0.116	0.070	0.136	0.100	0.199*	0.078	0.060	0.046
保護者信頼	-0.048	0.040	0.010	0.072	0.099	0.111	-0.084	0.075	0.093*	0.045
同僚信頼	0.135**	0.047	0.006	0.068	0.110	0.081	0.053	0.075	-0.094	0.049
管理職信頼	-0.003	0.043	0.031	0.053	-0.045	0.093	-0.047	0.069	0.029	0.045
カリキュラム・マネジメント	0.047	0.051	0.141	0.078	0.058	0.094	0.148	0.080	0.077	0.050
成長支援志向の学校文化	-0.034	0.059	0.118	0.087	0.102	0.102	0.020	0.097	0.028	0.056
授業スタイル	0.059	0.052	0.180*	0.072	-0.097	0.102	0.012	0.097	0.117*	0.051
ICT 活用度：授業場面	0.045	0.057	0.056	0.092	0.182	0.147	0.503**	0.105	0.163*	0.079
ICT 活用度：校務場面	0.248**	0.053	0.195*	0.087	0.204	0.119	0.070	0.101	0.028	0.068
ICT 活用度：遠隔場面	-0.084	0.050	-0.119	0.068	-0.067	0.102	-0.101	0.082	0.008	0.051
合計 R^2	.110		.187		.235		.236		.093	
N	371		153		78		159		309	

注：** $p < .01$, * $p < .05$.
出所：国立教育政策研究所「ICT の教育活用と学習についての教員・児童生徒調査」

隔場面）と時間確保スコアとの影響関係の傾きは**図7-4**、**図7-5**、**図7-6** に示す通りである。授業場面と校務場面については、いずれの自治体も正の傾きであることが視覚的に確認できる。遠隔場面については、概ね負の傾きであることが視覚的に確認できる。

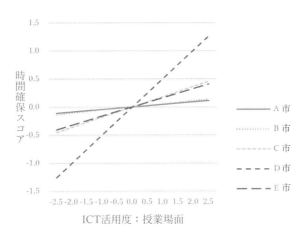

図 7-4　時間確保に対する ICT 活用度（授業場面）の自治体別効果推計
出所：国立教育政策研究所「ICT の教育活用と学習についての教員・児童生徒調査」

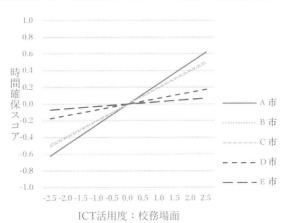

図 7-5　時間確保に対する ICT 活用度（校務場面）の自治体別効果推計
出所：国立教育政策研究所「ICT の教育活用と学習についての教員・児童生徒調査」

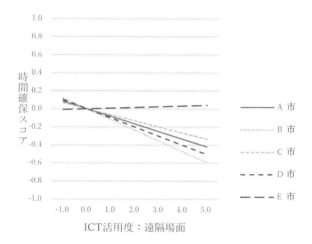

図7-6 時間確保に対するICT活用度(遠隔場面)の自治体別効果推計
出所:国立教育政策研究所「ICTの教育活用と学習についての教員・児童生徒調査」

(3) 因果的効果と言えるのか?

　ICT活用度が教員アウトカムに対して及ぼす影響は因果的効果と言えるのだろうか。ハイブリッド固定効果モデル(記述統計は**表7-4**参照)における個人内変数(可変変数)と個人間変数(不変変数)を投入したModel 2に着目すると、ICT活用度の授業場面による効果が確認された(**表7-5**参照)。授業場面でのICT活用は、教員の時間確保に対して因果的効果を有することが判明している。授業でのICTの教育活用によって生み出される効率化現象が、さらなる授業準備のゆとりや児童生徒と向き合う時間の確保に効果を有していると解釈できる。

4. まとめ

　本章の研究課題は、教員によるICTの教育活用が、時間確保をアウトカム指標とした場合に、①どのような教員に対して効果を持つのか(教員アウトカムの個人間差)、②どの地域においても効果は出現するのか(教員アウトカムの自治体間差)、③教員アウトカムへの影響は因果的効果と言えるのか(教員アウ

表 7-4　記述統計量（研究課題 3）

	個人内変数					個人間変数				
	M	SD	Min.	Max.	N	M	SD	Min.	Max.	N
時間確保	0.000	1.022	-2.900	3.765	1,326	—	—	—	—	—
時点ダミー	0.500	0.500	0.000	1.000	1,328	—	—	—	—	—
ICT 活用度 _ 授業場面	0.000	0.376	-1.360	1.360	1,328	3.059	0.706	1.000	4.950	664
ICT 活用度 _ 校務場面	0.000	0.449	-1.670	1.670	1,328	2.962	0.784	1.000	4.920	664
ICT 活用度 _ 遠隔場面	0.000	0.475	-2.000	2.000	1,327	1.550	0.625	1.000	4.000	664
授業スタイル	0.000	0.221	-0.790	0.790	1,328	2.104	0.394	1.070	3.640	664
ICT 親和性	0.000	0.467	-2.090	2.090	1,319	0.001	0.884	-3.550	1.460	664
児童生徒信頼	0.000	0.816	-3.500	3.500	1,323	6.715	1.350	2.000	10.000	664
保護者信頼	0.000	0.812	-3.500	3.500	1,322	5.950	1.365	0.000	10.000	664
同僚信頼	0.000	0.903	-4.500	4.500	1,322	6.728	1.520	2.000	10.000	664
管理職信頼	0.000	0.943	-4.500	4.500	1,321	6.272	1.705	0.000	10.000	664
学級不安定度	0.000	0.431	-1.500	1.500	1,324	1.748	0.729	1.000	4.000	664
カリキュラム・マネジメント	0.000	0.322	-1.500	1.500	1,323	2.817	0.537	1.000	4.000	664
成長支援志向の学校文化	0.000	0.281	-1.170	1.170	1,322	3.171	0.602	1.000	4.000	664
男性教員ダミー	—	—	—	—	—	0.529	0.500	0.000	1.000	629
大学院修了ダミー	—	—	—	—	—	0.062	0.241	0.000	1.000	629
教員在校年数	—	—	—	—	—	3.342	2.055	1.000	10.000	623
学級規模	—	—	—	—	—	2.895	0.834	1.000	4.000	664
女子児童生徒率	—	—	—	—	—	0.523	0.091	0.170	0.920	664

									%	N
20 歳代									36.4	227
30 歳代									31.1	194
40 歳代									18.1	113
50 歳代以上									14.4	90
小学校 4 年生									12.7	84
小学校 5 年生									11.7	78
小学校 6 年生									13.9	92
中学校 1 年生									22.1	147
中学校 2 年生									19.6	130
中学校 3 年生									20.0	133

出所：国立教育政策研究所「ICT の教育活用と学習についての教員・児童生徒調査」

表7-5　時間確保を被説明変数とするハイブリッド固定効果モデル

	Model 0		Model 1		Model 2	
	B	SE	B	SE	B	SE
固定効果						
切片	0.005	0.035	0.033	0.042	-2.982**	0.448
時点ダミー（Wave1=0, Wave2=1）			-0.056	0.045	-0.056	0.045
ICT 活用度_授業場面 C			0.211**	0.067	0.213**	0.067
ICT 活用度_校務場面 C			0.110	0.057	0.107	0.057
ICT 活用度_遠隔場面 C			-0.006	0.049	-0.004	0.049
個人内変数	No		Yes		Yes	
個人間変数	No		No		Yes	
変量効果						
個人内分散	0.555**	0.032	0.520**	0.030	0.520**	0.031
個人間分散	0.460**	0.046	0.478**	0.045	0.360**	0.040
ICC	0.453		0.479		0.409	
適合度検定						
AIC	3279		3282		3245	
BIC	3289		3292		3255	
疑似 R^2	0.000		0.023		0.158	

注：N=1,328. ** p<.01, * p<.05. C：センタリング（Centering）後スコア。
出所：国立教育政策研究所「ICT の教育活用と学習についての教員・児童生徒調査」

トカムに対する因果的効果）の3点を解明することにあった。

　研究課題1については、分位点回帰分析の結果、教員の ICT 活用が、すべての分布帯に影響を及ぼすものではなく、特定の分布帯を変化させる効果を持つことが確認された。例えば、授業での ICT 活用の促進は、中位分布帯と高位分布帯を中心に時間確保スコアを押し上げていた。授業準備等の時間が確保できているゆとりのある教員は、授業での ICT 活用によってさらに時間的ゆとりを拡張できる可能性が示唆される。また、校務での ICT 活用の促進は、低位分布帯と中位分布帯を中心に時間確保スコアを押し上げていた。時間的ゆとりに欠ける教員は、校務での ICT 活用によって時間的ゆとりを拡張できる可能性が示唆されている。さらに、遠隔場面での ICT 活用の促進は、低位分布帯において時間確保を押し下げていた。時間的ゆとりに欠ける教員は、遠隔での ICT 活用によって時間的ゆとりがさらに縮減す

る可能性を持つことが示唆されている。

　また、児童生徒との信頼関係が、教員にとって最も重要な時間確保の源泉のひとつであることが判明している。児童生徒との信頼関係がある教員に時間的ゆとりが創出されているとする解釈が成り立つ。児童生徒との信頼関係の醸成に積極的に労力を投資することで、将来的に時間的ゆとりを生み出すとする戦略が想定される。

　授業場面と校務場面でのICTの教育活用の推進と時間確保スコアとの関係は、調査対象すべての自治体において正の傾きが得られた。自治体間での若干の効果差はあるが、各自治体において、教員による授業場面と校務場面でのICT活用の促進が、時間的ゆとりを拡張する可能性が示されている。しかしながら、遠隔場面に対しては、緩やかな負の関係を示す自治体が複数出現しており、遠隔場面でのICT活用上の課題が示されている。実践レベルにおいて、教育政策・事業の促進・改善の意思決定上、授業場面と校務場面でのICT活用と時間確保の正の関係、遠隔場面でのICT活用と時間確保の負の関係が確認できたことは重要である。今後は、こうした現象を生成する内部プロセスの解明が研究課題として求められるであろう。

　時間確保に対するICT活用の因果的効果は、授業場面において確認された。平均的な教員を対象とする分析結果ではあるが、授業場面でのICT活用を促進（原因）することで、教員の時間確保が拡張される（結果）との推論が支持された。分位点回帰分析で得られた知見を組み合わせると、時間的ゆとりに欠ける教員に配慮した上で、授業でのICT活用を促進するべきことが示唆される。校務場面でのICT活用については、センタリング値は有意ではなく、2期間平均値との関係が認められるに留まっている。平均的な教員を対象とする分析では、因果的効果があるとはいえない。しかしながら、分位点回帰分析の結果を踏まえると、校務場面でのICT活用促進は、平均的な教員よりも、時間的ゆとりに欠ける教員にゆとりを生み出すことを重視して実施すべきという、有益な示唆が得られている。時間的ゆとりが欠如している場合は、校務場面での活用を促進し、一定のゆとりができた時点で授業場面での活用を推進するという二段構えの戦略が有効であるといえよう。

参考文献

Angrist, J. D., & Pischke, J.（2009）*Mostly harmless Econometrics: An empiricist's companion* Princeton University Press（＝2013, 大森義明・小原美紀・田中隆一・野口晴子訳『「ほとんど無害」な計量経済学：応用経済学のための実証分析ガイド』NTT 出版 .

石黒格（2013）「社会心理学データに対する分位点回帰分析の適用：ネットワーク・サイズを例として」『社会心理学研究』29（1）, 11-20.

末石直也（2015）『計量経済学―ミクロデータへのいざない―』日本評論社.

露口健司（2023）「1 人 1 台端末配備が教員アウトカムに及ぼす影響：ウェルビーイング指標としての時間的ゆとり・ICT 活用不安・主観的幸福感に着目した分析」国立教育政策研究所『公正で質の高い教育を目指した ICT 活用の促進条件に関する研究：全国調査及び政令指定都市調査の分析』, 192-228.

第 8 章　ICT の教育活用により時間確保が
進んだのはどのような教員か
──カリキュラム・マネジメントの推進と成長志向の学校文化の醸成──

生田淳一

　ICT の教育活用が進むと授業や子どもの学びが変わるだけでなく、教師の働き方も大きく変わっていくことが予想される。たとえば時間の確保が実現すると、授業改善などが進む、そのことが、公正で質の高い教育の実現につながっていく、そういった好循環が生み出されることが期待される。第 7 章の分析結果から「時間確保のできている教員は、授業での ICT 活用によってさらに時間確保が実現できる」ことが示されている。では、時間確保のできている教員とはどのような教員なのか、「ICT の教育活用と学習についての教員・児童生徒調査」から得られた結果をもとに検討し[1]、公正で質の高い教育を実現するために何が必要かについて提案したい。

1. 時間確保の変化の 3 タイプ──拡大、停滞、困難

　ここでの時間確保ができている教員とは、具体的には、「授業の準備のための時間を確保すること」「ICT を活用した授業の準備のための時間を確保すること」「児童生徒と向き合う時間を確保すること」ができている教員であり、公正で質の高い教育を実現する可能性が高い。このような時間確保の変化を検討するために、Ⅰ期調査（主に 7 月）とⅡ期調査（主に 11-12 月）でのそれぞれの時間確保に関する得点をもとにクラスター分析（Ward 法）を行った。

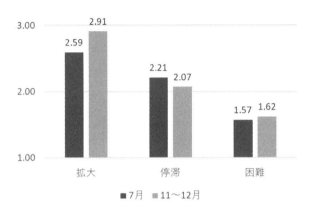

図 8-1　時間確保の変化のタイプ

出所：国立教育政策研究所「ICT の教育活用と学習についての教員・児童生徒調査」

　結果、3 群に分類され、各群は、その特徴から時間確保（拡大群、停滞群、困難群）と命名された。それぞれの具体的な特徴は次のとおりである。拡大群は、Ⅰ期から相対的に時間の確保ができており、Ⅱ期ではさらに時間確保が進んでいる。停滞群は、困難群に比べると時間確保はできているようだが、Ⅱ期では時間確保が進んでいない。困難群は、Ⅰ期、Ⅱ期ともにほかの群に比べて時間確保ができていない（**図 8-1**）。このことからも、「時間確保のできている教員は、授業での ICT 活用によってさらに時間確保が実現できる」という実態がうかがえる。

　時間確保の変化のタイプについて、小学校・中学校における割合の違いをみてみると、中学校で困難群が多く、小学校で拡大群が多いという傾向があることがわかった（**図 8-2**）。中学校の方が時間確保に苦戦している様子がうかがえる。ただし、そもそも学校種による教育環境の差は大きく、比較することはなじまないかもしれない。ここでも、その優劣を検討することは意図していない。今後の研究で、小学校・中学校それぞれの実態については、丁寧に検討する必要があるだろう。

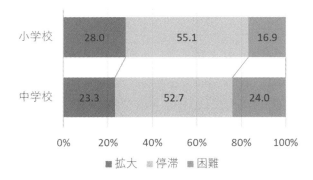

図 8-2　時間確保のタイプの小学校・中学校における割合
出所：国立教育政策研究所「ICT の教育活用と学習についての教員・児童生徒調査」

　一方で、学校種を問わず、時間確保を実現する教員（拡大群）がいる一方で、時間確保が困難な教員（困難群）がいることや、時間確保に拡大につながらない（停滞群）教員が存在することは注目に値し、教員の実態にあった支援を検討し、できればそれぞれの教員が公正で質の高い教育を実現するために時間確保ができるようにしたい。ただし、この結果は、本研究のサンプル内での相対的な比較に基づくものであり、本研究はサンプルの収集に一定の工夫は施しているものの、一般化するうえでは課題もある。どの程度であれば、時間確保されているとするのか、絶対的な評価も考慮して、時間確保の様相を確かめていく必要があるだろう。

2.　時間確保の変化の 3 タイプ（拡大、停滞、困難）にはどのような違いがあるのか──児童生徒評価・教師自己評価の検討

　時間確保が拡大する教員の学級では、I 期時点で児童・生徒の多くが主観的幸福感、主観的健康感、教師信頼、地域信頼について肯定的に評価していることがわかった（**表 8-1**）。ここでの教師信頼、地域信頼とは、児童・生徒と教師・地域との信頼関係の社会関係資本の指標として位置づけることができる。つまり、I 期時点で、一定以上の児童・生徒と教師との社会関係資本

表 8-1　時間確保の変化タイプによる各項目についての児童・生徒評価及び教師自己評価の違い

	時間確保		
	拡大	停滞	困難
児童・生徒評価 　主観的幸福感 　主観的健康感 　教師信頼 　地域信頼	高	中	低
教師自己評価 　幸福感 　ICT活用場面（授業） 　ICT活用場面（校務） 　カリキュラム・マネジメント 　成長志向の学校文化	高	中	低

を醸成できているほか、児童・生徒と地域との社会関係資本も得ている児童・生徒が多い学級を担当している教員といえる。ただし、そのような教師は力量が高いので、児童・生徒と4月から7月の短期間で教師との社会的関係資本を醸成できたのではないか、という点については確認することができない。一方で、地域信頼については、教師の力量だけに起因するものではないだろう。むしろ長期間にわたって地域で醸成されたものと考えられる。このような地域では、地域の教育力が高く、学校経営への理解も得やすいほか、生徒指導等にかかる要因が少なく、時間確保が促進されやすい、少なくとも阻害されにくい環境にあることが推察され、そのことが教師の時間確保につながっていると考えられる。

　さらに、授業ICT活用度の学級平均が高く（図8-3）、積極的にICTを活用している様子がうかがえる。また、時間確保が拡大した教員は、教師のこの1か月の幸福感が高く、教師が授業改善（主体的・対話的で深い学びの実現に挑戦）しながら、ICT活用（授業・校務）に積極的に取り組んでいる様子がうかがえる（表8-1）。

　一方、教師自己評価をもとにした結果からは、年齢と学校文化について違いがみられる。年齢に着目すると、小学校では、時間確保に苦戦している困難群の方の年齢が低いのに対して、中学校では時間確保を実現している拡大

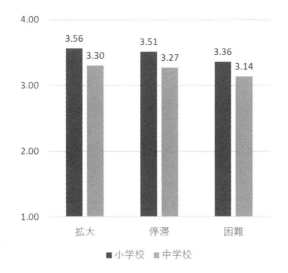

図 8-3　授業 ICT 活用度（児童・生徒評価）の時間確保の変化タイプ及び学校種による違い

出所：国立教育政策研究所「ICT の教育活用と学習についての教員・児童生徒調査」

群は年齢の低い教員で、時間確保の確保に苦戦している困難群は年齢の高い教員という傾向の違いがみられた（**図8-4**）。先にも述べたとおり、本調査では小学校と中学校の違いについて十分に検討できないが、今後は学校種の違いについても丁寧に検討する必要があるだろう。

　時間確保が拡大する教員の所属する学校では、カリキュラム・マネジメントがすすみ、成長志向の学校文化が醸成されている様子がうかがえる（表8-1）。カリキュラム・マネジメントが推進され、成長志向の学校文化が醸成されることは、ICT の活用の推進にとどまらず、時間確保、ひいては公正で質の高い教育の実現につながるうえでの重要な要因となると考えられる。

　児童・生徒の資質能力を最大限に引き出すために、児童・生徒を中心にした授業改善（主体的・対話的で深い学びの実現）に学校全体で取り組んでいくようなカリキュラム・マネジメントが実現する成長志向の学校文化が醸成された学校で、幸福感を感じながら、質の高い教育を実現するために時間を確保している教師が ICT 活用により、さらに質の高い教育の実現するための時間

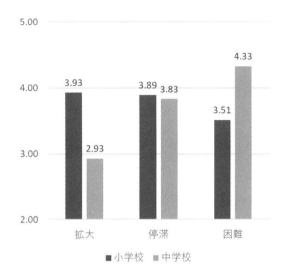

図 8-4　年齢（教師自己評価）の時間確保の変化タイプ及び学校種による違い
出所：国立教育政策研究所「ICT の教育活用と学習についての教員・児童生徒調査」

を得ているという可能性がある。

3.　カリキュラム・マネジメントを進め、成長志向の学校文化を醸成するための研修のアップデート

　公正で質の高い教育の実現には、カリキュラム・マネジメントが推進され、成長志向の学校文化が醸成されることが求められる。その中で重要な役割の担うものの一つが研修であり、その改善が求められる。

　ここでは熊本市の研修に着目する。熊本市では、ICT 導入期において研修にも力を入れていた。例えば、ICT の導入研修では、各校の担当者をセンター等に集めて、研修を受けたその担当者が内容を持ち帰り自校で研修を実施する方法ではなく、「訪問による研修」で、「ICT が苦手な教員にフォーカスした研修」を行った。そのほかの研修でも、「対話型で協働的な研修」が積極的に取り入れられた (生田 2022b)。このような ICT 活用の推進の要因となった研

表8-2　ICTを活用しアップデートされ短時間での概念化を実現した対話型の研修

一般的な進め方	ワークショップ型	概念化を促す対話型
1　授業者自評 2　質疑応答 3　指導主事等からの 　　指導助言	1　授業者自評 2　付箋への記入 3　模造紙上での付箋の整理 4　課題の発見、解決策・改善 　　策の検討 5　全体での共有	1　授業者自評 2　気づきをタブレットに一斉 　　入力（ICTの活用） 3　対話による改善のアイディア 4　対話によるポイントの概念化 5　対話による自分の授業の 　　改善点 6　全体の振り返り

修のアップデートの実際について、ここでは「ICTの活用を推進するために、教師の学び合いの雰囲気や文化を醸成できるような校内研修」を推進し、熊本市のICT活用を進めた一人である熊本大学前田康裕特任教授の校内研修について報告する。

　教師による自律的な授業研究が「レッスンスタディ」という言葉で海外に1990年代後半に紹介され、2000年以降国際的にも多くの国の教師たちが授業研究に取り組むようになってきた。このような授業研究は、日本の学校文化として根付いており、教師としての力量向上に一定の機能を果たしてきたと考えられる。しかし、日本の授業研究は、多元的であり、重層的であり、多様である。つまり、「レッスンスタディ」と概括されるような単純な様式ではなく、形式主義的な理解にとどめるべきではない（秋田・ルイス2008）。この日本に根付いた教師としての力量向上において重要な役割をもつ取り組みは、さらに進化・発展することが可能であり、またそれを実現していくことが求められるだろう。

　そもそも授業研究のあり方は多様であるが、より一般的な進め方（従来型）では、指導主事等による計画訪問や要請訪問の場合、授業参加後にもたれる研究協議会（授業検討会）の形式はほぼ定式化されており（表8-2）、授業者による振り返り（自評）、質疑応答、指導主事等からの指導助言の順に進行することが多い。この従来型では、授業者への質問と気づいたことの発言は一部の教員に偏ることが多く、ほとんどの教員は大多数の時間を聞き役として過ご

すことが多い（浦野 2009）。この点に対して、ワークショップ型は、対話を取り入れることで、当事者意識を引き出すことができるが非効率な面が多く、導入コストが高い。それに対して、前田氏の実践する授業研究会では、全教員が授業改善の当事者になり、研究授業を実施した人の授業を変えるための意見交換に留まらず、そこから各々が自分の授業改善を明確化するためのリフレクションにつなげることができている（前田 2022）。具体的には、タブレットを活用した意見交流、次の実践につながるリフレクション、その際に行われる概念化が校内研修を効果的に実施するポイントとなる。まさに教員間の対話を促すシステムであり、従来の教員は大多数の時間を聞き役として過ごす状況とは一線を画す。また、ワークショップの非効率な部分を ICT の活用で解消している。

　概念化[2]を促す授業研究会は、6つのステップで構成されている（表 8-2）。「気づきをタブレットに一斉入力」では、全員が良かった点と改善点をタブレットで同時に記入する。手を挙げて発言する時間を省略でき、授業者は多様な意見をリアルタイムで把握できるため効率がよい。75 分という限られた時間でこれだけの内容の活動ができるのは、ICT の貢献するところが大きい。ICT がない状況、例えば、従来の模造紙やホワイトボードで対話を促進するような活動では、これだけの情報交換を短時間で実現することは難しい。

　概念化を促す授業研究会では、気づき（経験）を整理したのち、「このような授業づくりのために大切なことは何か」「自分の授業をどう改善するか？」についてリフレクションを行う。その授業を受けて、自分は何を変えなければならないのかと考え、自分の良かった点や反省点を出し合う。まさに子どもと同じような学びを実践する。子どもも正解のない課題を発見し、チームをつくって解決をめざす。同じことを教員が自身で取り組むことによって難しさを実感し、その経験をもとに ICT を使った子どもの新しい学習スタイルの構築につなげることができるのである（前田 2022）。

　研修会では、「このような授業づくりのために大切なことは何か」「自分の授業をどう改善するか？」についてリフレクションをすることで、気づき（経験）が次の実践につながるスキーマとしてつくり上げられていく様子がわか

る。このように、全教員が当事者として、自身の教育活動をリフレクション
し、概念化を行い、次の実践につながるスキーマをつくりだし、自らの実践
につなげていく、そういったプロセスを支えるような校内研修が求められる。
このような研修が実践できれば、カリキュラム・マネジメントの推進と成長
志向の学校文化の醸成につながる可能性も高まる。いまこそ ICT を活用し
て研修をアップデートしたい。

4.　まとめ

　授業研究の場面で「熱心に子どもの姿を追いかける教師の姿」「仲間とリフ
レクションし、自らの教育実践、次の実践につながるスキーマをつくりだす
教師の姿」。このような全教員が授業改善の当事者となっている姿がみられ
る学校。つまり、カリキュラム・マネジメントが実現し、成長志向の学校文
化が醸成された学校において、公正で質の高い教育が実現していくのではな
いだろうか。公正で質の高い教育を実現するためには、ICT の活用も不可欠
と考えられるが、その前提条件として学校改善・授業改善に向かう教員のマ
インドセットが必要となる。
　授業改善のための ICT 活用なのか、ICT 活用のための授業改善なのか。い
わゆる目的は何なのかという問題がある。この点について、「ICT 活用が上
手にできている学校の多くは、今までのやり方に ICT を取り込むのではな
く、ICT 活用を中核に据えて授業改善やカリキュラム・マネジメントを行う
という方法をとっているように思います。そうすることで、さまざまなもの
が変わっていかざるを得ない状況をつくるのです。このときに重要となるの
が目的意識です。目的は、子どもの資質能力を育てることであり、そのため
の方法として ICT を使います。ICT を使うことは目的ではありません」(前田、
2022、p.16) と前田氏は指摘している。このことは「革新的授業観を有したリー
ダー」の下で ICT 活用が進んだという実態 (生田 2022a) にも通ずるところがあ
る。熊本市では、震災から復興をめざす際に、教師が「教える」授業から子
どもが「学びとる」授業へと転換した。日本の学校の伝統的なスタイルとも

いえる「チョーク＆トーク」による授業から、子ども同士の「学び合い」を中心とした授業に変えることで、「主体的に考え行動する力」の育成をめざした（佐藤 2021）。目指す教育を実現するための道具として ICT の活用が進んだのである。

　公正で質の高い教育を実現するためには、まず、どのような児童・生徒を育てたいのか。今一度、具体的に目指す児童・生徒像を関係者で対話的に共有し、そのために何ができるかを議論し、チャレンジしていくこと、つまり、カリキュラム・マネジメントに真摯に取り組み成長志向の学校文化を醸成していくことが重要であるといえる。

注

1　調査対象は、本調査への協力が承諾された日本の 5 つの政令指定都市より、教育委員会担当者・校長・調査者との実施可能性等についての協議を通して抽出された公立小学校 124 校及び公立中学校 88 校である。小学校 4 ～ 6 学年及び中学校は 1 ～ 3 学年の学級担任と所属児童生徒に対して、2021 年度に I 期調査（主に 7 月）と II 期調査（主に 11-12 月）の WEB アンケートを実施した。分析対象サンプルは、2 回の回答が得られた教員と児童生徒のうち、教員と児童生徒（6 名以上回答）の双方に回答があった学級に所属する児童生徒 N=15,161、教員 N=664 である。分析方法は、クラスター分析（Ward 法）および 2 要因分散分析を行った。分析には、IMB SPSS Statistics ver.23 (Statistics Base, Regression, Categories) を用いた。クラスター分析とは、いくつかの変数（得点）をもとに、集団の中から互いに似た得点をもつサンプルを集めてクラスターを作り対象を分類する方法である。なお、得られた 3 群を独立変数、時間確保の 2 時点それぞれの得点を従属変数として 1 要因分散分析を行った。結果、「I 期での時間確保」「II 期での時間確保」において群間に有意な差が認められ、Tukey 法による多重比較ではつく群に異なる特徴が認められた。

2　ここでの概念化とは、ディビット・コルブがデューイの経験と学習に関する理論をもとに概念を構築した「経験学習モデル (experiential learning model)」のなかでいう「抽象的概念化 (Abstract Conceptualization)」のことである。コルブの示した循環モデルでは、「具体的経験 (Concrete Experiences)」「内省的観察 (Reflective Observation)」「抽象的概念化」「能動的実験 (Active Experimentation)」の 4 つのフェイズを循環するサイクルを想定している。「抽象的概念化」とは、経験を一般化・

ルール・スキーマやルーチンを自らつくりあげることをさす。「能動的実験や具体的経験をともなわない内省的観察・抽象的概念化」は、「抽象的な概念形成」に終わり、実世界において実行をもたない。また、「内省的観察・抽象的概念なしの能動的実験や具体的経験」は、這い回わる経験主義に堕する傾向がある（中原2013）。

参考文献

秋田喜代美・キャサリン ルイス (2008)『授業の研究 教師の学習：レッスンスタディへのいざない』明石書店.

生田淳一 (2022a)「市区町村の過去複数年の学力状況、教育長・校長のリーダーシップと ICT の教育活用の関係」国立教育政策研究所『公正で質の高い教育を目指した ICT 活用の促進条件に関する研究：2020 年度全国調査の分析』, 62-69.

生田淳一 (2022b)「熊本市」国立教育政策研究所『公正で質の高い教育を目指した ICT 活用の促進条件に関する研究：2021 年度政令指定都市調査の第一次分析』, 79-84.

浦野弘 (2009)「公立中学校における校内授業研修会の持ち方に関する意識調査」『秋田大学教育文化学部教育実践研究紀要』31, 143-150.

佐藤明彦 (2021)『GIGA スクール・マネジメント：「ふつうの先生」が ICT を「当たり前」に使う最先端自治体のやり方ぜんぶ見た。』時事通信出版局.

前田康裕 (2022)「教員が学ぶ時間と場を確保して ICT 活用を取り組みの中核に据える」『総合教育技術』77 (1), 16-19.

中原淳 (2013)「経験学習の理論的系譜と研究動向」『日本労働研究雑誌』55 (10), 4-14.

第 9 章　児童生徒の学習における ICT 活用は
　　　　学習エンゲージメントと批判的思考
　　　　態度を促すのか？

清水優菜

1.　はじめに

　2019 年 12 月に文部科学省が GIGA スクール構想を打ち出して以降、我が国の小・中学校において、1 人 1 台端末やネットワーク回線などに代表される ICT のハード面が急速に整備された。GIGA スクール構想は、現行の学習指導要領の主眼である「主体的・対話的で深い学び」とともに、「Society5.0 時代を生きる子どもたちに相応しい、誰一人取り残すことのない公正に個別最適化され、創造性を育む学び」の実現を目的としており（文部科学省 2020 2021）、いわば ICT 活用による教育革新をねらうものに他ならない。OECD 加盟国において、我が国の教育における ICT 環境の整備と利用状況が低い水準にあったこと（国立教育政策研究所 2019）を踏まえれば、日本の教育は急速に変化し、今まさに分水嶺にある。

　目下、GIGA スクール構想の推進期にあるわけだが、その初動期において、児童生徒の学習における ICT 活用は学習の質、ひいては学習成果を促していたのであろうか。確かに、実証的研究を通して、ICT 活用によって学習の質やその成果は高まることが示されてきたといえる（例えば、林・梅田 2021; NTT ラーニングシステム 2015）。しかしながら、これらの研究は大規模調査ではなく、特定地域における少数の学校での調査において得られたデータを用いているため、サンプルの代表性、ひいては知見の妥当性に課題があると言わざるを得ない。また、教育における ICT 活用を専門とする研究者が教師と協働した実践研究では、実験者効果が混入している可能性も否めない。ゆえ

に、GIGA スクール構想のもと、ICT のハード面が整備され、児童生徒が学習において ICT を活用しようとも、学習の質やその成果が高まるかは定かではなく、検討の余地が多分に残されているのである。また、当該の検討は目下推進されている GIGA スクール構想の「形成的アセスメント」(Wiliam 2018) と位置付けることができ、エビデンスに基づいた政策改善・立案の観点において、極めて重要であるといえよう。

　さらに、GIGA スクール構想において希求されている「誰一人取り残すことのない公正に個別最適化され、創造性を育む学び」において、社会経済的状況 (socioeconomic status：以下、SES) や性別、居住する自治体など、児童生徒自身ではどうすることもできない条件によって、ICT 活用による学習の質と成果の促進、ならびにこれらの水準に差があるのかを検証することも重要である。もともと有利な条件の児童生徒にのみ ICT 活用の恩恵があるのならば、あるいはもともと不利な条件の児童生徒に ICT 活用の恩恵が他の条件の児童生徒よりも小さいならば、教育政策と教育実践においてその是正が求められよう。

　そこで、本章では、学習の質として「学習エンゲージメント」、学習成果として「批判的思考態度」に焦点を当て、GIGA スクール構想の初動期において、児童生徒の学習における ICT 活用が学習エンゲージメントと批判的思考態度を促すのか、またこれらの水準と関連性は児童生徒自身ではどうすることもできない条件である SES、性別、自治体により異なるのかを検討することを目的とする。

2. 方法

(1) 使用データ

　本章が使用するデータは、国立教育政策研究所が 2021 年度に実施した、第 1 回および第 2 回「ICT の教育活用と学習についての教員・児童生徒調査」の児童生徒調査で測定された 2 時点のパネルデータである。第 1 回調査は 2021 (令和 3) 年 7 〜 10 月 (主に 7 月)，第 2 回調査は 2021 (令和 3) 年 11 月〜 2022 (令

和 4) 年 2 月 (主に 11 〜 12 月) であった。当該調査は、5 つの自治体 (政令市指定都市 A 市、B 市、C 市、D 市、E 市) より、教育委員会担当者・校長・調査者との実施可能性等についての協議を通して抽出された公立小学校 124 校ならびに公立中学校 88 校を対象に実施された。調査対象者は、小学 4 〜 6 年生 32709 人、中学 1 〜 3 年生 40869 名であった。

(2) 使用変数

ア 児童生徒の学習における ICT 活用

a) 授業での ICT 活用

児童生徒の授業での ICT 活用について、1 人 1 台端末配備状況下での授業過程におけるパソコンやタブレット端末の使用頻度を捉えようとした質問 10 項目を使用した (項目例：「授業で学んだことをふりかえるとき」、「授業で友だちの考えを知ったり見たりするとき」)。回答は、5 件法 (「使っていない (1)」、「たまに使っている (2)」、「ときどき使っている (3)」、「ひんぱんに使っている (4)」、「毎日使っている (5)」) で求めた。

先報告書第 1 章の主成分分析の結果に基づき、授業での ICT 活用 10 項目における 5 件法の回答を 1 〜 5 点と得点化した上で、その加算平均を授業での ICT 活用得点とした。すなわち、この得点が高いほど、児童生徒は授業で ICT を活用していたことを意味する。

b) 学校外学習での ICT 活用

児童生徒の学校外学習での ICT 活用について、平日と休日それぞれにおける学校外学習の時間のうち、パソコンやタブレット端末を用いた学習時間を尋ねた質問 2 項目を使用した。回答は、5 段階 (「まったくしない (1)」、「30 分より少ない (2)」、「30 分以上、1 時間より少ない (3)」、「1 時間以上、2 時間より少ない (4)」、「2 時間以上 (5)」) に整理されたものである。

それぞれの項目における回答を 1 〜 5 点と得点化し、この値を尺度得点とした。すなわち、得点が高いほど、児童生徒は平日ないし休日の学校外学習において ICT を活用していたことを意味する。

イ　学習エンゲージメント

本章では、学習の質として「学習エンゲージメント」に焦点を当てた。そもそも、エンゲージメントは学習に対する積極的な関与や取り組みの質を表す構成概念であり、課題に没頭している心理状態を表す(鹿毛 2013)。そして、エンゲージメントは、人と環境との間において現在進行形で生起し、ダイナミックに変化する相互作用を心理現象の質として記述する(鹿毛 2013)ため、従前の学習方略や学習時間などの学習変数よりも、児童生徒の学習の質に迫りうる構成概念であると考えられる。

児童生徒の学習エンゲージメントについて、①子ども同士の対話や地域の大人との対話から、自分の考えを広げて、深めようとする「対話的な学び(以下、学習エンゲージメント(対話性))」、②自分が調べて、吟味した情報に基づき、自分の考え方を形成しようとしたり、問題を見出した上で解決策を考えようとしたり、お互いの考えを伝え合うことを通して、集団の考えを形成する「探究的な学び(以下、学習エンゲージメント(探究性))」、③学ぶことに興味をもち、見通しをもって粘り強く課題に取り組もうとする「主体的な学び(以下、学習エンゲージメント(主体性))」から捉えようとした質問 16 項目を使用した。回答は、4 件法(「あてはまらない(1)」、「どちらかといえばあてはまらない(2)」、「どちらかといえばあてはまる(3)」、「あてはまる(4)」)で求めた。

先報告書第 1 章の主成分分析の結果に基づき、学習エンゲージメント(対話性)尺度は 5 項目、学習エンゲージメント(探究性)尺度は 4 項目、学習エンゲージメント(主体性)尺度は 7 項目から構成した。各尺度について、4 件法の回答を 1 〜 4 点と得点化した上で、その加算平均を尺度得点とした。すなわち、尺度得点が高いほど、児童生徒はその次元に関する学習エンゲージメントが高い水準にあったことを意味する。

ウ　批判的思考態度

本章では、学習成果として「批判的思考態度」に焦点を当てた。批判的思考態度とは、「論理的、客観的で偏りのない思考であり、自分の推論過程を意識的に吟味する反省的思考」(楠見ほか 2012 p. 69)と定義される「批判的思考」の態度的側面であり、批判的思考の遂行を準備し方向付ける状態と考えるこ

とができる。資質・能力の一要素として、批判的思考は学校教育における育成が求められている (楠見 2018) が、とりわけ批判的思考態度を育むことは重要である。なぜなら、たとえ批判的思考に関する知識やスキルを有していようとも、批判的思考態度が十分に育まれていなければ、批判的思考を十分に遂行することはできないと考えられるからである。

批判的思考態度について、平山・楠見 (2004) の批判的思考態度に基づき作成された質問4項目を使用した (項目例：「 ほかの人も納得できるように、理由をつけて説明をしようとする」)。回答は、4件法 (「あてはまらない (1)」、「どちらかといえばあてはまらない (2)」、「どちらかといえばあてはまる (3)」、「あてはまる (4)」) で求めた。

本章では、4件法の回答を1〜4点と得点化した上で、その加算平均を批判的思考態度の尺度得点とした。すなわち、得点が高いほど、児童生徒は批判的思考態度を身につけていると認識していたことを意味する。

エ　SES

SES について、ICT の教育活用と学習と関連した家庭の状況に関する質問項目を使用した 。この項目では、家に「デスクトップ・コンピュータ、ノートパソコンまたはタブレット (学校で配られたものは除く)」と「落ち着いて学習できる場所」があるか否かを尋ねている。本章では、パソコンまたはタブレット端末、ならびに落ち着いて学習できる場所が、第1回および第2回調査の両方であった場合を「SES 高群」、一方の調査でなかった場合を「SES 中群」、両方の調査でなかった場合を「SES 低群」とした。

なお、本章における SES 高群は、使用指標の特性上、いわゆる社会階層論における高階層のみを含むわけではないことに留意されたい。現に、本研究における SES 高群は、有効回答数の約半数に及ぶ (**表9-1** を参照)。

表9-1　SES ごとの記述統計量

	SES 高群			SES 中群			SES 低群		
	n	M	SD	n	M	SD	n	M	SD
学年	14189	3.95	1.59	8095	3.78	1.68	6519	3.75	1.71
T1 学習エンゲージメント (対話性)	13003	3.49	0.50	7366	3.38	0.55	5931	3.28	0.60
T1 学習エンゲージメント (探究性)	13096	3.26	0.57	7415	3.12	0.62	5960	2.97	0.65

T1 学習エンゲージメント（主体性）	13071	3.30	0.49	7403	3.14	0.54	5959	2.99	0.57
T1 授業での ICT 活用	7294	2.89	1.01	4245	2.98	1.03	3317	2.93	1.05
T1 学校外学習での ICT 活用（平日）	13201	2.12	1.02	7482	2.09	1.04	6012	1.98	1.02
T1 学校外学習での ICT 活用（休日）	13221	2.05	1.04	7491	1.99	1.07	6024	1.87	1.02
T1 批判的思考態度	14019	3.34	0.53	8000	3.20	0.60	6431	3.08	0.64
T2 学習エンゲージメント（対話性）	12985	3.47	0.51	7368	3.37	0.57	5898	3.25	0.61
T2 学習エンゲージメント（探究性）	13080	3.28	0.57	7393	3.13	0.62	5957	2.98	0.66
T2 学習エンゲージメント（主体性）	12993	3.27	0.50	7389	3.10	0.55	5919	2.96	0.57
T2 授業での ICT 活用	7359	3.01	0.92	4412	3.08	0.96	3416	3.01	0.95
T2 学校外学習での ICT 活用（平日）	13185	2.08	1.01	7503	2.06	1.05	5996	1.99	1.02
T2 学校外学習での ICT 活用（休日）	13205	1.99	1.03	7508	1.96	1.06	6000	1.86	1.01
T2 批判的思考態度	14023	3.34	0.54	7975	3.19	0.60	6420	3.07	0.64

出所：国立教育政策研究所「ICT の教育活用と学習についての教員・児童生徒調査」

オ　性別

性別は 3 件法（「男子（1）」、「女子（2）」、「その他（3）」）で尋ねられたが、本章は 2 回の調査とも回答が一致している「男子」と「女子」のデータを用いた。

カ　自治体

児童生徒が居住する自治体（「A 市」、「B 市」、「C 市」、「D 市」、「E 市」）である。

キ　学年

統制変数として、児童生徒の所属学年（「小学 4 年生（1）」、「小学 5 年生（2）」、「小学 6 年生（3）」、「中学 1 年生（4）」、「中学 2 年生（5）」、「中学 3 年生（6）」）を用いた。

(3) 分析方法

本章では、以下 3 つの手順に基づき分析が行われた。

第一に、基礎的な情報として、SES（高群・中群・低群）、性別（男子・女子）、自治体（A 市・B 市・C 市・D 市・E 市）ごとに使用変数の記述統計量を求めた。本章では、記述統計量として、サンプルサイズ（n）、平均値（M）、標準偏差（SD）を算出した。また、時点（第 1 回調査と第 2 回調査）と SES、性別、自治体によって、学習における ICT 活用、学習エンゲージメント、批判的思考態度の平均値に差があるのかを、学年を共変量とした共分散分析により検討した。ただし、サンプルサイズが 1000 以上と大規模であったことを鑑み、Cohen（1992）の基準に依拠して、効果量（η_p^2）が 0.02（小さい効果）以上の場合に限り平均値

に差があると判断する。

　第二に、児童生徒の学習における ICT 活用が学習エンゲージメントと批判的思考態度を促すのかを検討するために、**図 9-1** に示した交差遅延パネルモデル (cross-lagged panel model) によるパス解析を行った。交差遅延パネルモデルとは、パネルデータを用いて、複数の要因が双方向に影響し合う可能性を考慮し、因果関係を統計的に検討する方法である (岡林 2006)。図 9-1 において、先行する第 1 回目調査 (以下、T1) の使用変数が、後続する第 2 回目調査 (以下、T2) の使用変数を説明することが統計的に有意か否かを検討する。例えば、「T1 学習エンゲージメント→ T2 批判的思考態度」は正に有意であるが、「T1 批判的思考態度→ T2 学習エンゲージメント」は有意でない場合には、「学習エンゲージメント→批判的思考態度」という因果関係はあるものの、その逆の関係はないと考える。

　第三に、第二で示された児童生徒の学習における ICT 活用と学習エンゲー

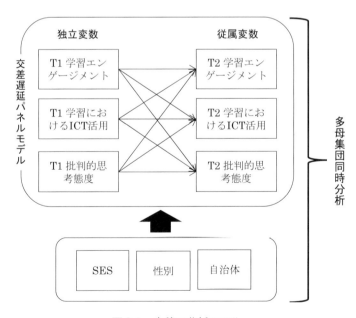

図 9-1　本稿の分析モデル

(出所) 国立教育政策研究所「ICT の教育活用と学習についての教員・児童生徒調査」

ジメント、批判的思考態度の関連、ならびにこれらの変数の水準において、SES、性別、自治体による差異が認められるのかを検討するために、SES、性別、自治体各々の水準をグループ化変数とした多母集団同時分析を行った。多母集団同時分析において、以下 5 つのモデルにおける情報量規準（AIC と BIC）ならびに適合度指標（CFI、TLI、RMSEA、SRMR）を算出し、この両方を考慮して、採択するモデルを決定した。

- 等値制約を課さないモデル（当該条件の水準間において、すべてのパラメータは異なる）
- 全パス係数に等値制約を課すモデル（当該条件の水準間において、変数間の関連は等しい）
- 全パス係数と切片に等値制約を課すモデル（当該条件の水準間において、変数間の関連と変数の平均は等しい）
- 全パス係数と切片、誤差分散に等値制約を課すモデル（当該条件の水準間において、変数間の関連と変数の平均、分散は等しい）
- 全パラメータに等値制約を課すモデル（当該条件の水準間において、すべてのパラメータは等しい）

本章の分析では、サンプルサイズが 1000 以上と大規模であったため、パラメータ推定値の有意水準は 1 ％とした。また、欠損値処理について、交差遅延パネルモデルによるパス解析と多母集団同時分析では完全情報最尤法による補完、他の分析ではペアワイズ処理を行った。

3. 結果

(1) 記述統計量の確認

記述統計量について、SES（高群・中群・低群）ごとの結果を表 9-1、性別（男子・女子）ごとの結果を表 9-2、自治体（A 市・B 市・C 市・D 市・E 市）ごとの結果を表 9-3、共分散分析と効果量、多重比較の結果を表 9-4 に記した。以下、SES、性別、自治体によって、学習における ICT 活用、学習エンゲージメント、批判的思考態度の平均値に差があったのかについて、結果を整理する。

表 9-2　性別ごとの記述統計量

	男子			女子		
	n	M	SD	n	M	SD
学年	17306	3.69	1.67	17250	3.71	1.67
T1 学習エンゲージメント（対話性）	16867	3.38	0.56	16875	3.43	0.53
T1 学習エンゲージメント（探究性）	16996	3.16	0.63	16969	3.16	0.60
T1 学習エンゲージメント（主体性）	16950	3.18	0.54	16962	3.20	0.53
T1 授業での ICT 活用	9770	3.02	1.05	9577	2.83	1.01
T1 学校外学習での ICT 活用（平日）	17142	2.07	1.06	17133	2.11	0.98
T1 学校外学習での ICT 活用（休日）	17184	1.95	1.06	17153	2.02	1.01
T1 批判的思考態度	12680	3.25	0.60	13044	3.24	0.57
T2 学習エンゲージメント（対話性）	16850	3.38	0.57	16866	3.41	0.54
T2 学習エンゲージメント（探究性）	17005	3.17	0.64	16976	3.17	0.60
T2 学習エンゲージメント（主体性）	16907	3.16	0.55	16912	3.16	0.54
T2 授業での ICT 活用	9977	3.14	0.96	9679	2.94	0.89
T2 学校外学習での ICT 活用（平日）	17156	2.04	1.06	17134	2.07	0.98
T2 学校外学習での ICT 活用（休日）	17178	1.91	1.05	17147	1.98	1.00
T2 批判的思考態度	15684	3.24	0.60	16004	3.22	0.58

出所：国立教育政策研究所「ICT の教育活用と学習についての教員・児童生徒調査」

　第一に、SES についてである。SES の主効果は授業での ICT 活用以外にお
いて有意であったが、効果量 η_p^2 に基づくと、学習における ICT 活用に関す
る変数の平均値にほとんど差がないことが示された。他方で、学習エンゲー
ジメントの 3 側面と批判的思考態度の平均値の差は小さいことが示された。
多重比較の結果、学習エンゲージメントの 3 側面と批判的思考態度の平均
値とも、SES 高群が最も高く、次いで SES 中群、SES 低群であった。よって、
学習エンゲージメントと批判的思考態度の水準は、児童生徒の SES が高い
ほど高くなり、小さいながらも「SES 間格差」があることが示された。
　第二に、性別についてである。性別の主効果は学習エンゲージメント（主体
性）と学校外での ICT 活用（平日）以外において有意であったが、効果量 η_p^2 に
基づくと、すべての使用変数において平均値の差はほとんどないことが示さ
れた。したがって、学習における ICT 活用、学習エンゲージメント、批判的

表 9-3　自治体ごとの記述統計量

	A 市			B 市			C 市		
	n	*M*	*SD*	*n*	*M*	*SD*	*n*	*M*	*SD*
学年	10154	3.49	1.65	6497	3.09	1.67	7886	3.95	1.65
T1 学習エンゲージメント（対話性）	9137	3.40	0.54	4318	3.44	0.54	6637	3.40	0.58
T1 学習エンゲージメント（探究性）	9189	3.09	0.64	4353	3.24	0.61	6712	3.14	0.65
T1 学習エンゲージメント（主体性）	9211	3.17	0.54	4344	3.23	0.54	6682	3.13	0.56
T1 授業での ICT 活用	5355	2.75	1.07	2366	3.23	0.94	3849	2.83	1.09
T1 学校外学習での ICT 活用（平日）	9287	2.16	1.08	4345	2.04	1.06	6743	1.91	1.05
T1 学校外学習での ICT 活用（休日）	9310	2.01	1.07	4373	1.92	1.05	6760	1.78	1.01
T1 批判的思考態度	5534	3.20	0.59	3050	3.32	0.58	6540	3.24	0.63
T2 学習エンゲージメント（対話性）	5404	3.39	0.56	4938	3.43	0.56	6632	3.39	0.59
T2 学習エンゲージメント（探究性）	5454	3.14	0.64	4950	3.25	0.61	6690	3.14	0.65
T2 学習エンゲージメント（主体性）	5397	3.16	0.54	4939	3.18	0.55	6677	3.10	0.57
T2 授業での ICT 活用	3136	2.94	0.99	2865	3.19	0.88	3779	2.85	1.04
T2 学校外学習での ICT 活用（平日）	5493	2.08	1.07	4983	1.99	1.06	6744	1.84	1.04
T2 学校外学習での ICT 活用（休日）	5502	1.92	1.05	5007	1.86	1.05	6754	1.72	1.00
T2 批判的思考態度	5711	3.22	0.58	4675	3.31	0.57	6594	3.23	0.63

	D 市			E 市		
	n	*M*	*SD*	*n*	*M*	*SD*
学年	19304	3.69	1.70	18687	3.53	1.70
T1 学習エンゲージメント（対話性）	16197	3.42	0.56	15564	3.36	0.56
T1 学習エンゲージメント（探究性）	16291	3.18	0.62	15664	3.12	0.62
T1 学習エンゲージメント（主体性）	16279	3.19	0.55	15613	3.15	0.55
T1 授業での ICT 活用	9064	2.57	1.02	9231	3.44	0.77
T1 学校外学習での ICT 活用（平日）	16424	2.01	1.00	15913	2.23	0.97
T1 学校外学習での ICT 活用（休日）	16452	1.94	1.03	15904	2.12	1.01
T1 批判的思考態度	11871	3.28	0.59	12217	3.16	0.58
T2 学習エンゲージメント（対話性）	12727	3.42	0.55	13024	3.33	0.56
T2 学習エンゲージメント（探究性）	12810	3.22	0.61	13115	3.10	0.63
T2 学習エンゲージメント（主体性）	12777	3.17	0.55	13055	3.11	0.55
T2 授業での ICT 活用	7020	2.72	0.89	8239	3.46	0.75
T2 学校外学習での ICT 活用（平日）	12848	1.97	1.00	13367	2.26	1.00
T2 学校外学習での ICT 活用（休日）	12874	1.89	1.02	13347	2.13	1.03
T2 批判的思考態度	12974	3.28	0.59	13695	3.15	0.60

出所：国立教育政策研究所「ICT の教育活用と学習についての教員・児童生徒調査」

表9-4　共分散分析と効果量、多重比較の結果

| | | 共分散分析の結果と効果量 | | | | 多重比較（Bonferroni 補正） | | |
		時点	SES	性別	自治体	時点	SES	性別
学習エンゲージメント（対話性）	F	26.54**	405.98**	18.63**	37.35**	T1 > T2	高 > 中 > 低	男 < 女
	η_p^2	0.00	0.03	0.00	0.01			
学習エンゲージメント（探究性）	F	20.04**	617.30**	10.79*	45.37**	T1 < T2	高 > 中 > 低	男 > 女
	η_p^2	0.00	0.05	0.00	0.01			
学習エンゲージメント（主体性）	F	141.07**	907.60**	4.92	26.40**	T1 > T2	高 > 中 > 低	—
	η_p^2	0.01	0.07	0.00	0.00			
授業での ICT 活用	F	99.74**	5.71	238.41**	752.89**	T1 < T2	—	男 > 女
	η_p^2	0.01	0.00	0.01	0.14			
学校外学習での ICT 活用（平日）	F	12.60**	35.18**	5.74	158.72**	T1 > T2	高 = 中 > 低	—
	η_p^2	0.00	0.00	0.00	0.03			
学校外学習での ICT 活用（休日）	F	31.35**	49.56**	37.94**	160.39**	T1 > T2	高 = 中 > 低	男 < 女
	η_p^2	0.00	0.00	0.00	0.03			
批判的思考態度	F	2.29	549.22**	24.63**	83.85**	—	高 > 中 > 低	男 > 女
	η_p^2	0.00	0.04	0.00	0.01			

**: $p < .01$, *: $p < .05$
出所：国立教育政策研究所「ICT の教育活用と学習についての教員・児童生徒調査」

思考態度の水準において、児童生徒の「性差」はほとんどないことが示された。
　第三に、自治体についてである。自治体の主効果はすべての使用変数において有意であったが、効果量 η_p^2 に基づくと、学習エンゲージメントと批判的思考態度の平均値にほとんど差はないことが示された。他方で、授業でのICT活用の平均値の差は中程度であること、ならびに学校外学習でのICT活用の平均値の差は小さいことが示された。よって、学習におけるICT活用の水準は、児童生徒の居住する自治体によって異なり、中程度ないし小さい「地域間格差」があることが示された。

(2) 児童生徒の学習における ICT 活用と学習エンゲージメント、批判的思考態度の関連

　交差遅延パネルモデルによるパス解析の結果を**表9-5**に記した。モデルの

表 9-5　交差遅延パネルモデルの結果

	T2 学習エンゲージメント（対話性）	T2 学習エンゲージメント（探究性）	T2 学習エンゲージメント（主体性）
学年	0.00 (-.01)	0.00* (.01)	-0.01** (-.04)
T1 学習エンゲージメント（対話性）	0.38** (.37)	0.01 (.01)	0.02** (.02)
T1 学習エンゲージメント（探究性）	0.02* (.02)	0.39** (.39)	0.04** (.05)
T1 学習エンゲージメント（主体性）	0.12** (.12)	0.17** (.15)	0.58** (.57)
T1 授業での ICT 活用	0.00 (.00)	0.00 (.01)	-0.01* (-.02)
T1 学校外学習での ICT 活用（平日）	0.01 (.01)	0.00 (.01)	0.00 (.01)
T1 学校外学習での ICT 活用（休日）	-0.01 (-.01)	-0.01 (-.01)	0.00 (.01)
T1 批判的思考態度	0.15** (.16)	0.20** (.19)	0.13** (.14)
R^2	.32	.41	.50

出所：国立教育政策研究所「ICT の教育活用と学習についての教員・児童生徒調査」

表 9-5 の続き

	T2 授業での ICT 活用	T2 学校外学習での ICT 活用（平日）	T2 学校外学習での ICT 活用（休日）	T2 批判的思考態度
学年	-0.01** (-.02)	0.00 (.00)	0.02** (.04)	0.03** (.08)
T1 学習エンゲージメント（対話性）	-0.03 (-.02)	-0.01 (.00)	-0.02 (-.01)	0.08** (.07)
T1 学習エンゲージメント（探究性）	0.06** (.04)	-0.01 (-.01)	-0.02 (-.01)	0.12** (.13)
T1 学習エンゲージメント（主体性）	-0.02 (-.01)	0.08** (.04)	0.10** (.06)	0.18** (.16)
T1 授業での ICT 活用	0.49** (.54)	0.09** (.09)	0.06** (.06)	0.00 (.01)
T1 学校外学習での ICT 活用（平日）	0.03** (.03)	0.22** (.22)	0.13** (.13)	0.00 (.00)
T1 学校外学習での ICT 活用（休日）	0.02 (.02)	0.18** (.18)	0.29** (.29)	0.00 (.01)
T1 批判的思考態度	0.06** (.04)	0.00 (.00)	0.01 (.01)	0.39** (.39)
R^2	.32	.16	.18	.41

**: $p < .01$, *: $p < .05$
注：表中の数値は、非標準化パス係数（標準化パス係数）を意味する。
出所：国立教育政策研究所「ICT の教育活用と学習についての教員・児童生徒調査」

適合度指標は CFI = 1.00, TLI = 1.00, RMSEA = 0.00, SRMR = 0.00 であり、Hu & Bentler (1998) に基づくと良好な値であった。また、独立変数の VIF を算出したところ、VIF の範囲は 1.07 から 2.07 と一般的な基準値とされる 5 ないし 10 を下回っていたため、独立変数の多重共線性は生じていないと考えられる。そこで、以下では変数間の関連ごとに結果を整理する。

　第一に、学校における ICT 活用と学習エンゲージメントの関連についてである。学校における ICT 活用から学習エンゲージメントへの影響について、授業での ICT 活用が学習エンゲージメント (主体性) に有意な負の影響をわずかに及ぼすことが示されたが、他に有意な影響は認められなかった。他方、学習エンゲージメントから学校における ICT 活用への影響について、学習エンゲージメント (探究性) は授業での ICT 活用に有意な正の影響を及ぼすこと、ならびに学習エンゲージメント (主体性) は学校外学習での ICT 活用に有意な正の影響を及ぼすことが示された。よって、現状、児童生徒の学習における ICT 活用は学習エンゲージメントの促進に寄与しておらず、逆に学習エンゲージメントの水準の高さが学習における ICT 活用を促していることが示唆された。

　第二に、学校における ICT 活用と批判的思考態度の関連についてである。学校における ICT 活用から批判的思考態度への影響について、有意な関連は認められなかった。他方、批判的思考態度は授業での ICT 活用に有意な正の影響を及ぼすことが示された。よって、現状、児童生徒の学習における ICT 活用は批判的思考態度の促進に寄与しておらず、逆に批判的思考態度の水準の高さが授業での ICT 活用を促していることが示唆された。

　第三に、学習エンゲージメントと批判的思考態度の関連についてである。学習エンゲージメントから批判的思考態度への影響について、学習エンゲージメントの 3 側面はいずれも批判的思考態度に有意な正の影響を及ぼすこと、特に主体性次元の寄与は大きいことが示された。他方、批判的思考態度から学習エンゲージメントへの影響について、批判的思考態度は学習エンゲージメント 3 側面すべてに有意な正の影響を及ぼすことが示された。よって、現状、児童生徒における学習エンゲージメントの水準の高さが批判的思考態度

の促進に寄与しているだけではなく、批判的思考態度の水準の高さが学習エンゲージメントを促していることが示唆された。

(3) 児童生徒の学習における ICT 活用と学習エンゲージメント、批判的思考態度の関連、ならびにこれらの変数における SES、性別、自治体による差異

　交差遅延パネルモデルに関する多母集団同時分析で得られた情報量規準と適合度指標について、SES に関する結果を**表 9-6**、性別に関する結果を**表 9-7**、自治体に関する結果を**表 9-8** に記した。

　SES と性別、自治体のいずれにおいても、AIC は「等値制約を課さないモデル」、BIC は「全パス係数に等値制約を課すモデル」が最小であり、この 2 つのモデルの適合度指標はいずれも良好な値であったことを踏まえ、より制約の厳しいモデルである「全パス係数に等値制約を課すモデル」を採用した。

表 9-6　SES に関する多母集団同時分析の情報量規準と適合度指標の結果

	AIC	BIC	CFI	TLI	RMSEA	SRMR
等値制約を課さないモデル	598936	602235	1.00	1.00	0.00	0.00
全パス係数に等値制約を課すモデル	598942	601200	1.00	1.00	0.01	0.01
全パス係数と切片に等値制約を課すモデル	601079	603105	0.99	0.97	0.04	0.05
全パス係数と切片、誤差分散に等値制約を課すモデル	602535	604329	0.98	0.96	0.05	0.08
全パラメータに等値制約を課すモデル	602955	604055	0.97	0.97	0.04	0.07

出所：国立教育政策研究所「ICT の教育活用と学習についての教員・児童生徒調査」

表 9-7　性別に関する多母集団同時分析の情報量規準と適合度指標の結果

	AIC	BIC	CFI	TLI	RMSEA	SRMR
等値制約を課さないモデル	750303	752551	1.00	1.00	0.00	0.00
全パス係数に等値制約を課すモデル	750536	752252	1.00	1.00	0.02	0.01
全パス係数と切片に等値制約を課すモデル	751094	752691	1.00	0.99	0.03	0.02
全パス係数と切片、誤差分散に等値制約を課すモデル	751780	753259	0.99	0.98	0.03	0.03
全パラメータに等値制約を課すモデル	752040	753164	0.99	0.99	0.03	0.03

出所：国立教育政策研究所「ICT の教育活用と学習についての教員・児童生徒調査」

表9-8　自治体に関する多母集団同時分析の情報量規準と適合度指標の結果

	AIC	BIC	CFI	TLI	RMSEA	SRMR
等値制約を課さないモデル	1082312	1088325	1.00	1.00	0.00	0.00
全パス係数に等値制約を課すモデル	1083006	1086741	1.00	0.99	0.02	0.02
全パス係数と切片に等値制約を課すモデル	1092252	1095481	0.96	0.93	0.05	0.06
全パス係数と切片、誤差分散に等値制約を課すモデル	1093545	1096267	0.96	0.94	0.05	0.08
全パラメータに等値制約を課すモデル	1094551	1095754	0.95	0.95	0.04	0.08

出所：国立教育政策研究所「ICT の教育活用と学習についての教員・児童生徒調査」

つまり、児童生徒の SES と性別、居住する自治体によって、表9-5 で示された学習における ICT 活用と学習エンゲージメント、批判的思考態度の関連に相違はなく、これらの水準に SES と自治体による差異が認められたといえる。

4. まとめ

本章の目的は、GIGA スクール構想の初動期において、児童生徒の学習における ICT 活用が学習エンゲージメントと批判的思考態度を促すのか、またこれらの水準と関連性は児童生徒自身ではどうすることもできない条件である SES、性別、自治体により異なるのかを検討することであった。「ICT の教育活用と学習についての教員・児童生徒調査」の児童生徒調査で測定された 2 時点のパネルデータを用いた交差遅延パネルモデルのパス解析、ならびに多母集団同時分析の結果、次の知見が得られた（図 9-2）。

　　(知見 1) 学習エンゲージメントと批判的思考態度の水準は、児童生徒の SES が高いほど高くなり、小さいながらも「SES 間格差」がある。

　　(知見 2) 学習における ICT 活用、学習エンゲージメント、批判的思考態度は、児童生徒の性別によってほとんど差はない。

　　(知見 3) 学習における ICT 活用の水準は、児童生徒の居住する自治体によって異なり、中程度ないし小さい「地域間格差」がある。

　　(知見 4) 児童生徒の学習における ICT 活用は学習エンゲージメントの促

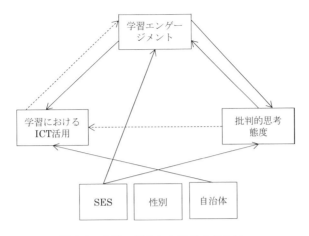

図 9-2　本章で得られた知見のまとめ

注：本章において認められた影響についてはパスを引いている。実線はすべての下位変数において関連が認められたこと、破線は一部の下位変数において関連が認められたこと意味する。なお、SES、性別、自治体については、効果量（$\eta\, p^2$）が 0.02 未満のものにパスは引いていない。
(出所) 国立教育政策研究所「ICT の教育活用と学習についての教員・児童生徒調査」

　　進に寄与しておらず、逆に学習エンゲージメントの水準の高さが学習
　　における ICT 活用を促している。
　(知見 5) 児童生徒の学習における ICT 活用は批判的思考態度の促進に寄
　　　与しておらず、逆に批判的思考態度の水準の高さが授業での ICT 活
　　　用を促している。
　(知見 6) 児童生徒における学習エンゲージメントの水準の高さが批判的
　　　思考態度の促進に寄与しているだけではなく、批判的思考態度の水準
　　　の高さも学習エンゲージメントを促している。
　(知見 7) 児童生徒の SES と性別、居住する自治体によって、学習におけ
　　　る ICT 活用と学習エンゲージメント、批判的思考態度の関連に相違
　　　はない。
　以上の知見から、教育政策と教育実践、学術に対するインプリケーション
として、次の 3 点を指摘したい。
　第一に、知見 4、5、6 から本章の主題である「児童生徒の学習における
ICT 活用が学習エンゲージメントと批判的思考態度を促すのか」は、現状認

めらなかったと言わざるを得ない。山本・堀田(2021)は、小学4年生から6年生の児童を対象とした意識調査を行い、児童の「表計算」、「プレゼンテーション」、「プログラミング」、「交流ツール」に関する操作スキルの自己評価が低いことを示している。推測の域を出ないものの、この知見を踏まえれば、児童生徒の学習におけるICT活用が現状機能していない背景として、1人1台端末配備の環境において、児童生徒が端末等の操作スキルを十分に身につけていない可能性を指摘できよう。

　第二に、知見6から、現行の学習指導要領にて重視されている「主体的・対話的で深い学び」と「探究的な学び」が児童生徒の批判的思考態度を促すことは指摘できるものの、同時に知見1と7を踏まえれば、現状これらの学びの効果は「SES間格差」を拡大・縮小するものではないことも指摘できる。ゆえに、児童生徒における学習エンゲージメントと批判的思考態度の「SES間格差」を是正するような教育政策と教育実践を立案することが、我が国の教育に求められよう。

　第三に、知見3で示した、児童生徒の学校におけるICT活用の「地域間格差」を是正するような教育政策や教員養成・研修を立案・実施していくことが、我が国の教育に求められよう。確かに、本章では、児童生徒の学校におけるICT活用の学習エンゲージメントと批判的思考態度に対する効果は認められなかったものの、小・中学校教育のICT化が一層進展することに伴い、その効果が顕在することも想定される。

　本章の締めくくりとして、今後の課題を2点示したい。

　第一に、本章が示した因果関係はあくまで「グレンジャー因果性」であり、数学的に過去のある変数が将来の変数を予測するという関係を示したに過ぎない。ゆえに、本章の知見をもって、学習におけるICT活用と学習エンゲージメント、批判的思考態度の「因果関係」が立証されたわけではないことに留意する必要がある。

　第二に、本章が使用した学習の質と学習成果の変数は限定的であるため、本章の知見の適用可能性には十分に留意する必要がある。他側面の学習の質と学習成果では、児童生徒の学習におけるICT活用の効果が認められる可

能性は十分にあり、この点についての検討が今後求められる。

参考文献

Cohen, J. (1992)「A power primer」『Psychological Bulletin』112 (1), 155-159.

林一真・梅田恭子 (2021)「1 人 1 台のタブレット端末を活用した情報活用能力を育成する授業設計の留意点の提案」『日本教育工学会論文誌』44 (4), 497-511.

Hu, L.-t., & Bentler, P. M. (1998)「Fit indices in covariance structure modeling: Sensitivity to underparameterized model misspecification」『Psychological Methods』3 (4), 424-453.

国立教育政策研究所 (2019)「OECD 生徒の学習到達度調査 2018 年調査 (PISA2018) のポイント」https://www.nier.go.jp/kokusai/pisa/pdf/2018/01_point.pdf (2023 年 9 月 20 日アクセス)

鹿毛雅治 (2013)『学習意欲の理論—動機づけの教育心理学—』金子書房

楠見孝 (2018)「批判的思考への認知科学からのアプローチ」『認知科学』25 (4)、461-474

楠見孝・田中優子・平山るみ (2012)「批判的思考力を育成する大学初年次教育の実践と評価」『認知科学』19 (1)、69-82.

平山るみ・楠見孝 (2004)「批判的思考態度が結論導出プロセスに及ぼす影響—証拠評価と結論生成課題を用いての検討—」『教育心理学研究』52 (2)、186-198.

文部科学省 (2020)「GIGA スクール構想の実現へ」https://www.mext.go.jp/content/20200625-mxt_syoto01-000003278_1.pdf (2023 年 9 月 20 日アクセス)

文部科学省 (2021)「GIGA スクール構想の最新の状況について」https://www.mext.go.jp/kaigisiryo/content/20210319-mxt_syoto01-000013552_02.pdf (2023 年 9 月 20 日アクセス)

NTT ラーニングシステムズ (2015)『ICT を活用した教育の推進に資する実証事業報告書』https://www.mext.go.jp/component/a_menu/education/micro_detail/__icsFiles/afieldfile/2018/08/10/wg1houkoku.pdf (2023 年 9 月 20 日アクセス)

岡林秀樹 (2006)「発達研究における問題点と縦断データの解析方法」『パーソナリティ研究』15 (1)、76-86.

Wiliam, D. (2018)『Embedding Formative Assessment (2nd edition)』Solution Tree Press.

山本朋弘・堀田龍也 (2021)「1 人 1 台の情報端末環境での学習者用基本ツールの操作スキルに関する児童向け意識調査の分析」『日本教育工学会論文誌』45 (3), 341-351.

第10章　1人1台端末配備が児童生徒の希望形成に及ぼす影響

露口健司

1.　1人1台端末配備の児童生徒アウトカムとしての希望

(1) 児童生徒アウトカムとしての希望への着目

　本章では、1人1台端末配備の児童生徒アウトカムとして希望に着目し、その効果を検証する。1人1台端末配備は、特定条件下において、認知的スキルとしての学力達成や情報活用・操作スキルを高めることが明らかにされている (石塚・マイアルダン 2022; 露口 2022)。一方、非認知的スキルやウェルビーイングに対する効果については、その重要性や社会的関心の高さが示されているにもかかわらず、1人1台端末配備の効果検証が進展していないようである。本章では、希望をアウトカム指標として設定した上で効果を検証する。希望とは、曖昧な目標達成への期待と達成予測を意味する概念である (大橋 2000)。GIGA スクール構想では、情報機器の操作習得やそれを利用した学習活動は、情報社会化がさらに進展している未来において役立つ技能を高め、自らの未来を切り拓くことができるという期待を児童生徒に与える可能性がある。希望は自己の未来における幸福感の予期の意味も持っており、GIGA スクール構想の指標として、また、ウェルビーイング実現の指標として重要な概念である。

　1人1台端末配備は、すべての児童生徒の希望形成に対してポジティブな影響を及ぼすことが理想である。しかし、現実的には、ポジティブな影響を享受している層とそうでない層の児童生徒が出現しているものと予測される。1人1台端末配備によるアウトカムの格差拡大 (縮小) 現象は、教育政策・事

業の公正性における重要な問題であり、GIGA スクール構想事業を展開する
上で、確認しておくべき重要事項である。本章では、1人1台端末配備のア
ウトカム格差の検証において、児童生徒のベースラインからの変動に着目す
る方法をとる。

　先行研究では、中学校における1人1台端末配備が特に学力高位群（ベース
ラインが高い生徒）に対してより効果的であることが確認されている（文部科学
省 2014）。1人1台端末配備によって、高位群の学力水準はさらに向上し、低
位群（ベースラインが低い生徒）の学力水準はさらに低下し、学習効果格差が拡
大するリスクが示唆されている。この現象は、学習効果の学力高位群への
「偏在化効果」であり、この現象を回避する手立てが求められる。この他にも、
低位群が上昇するが高位群が低下する「中心化効果」。低位群が低下し、高
位群がさらに上昇する「格差拡大効果」。高位群が上昇し、低位群はさらに
大きな傾きで上昇する「底上げ効果」。低位群〜高位群のすべての層におい
て等しく上昇（下降）する「一律効果」等、多様な格差拡大・縮小・無変化の表
現方法がある。1人1台端末配備によって期待されるベースラインからの変
動は、言うまでも無く「底上げ効果」あるいは全層等しく上昇する「一律効果」
である。それでは、1人1台端末配備は、本章において着目するアウトカム
指標としての希望に対して、どのようなタイプの効果をもたらしているので
あろうか。格差拡大効果なのか、格差縮小を伴う底上げ効果なのか、それと
も、これら以外の効果タイプなのか【研究課題1】。

(2) 希望形成を説明する統制変数と学習エンゲージメント変数

　1人1台端末配備と児童生徒アウトカムとの影響関係を検討するためには、
児童生徒アウトカムに対する統制変数の設定（交絡要因コントロール）が必要と
なる。児童生徒の個人特性（性別・年齢等）、家庭特性（SES・家庭学習等）は、児
童生徒アウトカムに影響を及ぼしうる変数であり、これらの影響力をコント
ロールした上での1人1台端末配備の効果検証が必要となる。個人・家庭特
性の他にも、コントロールが必要な変数（交絡要因）がいくつかある。例えば、
児童生徒の ICT の基本的操作スキルや ICT に対する好意的態度等である（以

下 ICT 親和性と呼ぶ）。1 人 1 台端末配備の効果検証において、授業での ICT 使用状況と、児童生徒が既に保持している ICT 親和性を明確に区分し、後者を統制変数として分析モデルに組み込む。ICT 親和性が高い児童生徒は、授業での ICT 利用に積極的態度を示し、使用頻度設問について高く評価すると予測される。また、ICT 親和性が高い児童生徒は、授業での ICT 活用状況にかかわらず、日常の多様な場面において適度な ICT 活用を通して希望形成が促進されていると予測される。

　児童生徒アウトカムとして希望を設定する場合には、ウェルビーイングの規定要因として知られている社会関係資本の影響力を考慮すべきである。児童生徒を取り巻く社会関係資本の醸成は、児童生徒の主観的幸福感（露口2017）等、希望の近接概念に対して正の影響を及ぼすことが、先行研究において確認されている。

　児童生徒の希望は、授業での ICT 活用頻度よりも、児童生徒の学習エンゲージメント（Skinner 2016 等）によって影響を受ける可能性が高い。授業での ICT 活用頻度が高い場合においても、教員による提示内容の端末視聴学習が中心であり、また、知識・技能習得のための個別ドリル学習が中心であると、希望形成が促進される確率は低いと予測される。これとは逆に、授業での ICT 活用場面において、児童生徒の主体性を重視し（主体的）、対話的・協働的な学習活動を採り入れ（対話的）、端末を探索・思考・発表ツールとして活用（探究的）する等、学習エンゲージメントが充実している場合、正のアウトカムが出現する確率は高いと予測される。児童生徒の希望形成は、授業での ICT 活用頻度よりも、日常的な授業実践での主体的・対話的・探究的な場面における学習エンゲージメントの程度によって説明される可能性が高いのではないだろうか【研究課題 2-1】。

　また、ここでは、児童生徒の学習エンゲージメントが、授業での ICT 活用頻度と希望形成との関係における調整変数としての機能にも着目する。つまり、主体的・対話的・探究的場面での学習エンゲージメントが高い状態で児童生徒が学習に臨む場合に、授業での ICT 活用頻度は希望形成に寄与すると考えられるからである。逆に言えば、端末が配備された状況においても、

学習エンゲージメントが低調な児童生徒には、希望形成は認められないと予測される。児童生徒による主体的・対話的・探究的場面での学習エンゲージメントは、授業での ICT 活用頻度と児童生徒アウトカム（希望形成）との関係において調整効果を有するのであろうか【研究課題 2-2】。

(3) 希望形成効果の自治体間差

　ICT 活用頻度の自治体間・学校間・学級間の「分散（どのような自治体・学校・学級で活用頻度が高いのか）」については、一定の知見が得られているが、ICT 活用の「効果（どのような効果が認められているのか）」についての自治体間・学校間・学級間の分散については、検証が実施されていない。事業アウトプットとしての活用状況の分散だけでなく、児童生徒アウトカムの分散についても、最小限度に抑えていくことが、教育政策・事業の公正性の観点からすると望ましいといえる。1 人 1 台端末配備によって、児童生徒アウトカムの格差が拡大したという状況は回避したいものである。

　授業 ICT 活用頻度の児童生徒アウトカムについては、教育政策の公正性の視点に立ち、個人・家庭属性や既存の資質能力に由来する格差の検証はもちろんのこと、居住地域に由来する格差の有無についても確認が必要であるといえる。自治体間における効果比較のためには大規模なサンプルが必要となる。授業 ICT 活用頻度の児童生徒アウトカムの検討は、先行研究（露口 2023 のレビュー参照）においても進められているが、特定地域の小サンプルデータを用いた研究であるため、自治体間の効果差については検討されていない。授業 ICT 活用頻度による児童生徒アウトカム（例としての希望形成）の自治体間差は、存在しているのであろうか。あるとすればどの程度の規模なのであろうか【研究課題 3】。

(4) 希望形成に対する因果的効果の検証

　EBPM（証拠に基づく政策立案）思考の浸透とともに、教育政策・事業には因果的効果の検証が求められるようになった。海外での 1 人 1 台端末配備や ICT 教育を対象とした調査研究は、教育経済学／計量経済学分野が主流であ

り、因果的効果の検証を目的とした (準) 実験デザインの研究が大半である。ランダム化比較試験が定着しており、2 期間以上のパネルデータを活用した研究が一般的となっている。また、クロスセクションデータではあるが、分析手法を工夫することで、因果的効果の検証を試みる研究も多い。操作変数法 (二段階最小二乗法) や傾向スコア法を用いた研究も複数報告されている (露口 2022)。一方、日本では、授業での ICT 活用の因果的効果の検証は、学びのイノベーション事業のデータを用いた研究 (文部科学省 2014) にとどまる。授業での ICT 活用の因果的効果の検証が困難な理由として、以下の 3 点を指摘できる。第 1 に、1 人 1 台端末配備事業が近年開始されたばかりであるため、因果推論 (causal inference) を実施できるデータセット生成に至っていない。第 2 に、全国一斉に開始したため、ランダム化比較試験の実施が困難である。第 3 に、パネルデータ生成において必要な児童生徒や教員の紐付けが大変困難である。本研究は、こうした障壁を乗り越え、大規模パネルデータによって 1 人 1 台端末配備の因果的効果を検証する、国内での先駆的研究であるといえる。1 人 1 台端末配備に基づく授業での ICT 活用頻度と児童生徒アウトカムとの関係は、因果的効果に相当するのであろうか【研究課題 4】。

2. データ・変数・分析戦略

(1) データ

　上記研究課題 1 ～ 3 の解明においては、第 7 章で対象とした 1,514 学級に所属する児童生徒 32,428 人 (wave 1) のデータを使用する。また、研究課題 4 の解明においては、同じく第 7 章で対象とした 664 学級に所属する児童生徒 15,161 人 (wave 1&2) のデータを使用する。

(2) 変数

　主観的希望感：児童生徒が抱く将来の希望を、将来のビジョン、挑戦意欲、キャリアモデルの存在、持続可能な社会づくりへの参画の視点から 4 項目 (露口 2023, p.132) を作成し、児童生徒に対して回答を求めた。尺度は「あてはまら

ない(1)」から「あてはまる(4)」の 4 件法である。主成分分析の結果、1 成分が抽出された。

　男子ダミー：児童生徒の性別について「男子(1)」「女子／その他(0)」の二値変数を設定した。

　所属学年：発達段階の代理指標として「小学校 4 年生(1)」〜「中学校 3 年生(6)」を設定した。

　ICT 親和性：情報端末活用の肯定的態度に関する 3 項目尺度を設定した(露口 2023, p.132)。主成分分析の結果、1 成分が抽出された。

　高文化資本ダミー：家庭における PC (Personal Computer) と学習場所の所有状況について回答を求めた。「どちらもない(1)」「PC のみ(2)」「学習場所のみ(3)」「両方ある(4)」を設定した。分析では、「両方ある＝(1)」「その他＝(0)」とする高文化資本ダミーを設定した。

　家庭学習時間：学校外での平日と休日の学習時間を質問し、平日を 5 倍、休日を 2 倍した数値の合計から 1 週間あたりの家庭学習時間を算出した。家庭学習時間は、学年の影響を強く受けるため、この影響を取り除いた残差(一般化線形モデルによって標準化 Pearson 残差を算出)を、学年調整済み 1 週間あたりの家庭学習時間推計値として、家庭学習時間の指標とした。

　PC 利用家庭学習時間：家庭学習時間のうち、平日と休日の PC やタブレットを用いた学習時間について質問し、平日を 5 倍、休日を 2 倍した数値の合計を 1 週間あたりの PC 利用家庭学習時間を算出した。PC 利用家庭学習時間は、学年の影響を強く受けるため、この影響を取り除いた残差(一般化線形モデルによって算出)スコアを、学年調整済み 1 週間あたりの PC 利用家庭学習時間推計値として、PC 利用家庭学習時間の指標とした。

　社会関係資本：社会関係資本の代理指標として、自らを取り巻く家族・友人・教師との信頼関係の主観的評価スコアを用いた。家族・友人・教師との信頼関係について、「ひじょうに弱い(0)」〜「ひじょうに強い(10)」及び「その中間(5)」とする 11 件法での回答を児童生徒に対して求めた。

　学習エンゲージメント：児童生徒の主体的・対話的で深い学びにおける学習エンゲージメント状態を説明するために 16 項目(行動的次元 6 項目・感情的次

元 4 項目・認知的次元 6 項目）から成る尺度を設定し、児童生徒に対して回答を求めた（露口 2023, p.132）。尺度は 4 件法（「あてはまらない (1)」〜「あてはまる (4)」）である。主成分分析の結果、3 成分が抽出された。第 1 成分（対話性）は、子ども同士の対話や地域の大人との対話を手がかりに考えることを通じて自己の考えを広げ深める学習エンゲージメントの定着状況を説明する項目群によって構成されている。第 2 成分（探究性）は、自らが調べ精査した情報をもとに自分の考えを形成したり、問題を見いだして解決策を考えたり、考えを伝え合うことを通して、集団としての考えを形成する等の学習エンゲージメント状態を説明する項目群によって構成されている。第 3 成分（主体性）は、学ぶことに興味関心を持ち、見通しを持って粘り強く課題に取り組み、自己の学習活動を振り返って次につなげるような学習エンゲージメント状態を説明する項目群によって構成されている。

　授業 ICT 活用度：1 人 1 台端末配備状況下での授業過程における PC・タブレットの使用頻度に関する 10 項目（露口 2023, p.132）を設定した。尺度は、「こうしたことは行わない (0)」「使っていない (1)」「たまに使っている (2)」「ときどき使っている (3)」「ひんぱんに使っている (4)」「毎日使っている (5)」の 6 件法である。主成分分析の結果、1 成分が抽出された。

(3) 分析戦略

　研究課題 1・2 の解明においては、分布の中心だけでなく裾に位置するデータも考慮する分位点回帰分析を用いる。分位点回帰モデルでは、児童生徒アウトカムの分位点として、4 分位点に上限下限 10 パーセンタイルを加えた、10％、25％、50％、75％、90％を設定する。自治体・学校・学級の影響を事前に調整（一般化線形モデル）した残差スコアを利用することで、集団レベル要因の事前コントロールを実施している。児童生徒アウトカムの得点が細分化され、分位点回帰分析により適したデータとなっている。また、説明変数として、個人特性 3 変数（男子ダミー、所属学年、ICT 親和性）、家庭特性 3 変数（高文化資本ダミー、家庭学習時間、PC 利用家庭学習時間）、社会関係資本 3 変数（家族信頼、友人信頼、教師信頼）、学習エンゲージメント 3 変数（主体性、対話性、探究性）、

授業 ICT 活用度 1 変数の計 13 変数を設定する。これらの多様な変数をコントロールした上で、授業 ICT 活用度がどの分位点の児童生徒に対して影響を及ぼすのか、また、学習エンゲージメントがどのように関与しているのかを検証する。

　研究課題 3 の解明においては、調整済みの主観的希望感が正規性を有しているため、最小二乗法を用いる。研究課題 1・2 と同様の 13 変数を説明変数に用いる。

　研究課題 4 の解明においては、2 期間パネルデータを用いた因果推論方法としてのハイブリッド固定効果モデル を用いる。なお、記述統計・回帰分析・主成分分析は IBM SPSS Statistics Base System ver.28.0 を、一般化線形モデルとハイブリッド固定効果モデルは同 Advanced ver.28.0 を、分位点回帰分析は同 Regression ver.28.0 を使用した。

3.　分析結果

(1) 授業での ICT 活用による児童生徒の希望形成への効果

　研究課題 1・2 を解明するために、児童生徒アウトカム（主観的希望感）を被説明変数、授業 ICT 活用度を含む 13 変数（記述統計は**表 10-1**）を説明変数とする分位点回帰モデルを設定し分析を実施した。

　主観的希望感を被説明変数とする場合の分位点回帰モデルの分析結果は**表 10-2** に示す通りである。授業 ICT 活用は、すべての分位点モデルにおいて、主観的希望感を押し上げる効果を有していた。また、低位分布（10％分位点 B=0.057）の方が高位分布（90％分位点 B=0.033）よりも押し上げ効果が強い、「底上げ効果」が確認されている。

(2) 学習エンゲージメントの効果

　一方、学習エンゲージメントについても、すべての次元のすべての分位点モデルにおいて、主観的希望感を押し上げる効果を有していた（表 10-2）。また、主体性・対話性・探究性のすべての学習エンゲージメント次元において、高

表 10-1　児童生徒調査の記述統計量 (研究課題 1・2)

量的変数	素点				変換後				
	M	SD	Min.	Max.	M	SD	Min.	Max.	N
主観的希望感	3.123	0.683	1.000	4.000	0.000	1.019	-3.918	2.387	31808
男子ダミー	0.499	0.500	0.000	1.000	—	—	—	—	31773
所属学年	3.726	1.670	1.000	6.000	—	—	—	—	32417
ICT 親和性	2.913	0.689	1.000	4.000	0.000	1.000	-3.007	1.366	31947
高文化資本ダミー	0.619	0.486	0.000	1.000	—	—	—	—	32225
家庭学習時間	12.000	7.526	0.000	31.500	0.007	0.997	-1.709	2.742	29813
PC 利用家庭学習時間	4.311	4.705	0.000	31.500	-0.021	0.989	-0.968	5.730	29771
家族信頼	8.416	2.288	0.000	10.000	—	—	—	—	32274
友人信頼	7.815	2.309	0.000	10.000	—	—	—	—	32223
教師信頼	6.724	2.692	0.000	10.000	—	—	—	—	32124
学習エンゲージメント：主体性	3.167	0.547	1.000	4.000	-0.005	0.999	-4.243	1.789	28578
学習エンゲージメント：対話性	3.396	0.557	1.000	4.000	0.003	0.999	-4.813	1.455	28578
学習エンゲージメント：探究性	3.144	0.628	1.000	4.000	0.003	0.996	-3.853	1.739	28578
授業 ICT 活用度	2.621	1.095	0.000	5.000	-0.010	0.998	-2.419	2.118	28812

出所：国立教育政策研究所「ICT の教育活用と学習についての教員・児童生徒調査」

位分布よりも低位分布の方が押し上げ効果が強い「底上げ効果」が確認され
ている。児童生徒の学習エンゲージメントの向上は、未来に対する希望感の
格差を抑止する効果を有していると解釈できる。決定係数は、授業 ICT 活
用度よりも学習エンゲージメントの方が大きい。

　授業 ICT 活用度と主観的希望感の関係における主体性次元 (表 10-2) の調整
効果が確認された。主体性高位のグループでは、授業 ICT 活用度が高まっ
たとしても、主観的希望感はほとんど変化していない (図10-1)。しかし、主
体性低位のグループでは、授業 ICT 活用度が高まることで、主観的希望感
が正の方向に変化することが確認された。

(3) 効果の自治体間差

　次に、研究課題 3 を解明するために、5 つの自治体別に、分位点回帰モデ
ルと同様の変数を用いた重回帰分析 (最小二乗法) を実施した。表 10-3 は、主
観的希望感を被説明変数とする場合の重回帰分析の結果である。自治体 B

表 10-2　児童生徒の主観的希望感を被説明変数とする分位点回帰モデル

分位点	q10		q25		q50		q75		q90	
変数	B	SE	B	SE	B	SE	B	SE	B	SE
切片	-1.723**	0.062	-0.981**	0.043	-0.297**	0.034	0.307**	0.032	0.809**	0.032
男子ダミー	-0.125**	0.023	-0.070**	0.016	-0.028*	0.013	-0.013	0.012	0.010	0.012
所属学年	0.030**	0.007	0.021**	0.005	0.026**	0.004	0.040**	0.004	0.054**	0.004
ICT 親和性	0.167**	0.013	0.145**	0.009	0.133**	0.007	0.094**	0.007	0.066**	0.007
高文化資本ダミー	-0.006	0.025	0.004	0.017	-0.012	0.014	-0.014	0.013	-0.012	0.013
家庭学習時間	0.044**	0.013	0.037**	0.009	0.031**	0.007	0.036**	0.007	0.024**	0.006
PC 利用家庭学習時間	0.039**	0.012	0.037**	0.009	0.036**	0.007	0.022**	0.006	0.011	0.006
家族信頼	0.028**	0.006	0.020**	0.004	0.018**	0.004	0.008*	0.003	0.000	0.003
友人信頼	0.007	0.006	0.014**	0.005	0.011**	0.004	0.007*	0.003	0.007**	0.003
教師信頼	0.037**	0.006	0.020**	0.004	0.009**	0.003	0.008**	0.003	0.000	0.003
学習エンゲージメント：主体性	0.146**	0.017	0.129**	0.012	0.121**	0.009	0.083**	0.009	0.061**	0.009
学習エンゲージメント：対話性	0.214**	0.016	0.231**	0.011	0.212**	0.009	0.170**	0.008	0.104**	0.008
学習エンゲージメント：探究性	0.176**	0.017	0.216**	0.012	0.213**	0.009	0.167**	0.009	0.110**	0.008
授業 ICT 活用度	0.057**	0.013	0.054**	0.009	0.056**	0.007	0.039**	0.007	0.033**	0.006
授業 ICT 活用度×主体性	-0.022	0.016	-0.002	0.011	-0.028**	0.009	-0.022**	0.008	-0.008	0.008
授業 ICT 活用度×対話性	-0.008	0.015	-0.019	0.011	-0.016	0.008	-0.007	0.008	-0.007	0.008
授業 ICT 活用度×探究性	0.032	0.016	0.011	0.011	0.011	0.009	-0.002	0.008	-0.005	0.008
個人特性要因 $\triangle R^2$	0.071		0.063		0.053		0.036		0.022	
家庭特性要因 $\triangle R^2$	0.014		0.014		0.015		0.013		0.007	
社会関係資本 $\triangle R^2$	0.030		0.026		0.021		0.014		0.005	
学習エンゲージメント $\triangle R^2$	0.059		0.071		0.073		0.059		0.041	
ICT 活用度 $\triangle R^2$	0.001		0.001		0.001		0.000		0.001	
交互作用 $\triangle R^2$	0.000		0.000		0.000		0.001		0.001	
合計 R^2	0.175		0.175		0.163		0.123		0.077	

注：N=32,428. ** p <.01, * p <.05.
出所：国立教育政策研究所「ICT の教育活用と学習についての教員・児童生徒調査」

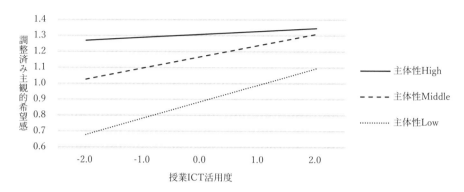

図 10-1　授業 ICT 活用度と主観的希望感の関係における学習エンゲージメント主体性次元の調整効果（q50 推計値）

出所：国立教育政策研究所「ICT の教育活用と学習についての教員・児童生徒調査」

には有意な影響関係が認められていないが、自治体 A・C・D・E において、授業 ICT 活用度の主観的希望感に対する正の効果が確認されている（B=0.040 ～ 0.081）。各自治体における主観的希望感に対して持つ授業 ICT 活用度の傾き（非標準偏回帰係数）を見ると、いずれの自治体も正の傾きを示している。特定の自治体の傾きが極端に大きいわけではなく、全体として、緩やかな右肩上がりの傾きを示している。いずれの自治体においても、授業での ICT 活用が、児童生徒の未来に対する希望感を高める傾向が示されている。また、決定係数は、いずれの自治体においても、学習エンゲージメントの方が ICT 活用度よりも大きい。

(4) 因果的効果の検討

　最後に、研究課題 4 を解明するために、授業 ICT 活用度が児童生徒アウトカム（主観的希望感）に対して及ぼす因果的効果を、ハイブリッド固定効果モデルを用いて検証した。因果的効果の検証において使用する変数の記述統計は**表 10-4** に示す通りである。

　主観的希望感を被説明変数として、個人内変数と個人間変数を投入した Model 2 に着目する（**表 10-5** 参照）。主観的希望感に対しては、授業 ICT 活用

表 10-3　主観的希望感を被説明変数とする最小二乗法の分析結果

自治体	A		B		C		D		E	
変数	B	SE	B	SE	B	SE	B	SE	B	SE
切片	-0.279**	0.053	-0.449**	0.084	-0.652**	0.101	-0.321**	0.067	-0.484**	0.058
男子ダミー	-0.054**	0.020	-0.053	0.030	-0.025	0.038	-0.076**	0.025	-0.046*	0.021
所属学年	0.008	0.006	0.053**	0.011	0.055**	0.013	0.026**	0.008	0.030**	0.007
ICT 親和性	0.103**	0.011	0.101**	0.016	0.130**	0.022	0.169**	0.014	0.127**	0.013
高文化資本ダミー	-0.007	0.022	0.008	0.033	0.007	0.040	0.022	0.026	-0.021	0.022
家庭学習時間	0.054**	0.012	-0.002	0.014	0.031	0.017	0.039**	0.013	0.053**	0.012
PC 利用家庭学習時間	0.025*	0.011	0.049**	0.015	0.006	0.019	0.013	0.012	0.040**	0.012
家族信頼	0.021**	0.005	0.004	0.008	0.031**	0.010	0.005	0.007	0.020**	0.006
友人信頼	0.004	0.005	0.009	0.008	0.010	0.010	0.010	0.007	0.017**	0.006
教師信頼	0.013*	0.005	0.027**	0.007	0.012	0.009	0.020**	0.006	0.009	0.005
学習エンゲージメント：主体性	0.124**	0.016	0.148**	0.025	0.092**	0.029	0.097**	0.018	0.087**	0.017
学習エンゲージメント：対話性	0.197**	0.015	0.203**	0.024	0.210**	0.027	0.165**	0.018	0.149**	0.016
学習エンゲージメント：探究性	0.203**	0.015	0.139**	0.024	0.167**	0.027	0.170**	0.018	0.148**	0.018
授業 ICT 活用度	0.069**	0.011	0.026	0.015	0.069**	0.019	0.040**	0.012	0.081**	0.016
授業 ICT 活用度×主体性	-0.019	0.014	0.023	0.020	-0.039	0.030	-0.028	0.016	0.015	0.019
授業 ICT 活用度×対話性	-0.013	0.014	0.000	0.019	-0.054	0.029	-0.012	0.016	0.011	0.018
授業 ICT 活用度×探究性	0.012	0.014	-0.026	0.019	0.023	0.030	0.038*	0.016	0.012	0.020
個人特性要因 △R^2	.087		.074		.094		.126		.079	
家庭特性要因 △R^2	.036		.020		.020		.024		.023	
社会関係資本 △R^2	.043		.044		.046		.027		.031	
学習エンゲージメント △R^2	.130		.116		.107		.101		.084	
授業 ICT 活用度 △R^2	.003		.001		.002		.002		.003	
交互作用項 △R^2	.000		.000		.005		.001		.001	
合計 R^2	.300		.255		.275		.281		.220	
調整済み合計 R^2	.299		.252		.270		.279		.219	
N	9,475		4,239		2,559		6,632		9,512	

注：** $p<.01$, * $p<.05$。
出所：国立教育政策研究所「ICT の教育活用と学習についての教員・児童生徒調査」

表 10-4　児童生徒調査の記述統計量（研究課題 4）

	個人内変数					個人間変数				
	M	SD	Min.	Max.	N	M	SD	Min.	Max.	N
主観的希望感	0.000	0.676	-2.405	1.173	30,285	—	—	—	—	—
時点ダミー	0.500	0.500	0.000	1.000	30,322	—	—	—	—	—
授業 ICT 活用度	0.000	0.642	-2.500	2.500	30,281	3.330	0.868	1.000	6.000	15,161
学習エンゲージメント：主体性	0.000	0.239	-1.500	1.500	30,322	3.212	0.526	1.000	4.000	15,161
学習エンゲージメント：対話性	0.000	0.271	-1.500	1.500	30,305	3.425	0.488	1.000	4.000	15,161
学習エンゲージメント：探究性	0.000	0.281	-1.500	1.500	30,309	3.165	0.551	1.000	4.000	15,161
ICT 親和性	0.000	0.353	-1.500	1.500	30,292	2.904	0.608	1.000	4.000	15,161
家庭学習時間	0.000	3.479	-15.750	15.750	30,049	-0.007	7.056	-17.210	23.080	15,158
PC 利用家庭学習	0.000	2.729	-15.750	15.750	29,985	0.003	3.864	-3.580	28.520	15,159
家族信頼	0.000	1.058	-5.000	5.000	30,209	8.456	1.977	0.000	10.000	15,161
友人信頼	0.000	1.130	-5.000	5.000	30,176	7.809	1.984	0.000	10.000	15,160
教師信頼	0.000	1.270	-5.000	5.000	30,092	6.637	2.378	0.000	10.000	15,156
男子ダミー	—	—	—	—	—	0.490	0.500	0.000	1.000	14,939
所属学年	—	—	—	—	—	3.870	1.631	1.000	6.000	15,161
高文化資本ダミー	—	—	—	—	—	0.626	0.484	0.000	6.000	15,088

出所：国立教育政策研究所「ICT の教育活用と学習についての教員・児童生徒調査」

度の因果的効果が認められている。日常の授業実践において ICT 活用頻度を高めることで、児童生徒の未来に対する達成期待が高まるという効果が確認された。なお、主観的希望感に対しては、学習エンゲージメント、ICT 親和性、社会関係資本の他、家庭学習時間と PC 利用家庭学習時間の正の効果も確認されている。家庭学習時間と PC 利用学習時間は、未来のウェルビーイング予測に対して効果を持つ。ただし、個人内変数の決定係数（疑似 R2）は 2.0％であり、個人間変数の 25.6％（=27.6％ - 2.0％）に比べるとその規模は小さい。

表 10-5　主観的希望感を被説明変数とするハイブリッド固定効果モデル

	Model 0		Model 1		Model 2	
	B	SE	B	SE	B	SE
固定効果						
切片	0.002	0.005	0.007	0.005	-2.545**	0.037
時点ダミー（Wave1=0, Wave2=1）			-0.013*	0.005	-0.014**	0.005
ICT 活用度 C			0.009*	0.004	0.008*	0.004
学習エンゲージメント：主体性 C			0.155**	0.012	0.155**	0.012
学習エンゲージメント：対話性 C			0.096**	0.011	0.097**	0.010
学習エンゲージメント：探究性 C			0.056**	0.010	0.055**	0.010
ICT 親和性 C			0.118**	0.007	0.119**	0.007
家庭学習時間 C			0.002**	0.001	0.002**	0.001
PC 利用家庭学習 C			0.002*	0.001	0.002*	0.001
家族信頼 C			0.008**	0.003	0.008**	0.003
友人信頼 C			0.006*	0.003	0.006*	0.003
教師信頼 C			0.016**	0.002	0.015**	0.002
男子ダミー（男子 =1, 女子 / その他 =0）					-0.053**	0.008
所属学年					0.021**	0.002
高文化資本ダミー（両方 =1, その他 =0）					0.010	0.007
ICT 活用度 M					0.024**	0.005
学習エンゲージメント：主体性 M					0.280**	0.012
学習エンゲージメント：対話性 M					0.161**	0.011
学習エンゲージメント：探究性 M					0.132**	0.011
ICT 親和性 M					0.125**	0.007
家庭学習時間 M					0.001*	0.001
PC 利用家庭学習 M					0.006**	0.001
家族信頼 M					0.010**	0.002
友人信頼 M					0.005*	0.003
教師信頼 M					0.007**	0.002
変量効果						
個人内分散	.195**	0.002	.181**	0.002	.180**	0.002
個人間分散	.237**	0.004	.244**	0.004	.136**	0.003
ICC	.549		.574		.430	
適合度検定						
AIC	52114		50986		45194	
BIC	52131		51002		45211	
疑似 R2	.000		.020		.276	

注：個人内レベル N=30,322、個人間レベル N=15,161。** $p<.01$, * $p<.05$。C：センタリング後スコア。M:2 期間平均値（Mean）。
出所：国立教育政策研究所「ICT の教育活用と学習についての教員・児童生徒調査」

4.　まとめ

　本章の目的は、GIGA スクール構想事業の初動期における、1人1台端末配備下での授業実践が、児童生徒アウトカム（希望形成）を明らかにすることであった。4つの具体的な研究課題を設定し、分析・考察を実施したところ、以下の4点の知見を得ることが出来た。

　第1は、授業での ICT 活用による格差抑制効果についてである。授業での ICT 活用頻度を高めることで、主観的希望感に対しては底上げ効果（格差抑制効果）が出現することが確認された。主観的希望感への効果は顕著であり、授業における ICT 活用は、未来の希望に対して、よりボシティブに機能する特徴を持つとする知見が得られた。

　第2は、授業 ICT 活用度と児童生徒アウトカムとの関係における学習エンゲージメントの調整効果についてである。予想とは異なり、学習に対して没頭的関与の度合いが低い児童生徒に対して、授業での ICT 活用は主観的希望感に対して効果的であるとする知見が得られた。

　第3は、授業 ICT 活用による児童生徒アウトカムの効果の自治体間差についてである。多少の例外的ケースは認められるものの、授業 ICT 活用度と児童生徒アウトカムの関係は、全体として緩やかな右肩上がりの上昇線を描いていた。主観的希望感という児童生徒アウトカムの1指標ではあるが、どの自治体においても一定の効果が得られたという点に、全国展開の教育政策の価値が認められている。

　第4は、授業 ICT 活用度と児童生徒アウトカムの因果的効果についてである。授業 ICT 活用度の因果的効果は、主観的健康感と主観的幸福感には認められておらず（露口 2023）、主観的希望感に認められることが確認された。主観的幸福感と主観的健康感が社会関係資本によって強く規定されるという分析結果（露口 2023）を踏まえると、現状の幸福感と満足感は社会関係資本によって、未来の希望感は ICT 活用と学習活動によって高められるとする示唆が得られる。

参考文献

石塚博規・マイアルダン フィルカ (2022)「学校における 1 人 1 台端末環境が学力と学習態度の向上にもたらす効果：テクノロジーが教育の何を変えるのか？」『北海道教育大学紀要　人文科学・社会科学編』72 (2) , 29-44.

文部科学省 (2014)『学びのイノベーション事業実証研究報告書』https://www.mext.go.jp/b_menu/shingi/chousa/shougai/030/toushin/1346504.htm（2024 年 2 月 16 日アクセス）.

大橋明 (2000)「希望に関する文献的研究：高齢者を中心に」『大阪大学臨床老年行動学年報』5, 11-20.

Skinner, E. A. (2016) Engagement and disaffection as central to processes of motivational resilience and development. In Wentzel, K. R. & Miele, D. B. (Eds.) , *Handbook of Motivation at School*, Routledge, 145-168.

露口健司 (2017)「学校におけるソーシャル・キャピタルと主観的幸福感：『つながり』は子どもと保護者を幸せにできるのか？」『愛媛大学教育学部紀要』64, 171-198.

露口健司 (2022)「公正で質の高い教育における ICT 活用の促進条件」国立教育政策研究所『公正で質の高い教育を目指した ICT 活用の促進条件に関する研究：2020 年度全国調査の分析』, 12-52.

露口健司 (2023)「1 人 1 台端末配備が教員アウトカムに及ぼす影響：ウェルビーイング指標としての時間的ゆとり・ICT 活用不安・主観的幸福感に着目した分析」国立教育政策研究所『公正で質の高い教育を目指した ICT 活用の促進条件に関する研究：全国調査及び政令指定都市調査の分析』, 192-228.

第11章 社会経済的に不利な家庭に育つ子ども たちの困難
──探究的・協働的な学びと ICT 活用をめぐって──

卯月由佳

1. 研究の背景と分析課題

(1) 社会経済的な不利に関する知見から何を考えるか

　本書は公正で質の高い教育の実現に貢献する ICT 活用の促進条件を検討課題としている。公正で質の高い教育における個々の実践は、現行の学習指導要領の主体的・対話的で深い学びを促すものと捉えられることを序章で述べた。関係や対話における公正を追求し、より平等な社会の実現を目指すならば、学校教育において主体的・対話的で深い学びを促すことが必要だと考えられる。また、同じく序章で述べたとおり、ICT を活用した公正で質の高い教育は、社会経済的に不利な家庭に育つ子どもたちの学習における困難を克服する可能性があり、克服のメカニズムには大きく二つあると想定される。一つは、ICT を活用して多様な特性や背景を持つ子どもたちが同等に参加しやすい学習環境を作ることを通じてである。もう一つは、学習環境が改善された場合も学びへの参加が困難になる子どもたちの個別ニーズについて ICT 活用により把握・共有し、その個別ニーズに対応した追加の資源配分や支援を行うことを通じてである。

　教育政策研究には、どのような教育をどのような方法で目指すことが望ましいかについての規範的な検討に加え、教育政策の課題設定の前提となる実態、実行する(した)教育政策の効果の有無、その効果が生じるメカニズムなどに関する実証的な検討が求められる。本章は、これらのうち一つ目の教育政策の課題設定の前提となる実態について検討する一環として、教育政策に

より克服を目指す、社会経済的に不利な家庭に育つ子どもたちの、主体的・対話的で深い学びをめぐる課題について量的データを基に検討する。また、特に ICT の活用がその克服に資することを期待する中で、社会経済的に不利な家庭に育つ子どもたちの ICT 活用に関する課題の把握も試みる。

　社会経済的に不利な家庭に育つ子どもが主体的・対話的で深い学びにおいてより大きな困難を抱えているであろうことは、教育社会学の先行研究から予想される。2017 年改訂の学習指導要領で主体的・対話的で深い学びの概念が導入されるより前、1989 年改訂の学習指導要領で従来の知識偏重型の教育からの脱却を図り、子どもの主体的な学びを重視する新学力観が導入された際、苅谷ほか (2002) は次の分析結果を示してその教育政策の問題を指摘した。新学力観の影響を受ける前後の 1989 年と 2001 年に関西都市圏で実施した学力と生活・学習状況に関する調査のデータから、その 12 年間で子どもたちの基礎学力が全体として低下したこと、特に社会経済的に不利な子どもたちの基礎学力がより大幅に低下したこと、さらに調べ学習やグループ学習への関わりの積極性も社会経済的に不利な子どもたちでより弱いことである。そこから苅谷ほか (2002) は、基礎・基本を学ぶ時間を削ってまで新学力観に整合的な授業の時間を増やすことは、新旧いずれの学力においても社会経済的な背景による格差を拡大させる懸念があるという議論を世に投げかけた。

　しかし、本章で社会経済的に不利な家庭に育つ子どもたちの主体的・対話的で深い学びをめぐる課題について分析するのは、近年のデータで同じことを改めて確認するのとは異なる観点からである。まず、苅谷ほか (2002) と本章は教育政策の目的の捉え方が異なると考えられる。苅谷ほか (2002) が教育政策の目標として基礎学力を最重視したのは、アメリカやイギリスが「雇用の流動性 (不安定化) の高まりと所得格差の拡大を前提に、それへの対抗措置として、人々の雇用可能性を高めるべく『学力向上』を教育政策の中心に掲げてきた」(p.68) 点にならおうとしたからだと読み取れる。それに対して本章は、所得格差の拡大を前提にその対抗措置として機能することよりも、所得格差の拡大を抑制する社会の創造に貢献することを教育政策に期待する。す

なわち、個人が基礎学力を習得することを通じて社会経済的な分配の平等化を図るだけでなく、基礎学力の高低にかかわらず人々が対等に対話し、尊重し合う関係を築くことでより平等な社会を築く（その前提としても結果としても、必要な所得などの分配は労働市場だけでなく社会政策を通じて行う）ために、教育政策が果たすべき役割があると考える。そのためには、基礎学力の維持向上だけでなく、子ども同士の学び合いの積極的な促進のためにも資源や時間を確保することが重要課題となるのではないだろうか。

　また、データ分析結果の解釈の観点からも、子どもの主体的な学びを重視する教育を批判する教育社会学の議論には再検討の余地があると考えられる。1989年から2001年にかけて起きた学力低下と学力格差拡大については、同時期に起きた経済状況の変化の影響[1]や新学力観を契機に実際に導入された授業の質の影響を考慮した上で、子どもの主体的な学びを重視する教育の正負の効果を適切に評価する必要があるのではないだろうか。森（2011）は、教育社会学の批判対象となった子どもの主体的な学びを重視する教育を個性化教育と捉えた上で、教育社会学が批判していたのは「個性化教育と似て非なる実践——というより実践の不在、空白」(p.143)であろうと指摘する。個性化教育の具体的な実践を参照すれば、そこには社会経済的に不利な家庭に育つ子どもたちの学びをめぐる困難を克服する可能性が見出され、「『教育機会の平等』を実践レベルで担保する方略となる可能性」(p.142)があるという。この知見を踏まえるならば、主体的・対話的で深い学びの限界を強調するよりも、その実践が教育機会の不平等ではなく平等をもたらすための工夫や条件の検討に資する実態把握が求められているのではないだろうか。近年は教育社会学においても、例えば中村（2021）は「アクティブになりきれない層が社会階層とも結び付いて存在しているということをどれだけ想像しながら授業を計画できるのかということが、その授業の成否を左右するかもしれない」(p.33)と述べている。その想像を助けるためのデータの提示が求められる。

(2) 分析課題

　本章は、社会経済的に不利な家庭で育つ子どもたちが直面している学習へ

の取組状況の課題について、具体的に次の二つの問いを立てて分析する。第1に、社会経済的背景の不利な子どもたちが学びにおいてどのような困難を抱えているか、ここでは特に探究的・協働的な学びへの取組状況や意識に着目して検討する。卯月 (2022) は、本研究で調査を実施した全ての政令指定都市で共通に、社会経済的に不利な家庭に育つ子どもたちが、自ら学習に取り組むことのみならず、協働的な学びへの参加やその意義の理解に困難を抱えている状況を報告した。子どもの学習の取組状況・意識の差異は様々な理由により生じ得るが、特にそれが家庭の社会経済的背景のような子ども本人の意志や努力によっては変えられない条件の影響を受けている場合には、学校は追加の資源や支援を得て対応する必要があると考えられる。家庭の社会経済的状態それ自体を改善するのは教育政策以外の社会政策の課題となるが、その影響を緩和するのは教育政策の課題である。本章はその課題の大きさの把握を目指す。

　第2に、社会経済的背景の不利な子どもたちは、ICT 親和性の形成においてどのような不利を経験しているか分析する。子どもが ICT を活用した学習を好きだと思ったり、楽しいと思ったりするような肯定的な意識を持っていることを ICT 親和性がある状態と捉える。ICT の教育活用を通じた学習環境の改善により子どもの学習への取組が全体的に向上するとしても、学習環境の改善の効果は、ICT 親和性の高い子どもの方がより順調に現れるかもしれない。この問いについての検討は今後の分析課題として残るが、序章で述べたケイパビリティ・アプローチの変換要素の概念を手がかりにすると、その可能性が推察される。社会経済的に不利な家庭に育った子どもは ICT に触れた経験、特に ICT を学習で用いた経験が少ないために、学習に関連した ICT 親和性が比較的低い傾向が予想される。実際にデータからこの傾向が確認されるならば、ICT を活用した授業を進める上で留意すべき課題である。

2. データと分析方法

(1) データと分析対象

本章は以上の分析課題について、国立教育政策研究所が 2021 年 7 月から 10 月にかけて実施した第 1 回「ICT の教育活用と学習についての教員・児童生徒調査」の児童生徒調査の E 市のデータ分析結果に基づいて検討する。E 市は、児童生徒の 1 人 1 台端末としてセルラーモデル (LTE) の iPad を導入し、当初から家庭への毎日の持ち帰りも実施しており[2]、2021 年度時点で ICT の教育活用が他市に比べて進んでいるという特徴がある。分析対象は、児童生徒調査の前半と後半の両方に回答した人数が 5 人以上の学級の児童生徒とする。調査対象者の回答数のうち、分析に使用するサンプルサイズは小学校 4,630（調査対象者に占める割合は 48.7%）、中学校 6,386（調査対象者に占める割合は 63.8%）である。なお、後ほど説明する使用変数の回答が全て（探究的・協働的な学びへの取組状況・意識と ICT 親和性については変数群ごとに）そろっている場合のみ各分析に使用するため、各分析のサンプルサイズは結果を報告する際に表の注に記載する。

(2) 変数

探究的・協働的な学びへの取組状況・意識

児童生徒調査では探究的・協働的な学びへの取組状況・意識について、「調べ学習や探究活動をうまく進められる」「まとめや発表資料の作成をうまく進められる」「発表活動や話し合い活動で自分の考えを積極的に伝えている」「発表活動や話し合い活動で友だちの考えを積極的に聞いている」「ひとりで調べたり考えたりするよりも、友だちといっしょに調べたり考えたりしたい」「自分の考えと友だちの考えに違いがあるからこそ、いっしょに学ぶことが大事である」「友だちといっしょに学ぶことで、新しい考えを生み出せる」「学校の外の大人といっしょに学ぶことで、さまざまな知識が増える」「学校の外の大人といっしょに学ぶことで、新しい考えを生み出せる」の 9 個の質問項目で把握している。学習をめぐる子どもたちの意識は多様であり、それ

ぞれの項目について肯定するか否定するかで個々の子どもの学習への取組状況の望ましさを必ずしも評価できるものではない。しかし、授業改善に伴い、質の高い学習環境を構築できれば、「あてはまる」という回答が増加すると想定される。回答の選択肢は、「あてはまる」「どちらかといえばあてはまる」「どちらかといえばあてはまらない」「あてはまらない」の四つであるが、本章の分析では結果表示の単純化のため、前2者に1の値を、後2者に0の値を割り当てた2値の変数として扱う。卯月 (2022) で示した基本統計量を参照すると、全体として「あてはまらない」の割合は低く、子どもたちは積極的に学習に取り組めているようである。しかし、その割合が社会経済的に不利な家庭で育つ子どもたちにおいて比較的低い場合、それを課題と捉える。

ICT 親和性

子どもたちの ICT 親和性は、Ng (2012) のデジタルリテラシーに関する調査項目を参考にして作成した「学習でパソコンやタブレットを使うのが好きだ」「パソコンやタブレットを使うと、友だちとよりうまく協力して学習できる」の2つの質問項目への回答から把握する。回答の選択肢は、「あてはまる」「どちらかといえばあてはまる」「どちらかといえばあてはまらない」「あてはまらない」の四つであるが、こちらも同じく結果表示の単純化のため、分析では前2者に1の値を、後2者に0の値を割り当てた2値の変数として扱う。1の値を取る場合に ICT 親和性があるとみなす。

社会経済的背景（家庭環境）

本研究では保護者調査を実施せず、児童生徒調査で家庭の社会経済的背景（家庭環境）に関するデータを収集している。そのため児童生徒にも回答が容易な質問で、ICT の教育活用と学習に関連した家庭の状況について尋ねた。具体的には、家に「デスクトップ・コンピュータ、ノートパソコンまたはタブレット（学校で配られたものは除く）」と「落ち着いて学習できる場所」があるか否かである。その回答結果から、「両方あり」「コンピュータなし」「学習できる場所なし」「どちらもなし」の4グループに分ける[3]。

E 市で過半数（小学校で 59％、中学校で 64％）の家庭には落ち着いて学習できる場所とコンピュータの両方がある。「コンピュータなし」は小学校で 20％、

中学校で 14％、「学習できる場所なし」は小学校で 16％、中学校で 19％、「ど
ちらもなし」は小学校で 5％、中学校で 4％である。「どちらもなし」に該当
するのはごく少数であるが、社会経済的に特に不利な家庭で育つ子どもたち
であり[4]、「誰一人取り残さない」ために目配りが重要となっている。

　統制変数と媒介変数

　本章の分析では、小学校と中学校にサンプルを分けた上で、学年と性別を
基本的な統制変数として用いる。また、家庭の社会経済的背景を説明変数と
し、子どもたちの探究的・協働的な学びへの取組状況・意識と ICT 親和性
を被説明変数とする分析において、学習の得意苦手を媒介変数とした分析を
併せて行う。その媒介変数の効果を考慮した上でも家庭の社会経済的背景と
被説明変数の関連が多くの場合に見られることから、家庭の社会経済的背景
に着目する意義は強調されるだろう。

(3) 推定方法

　上述のとおり、本章の分析で用いる被説明変数は全て二つの値を取るカテ
ゴリカル変数である。そのためロジスティック回帰分析を行い、統制変数の
効果を一定とした上での説明変数の効果を推定する。説明変数である子ど
もたちの社会経済的背景（家庭環境）に関する変数は、四つの値を取るカテ
ゴリカル変数であり、家に落ち着いて学習できる場所とコンピュータの「両方
あり」の場合を基準カテゴリーとし、「どちらもなし」「学習できる場所なし」
「コンピュータなし」のそれぞれのグループの回答の傾向を分析する。ロジ
スティック回帰分析の係数はそのままでは解釈が困難なため、本章では係数
を指数変換したオッズ比を報告する。本章の被説明変数については、基準カ
テゴリーに比べ、社会経済的背景が不利なグループで望ましい回答が生じに
くいという仮説を立てており、仮説どおりであれば、着目するオッズ比は 1
より小さくなる。

　「ICT の教育活用と学習についての教員・児童生徒調査」の調査対象は、市
の代表性を保つように努めながら教育委員会が抽出した小学校の 4 年生から
6 年生、中学校の 1 年生から 3 年生の全学級[5]の児童生徒全員である。同じ

学校あるいは同じ学級の児童生徒は共通性があると考えられ、通常の統計分析において満たすべきケース間の独立性の仮定は満たされない。そこで、このサンプルのデータを用いてロジスティック回帰分析を行う際に、説明変数の固定効果に加え、学校と学級の変量効果を考慮可能な混合効果モデルの適用を検討した。各被説明変数を用いて各市の小・中学校別の分析を行った際の尤度比検定の結果、多くの場合に混合効果モデルの適用が推奨されたが、社会経済的背景の変数の回帰係数及び標準誤差の推定値には実質的な差はほとんどなかった。そこで、推定の負荷を軽減するため通常のロジスティック回帰分析を採用する。

3. 分析結果

(1) 探究的・協働的な学びへの取組状況・意識

　探究的・協働的な学びへの取組状況・意識について、**表11-1**のとおり、小学校ではほぼ全ての項目で、また中学校では全ての項目で、家に学習できる場所とコンピュータが「両方あり」グループに比べ、「どちらもなし」グループまたは「学習できる場所なし」グループでは、肯定的な回答をする可能性が統計的に有意に低いことが確認される。その関連の一部は学習が得意か苦手かにより説明されるが、それを考慮した後も、家庭の社会経済的背景が不利な場合には肯定的な回答傾向が引き続き有意に低い項目が多い。小学校と中学校ともに、「コンピュータなし」グループのオッズ比は、「学習できる場所なし」グループのオッズ比に比べて1に近いことが多く、「両方あり」グループと有意な差が見られない項目もある。

　表11-1から、社会経済的に不利な家庭に育つ子どもたちが、探究的・協働的な学びへの参加やその意義の理解に困難を抱えている状況が読み取れる。小学校と中学校で共通に、「発表活動や話し合い活動で友だちの考えを積極的に聞いている」「自分の考えと友だちの考えに違いがあるからこそ、いっしょに学ぶことが大事である」「友だちといっしょに学ぶことで、新しい考えを生み出せる」の3つの項目で、「どちらもなし」グループの不利が顕著で

表11-1　探究的・協働的な学びへの取組状況・意識と社会経済的背景（家庭環境）の関連（E市）

	調べ学習や探究活動をうまく進められる		まとめや発表資料の作成をうまく進められる		発表活動や話し合い活動で自分の考えを積極的に伝えている		発表活動や話し合い活動で友だちの考えを積極的に聞いている		ひとりで調べたり考えたりするよりも、友だちといっしょに調べたり考えたりしたい	
	(1)	(2)	(1)	(2)	(1)	(2)	(1)	(2)	(1)	(2)
E市立小学校										
どちらもなし	0.40**	0.56**	0.42**	0.59**	0.49**	0.68*	0.38**	0.52**	0.77	0.86
学習できる場所なし	0.42**	0.56**	0.53**	0.71**	0.55**	0.72**	0.50**	0.67**	0.77+	0.85
コンピュータなし	0.60**	0.64**	0.62**	0.67**	0.71**	0.77**	0.81	0.87	1.12	1.14
E市立中学校										
どちらもなし	0.35**	0.46**	0.32**	0.42**	0.40**	0.50**	0.29**	0.39**	0.52**	0.53**
学習できる場所なし	0.41**	0.51**	0.42**	0.52**	0.54**	0.64**	0.40**	0.50**	0.58**	0.58**
コンピュータなし	0.73**	0.82*	0.65**	0.73**	0.81*	0.90	0.76+	0.85	1.08	1.07

	自分の考えと友だちの考えに違いがあるからこそ、いっしょに学ぶことが大事である		友だちといっしょに学ぶことで、新しい考えを生み出せる		学校の外の大人といっしょに学ぶことで、さまざまな知識が増える		学校の外の大人といっしょに学ぶことで、新しい考えを生み出せる	
	(1)	(2)	(1)	(2)	(1)	(2)	(1)	(2)
E市立小学校								
どちらもなし	0.26**	0.35**	0.33**	0.43**	0.39**	0.50**	0.40**	0.49**
学習できる場所なし	0.36**	0.48**	0.35**	0.45**	0.41**	0.49**	0.49**	0.58**
コンピュータなし	0.73+	0.79	0.66*	0.71*	0.67**	0.70**	0.83+	0.87
E市立中学校								
どちらもなし	0.29**	0.38**	0.32**	0.40**	0.34**	0.42**	0.37**	0.45**
学習できる場所なし	0.39**	0.48**	0.41**	0.47**	0.48**	0.57**	0.53**	0.61**
コンピュータなし	0.89	0.98	0.77+	0.83	0.74**	0.81*	0.83+	0.89

注：表中の数値は、「両方あり」グループを基準とした場合の「どちらもなし」「学習できる場所なし」「コンピュータなし」の各グループの、あてはまる（「あてはまる」又は「どちらかといえばあてはまる」）と回答するオッズ比。各項目の(1)列は、学年と性別を統制したロジスティック回帰分析の推定結果。(2)列は学習の得意苦手の媒介効果を追加で考慮済みの推定結果。サンプルサイズは小学校4,317、中学校5,935。
+ $p<0.10$, * $p<0.05$, ** $p<0.01$.
出所：国立教育政策研究所「ICTの教育活用と学習についての教員・児童生徒調査」（第1回）

ある。これらの項目について「どちらもなし」グループが肯定的に回答するオッズ比(「両方あり」グループ基準)は、小学校で 0.26 から 0.38、中学校で 0.29 から 0.32 である。「学習できる場所なし」グループも、「どちらもなし」グループほどではないが、「両方あり」グループに比べて肯定的に回答する可能性が統計的に有意に低い。他方で「コンピュータなし」グループの回答傾向は「両方あり」グループと統計的に有意な差がない。

　卯月 (2022) は、本研究の調査対象のほかの政令指定都市の小・中学校でも同様に、この三つの項目で社会経済的に不利な家庭に育つ子どもたちが肯定的に回答する傾向が特に低い場合が多いことを示している。そのため、ここでの分析結果は E 市に特有なものではなく、ほかの政令指定都市にもたいていあてはまるものである。

(2) ICT 親和性

　学習における ICT 親和性についても、社会経済的に不利な家庭に育つ子どもたちで低いことが明らかになった。表 11–2 より、「学習でパソコンやタブレットを使うのが好きだ」と回答するオッズ比(「両方あり」グループ基準)は、小学校では「どちらもなし」グループで 0.4、「学習できる場所なし」グループと「コンピュータなし」グループでそれぞれ 0.6 である。中学校では「どちらもなし」グループで 0.4、「学習できる場所なし」グループで 0.7、「コンピュータなし」グループで 0.6 である。家にコンピュータがあっても学習できる場所がなければ、家にコンピュータがない場合と同程度に ICT 親和性が低くなるということは、単に ICT を活用した経験ではなく ICT を学習で活用した経験が、学習における ICT 親和性の形成に影響するのかもしれない。

　「パソコンやタブレットを使うと、友だちとよりうまく協力して学習できる」についても類似の傾向があるが、これに関しては小学校と中学校ともに「コンピュータなし」グループは「両方あり」グループと有意な差がない。協働的な学びでの ICT 活用の意義を実感するにあたり、ICT 活用経験の少なさはほとんど影響せず、どちらかといえば学習に親和的な家庭環境が必要とされていることが示唆される。

表 11-2　ICT 親和性と社会経済的背景（家庭環境）の関連（E 市）

	学習でパソコンやタブレットを使うのが好きだ		パソコンやタブレットを使うと、友だちとよりうまく協力して学習できる	
	(1)	(2)	(1)	(2)
E 市立小学校				
どちらもなし	0.43**	0.54**	0.50**	0.62**
学習できる場所なし	0.62**	0.74*	0.60**	0.73**
コンピュータなし	0.64**	0.66**	0.81+	0.84
E 市立中学校				
どちらもなし	0.38**	0.44**	0.40**	0.47**
学習できる場所なし	0.68**	0.77**	0.54**	0.61**
コンピュータなし	0.64**	0.67**	0.86	0.91

注：表中の数値は、「両方あり」グループを基準とした場合の「どちらもなし」「学習できる場所なし」「コンピュータなし」の各グループの、あてはまる（「あてはまる」又は「どちらかといえばあてはまる」）と回答するオッズ比。各項目の (1) 列は学年と性別を統制したロジスティック回帰分析の推定結果、(2) 列は学習の得意苦手の媒介効果を追加で考慮済みの推定結果。サンプルサイズは小学校 4,581、中学校 6,292。+p<0.10, *p<0.05, **p<0.01.
出所：国立教育政策研究所「ICT の教育活用と学習についての教員・児童生徒調査」（第 1 回）

4.　結論——社会経済的な不利を克服する教育実践と ICT の教育活用に向けて

　最後に、本章の二つの分析課題について E 市のデータ分析結果から得られた知見をまとめ、その含意について考察する。本章の分析で家に落ち着いて学習できる場所とコンピュータの「どちらもなし」に分類された子どもたちは、社会経済的に特に不利な環境にあると考えられ、全体に占める割合は小さいが、「誰一人取り残さない」教育において確実に目配りすることが重要な存在である。このグループの子どもたちは探究的・協働的な学びへの取組状況・意識及び ICT 親和性のいずれにおいても、過半数を占める両方を持ち合わせた子どもたちに比べて不利を経験していることが明らかになった。

　探究的・協働的な学びへの取組状況・意識について、家に落ち着いて学習できる場所とコンピュータの両方がある子どもたちに比べ、どちらもない子どもたちは顕著に、またコンピュータはあっても落ち着いて学習できる場所がない子どもたちも比較的、肯定的な回答をする傾向が低いことが明らか

になった。社会経済的に不利な子どもたちで「発表活動や話し合い活動で友だちの考えを積極的に聞いている」と回答する傾向が低い点には留意が必要である。家庭環境の影響で学習が苦手な子どもたちにとっては、他者の考えを知ることが知識や思考を広げるきっかけになる可能性があり、他者の話を聞けるようになることは重要である。しかしそれが難しい場合、この後の第12 章で詳述されるように、例えばデジタルホワイトボードとデジタル付箋紙を活用して学級内やグループ内で子どもたちの考えを共有することにより、聞くことが苦手な子どもたちの学びを補助していくことが有効だと考えられる。また、第 12 章では子どもたち同士の聞き合いが、多様な考え方に触れ、思考が深まるきっかけをつかんだり、お互いを対等に尊重し、ケアする関係の構築につながったりするため重要だと論じられる。社会経済的に不利な子どもたちも聞き合いの輪に包摂する授業づくりの工夫が伴えば、ICT は聞き合いを促す有効な道具になり得ると推察される。

　ICT 親和性の形成においても、社会経済的に不利な子どもたちは不利になっていることが明らかになった。家に落ち着いて学習できる場所とコンピュータの両方がある子どもたちに比べ、どちらもない子どもたちは、学習に ICT を活用するのが好きだ、活用すると友人とうまく協力して学習できるという実感に表れる ICT 親和性が低い。GIGA スクール構想で配布された端末を子どもたちは喜んで活用していると聞くことが多いが、社会経済的に不利な子どもたちは同じように感じられず、そのことが学習に後ろ向きになる要因になっていないか留意が必要である。

　家にコンピュータがないことは、学習に ICT を活用するのが好きだという ICT 親和性の形成においては不利になるものの、探究的・協働的な学びへの取組状況・意識とは関連がない場合も多い。GIGA スクール構想による1 人 1 台端末の配布の効果により、家にコンピュータがないことの不利が克服されれば望ましいが、2021 年度前半には 1 人 1 台端末の活用がまだ十分に進んでいなかった他市でも類似の分析結果が見られたため (卯月 2022)、今回の分析からそうした効果が出ていると解釈するのは難しい。全体として、家にコンピュータがないことよりも、落ち着いて学習できる場所がないことの

方が学習における不利との関連が大きいことが示唆される。ここには家庭で学習に取り組める物理的な環境がないことの影響だけではなく、そのほかの面での経済的な困窮、家族のストレス、子どもの学習への親の関心の薄さや幼少時からのその影響の累積が反映している可能性もある。1 人 1 台端末の配布により家にコンピュータがないことの不利を克服できるとすればその意義は大きいが、実際にそれを活用した質の高い学びを促すための工夫や支援はほかにも必要だという理解が重要である。

　本章が明らかにした子どもたちの協働的・探究的な学びへの取組状況・意識と社会経済的背景との関連は、部分的には学習の得意苦手により説明可能である。それでは、あえて子どもたちの社会経済的背景に目配りしなくても、授業中や小テスト・テストの結果などから学習のつまずきが見えたらその都度対応することで、協働的・探究的な学びへの取組状況・意識は改善に向かうだろうか。特に ICT 活用によりそのつまずきが一層可視化されれば、確かにそうした期待も持てる。しかし、子どもたちの学習のつまずきに対応する際も、学習の得意苦手に上述のような家庭の社会経済的背景が関連していることを理解すれば、その理解がない場合よりも適切な方法で子どもたちを支援できるようになるはずである (柏木 2020; 数実 2023)。さらに、子どもたちの協働的・探究的な学びへの取組状況・意識と社会経済的背景との関連は、多くの場合、学習の得意苦手の媒介効果を考慮した後も残る。既述のとおり家庭の社会経済的状態を迅速に改善することを教育政策が担うことはできないが、教育実践の改善とそれを促す条件整備において、子どもたちの社会経済的背景に関連した学びの課題への着目は必須である。

注

1　厚生労働省が 2009 年に初めて公表した「国民生活基礎調査」に基づく子どもの貧困率は、1988 年に 12.9％で、2000 年には 14.5％へと上昇している。この 1.6％ポイントの増加が子どもの学習に具体的にどの程度の影響を及ぼしたかは推量しかねるが、子どもの貧困が子どもの学力と学習状況に負の影響をもたらす可能性 (卯月・末冨 2015) を考慮すると、子どもの貧困率の上昇期には学力の低下が懸念される。そのため、この間に起きた学力の変化を全て教育政策で説明し

きれない可能性がある。この間の日本経済の悪化による教育への影響を教育政策が十分に抑制できなかったのが確かだとしても、教育政策のみで対応しきれる問題だったかは不明である。日本経済の悪化が子どものいる世帯の生活にもたらした負の影響を緩和する社会政策が不在だったことも一因になっている可能性がある。

2　文部科学省は、1人1台端末の持ち帰りにより家庭学習の質の充実を図ることを重視している（文部科学省 2022）。これに対し、2021年度に既に持ち帰りを実施している市区町村は 42%（736/1,739）であり、持ち帰りの実施の有無にかかわらず 79%（1,367/1,739）の市区町村で「通信環境のない家庭への支援」が課題となっている（全国都道府県教育長協議会第4部会 2022）。

3　家に落ち着いて学習できる場所がない理由には、経済的な理由で十分な大きさの住居を確保できない（特に大都市では困難だと考えられる）、きょうだい数が多い、親の子どもの学習への関心が低いことなどが考えられる。その影響は、日常的に家で学習に取り組むことが物理的にも精神的にも困難になることである。コンピュータがない理由としては、経済的な理由でコンピュータを購入する余裕がない、親が仕事や日常生活でコンピュータを使用しない、親が子どもの学習でのコンピュータの使用に関心がないなどが考えられる。その影響として、幼少期から遊びや学習で ICT に親しんだ経験が少なく、ICT に関連したスキルの習得が遅れたり、苦手意識を持ったり、そもそも関心が芽生えていないことが想定される。本章は社会経済的に不利な家庭で育つ子どもたちの状況に着目するため、「両方あり」のグループを基準とした場合にそのほかのグループで、各質問項目への回答傾向にどのような差があるか検討する。

4　第9章の社会経済的状況の変数に比べ、より不利な家庭環境の子どもを特定する変数となる。

5　ただし、通常の学級の児童生徒のみを対象とする。

参考文献

苅谷剛彦・志水宏吉・清水睦美・諸田裕子（2002）『調査報告「学力低下」の実態』岩波書店.

柏木智子（2020）『子どもの貧困と「ケアする学校」づくり：カリキュラム・学習環境・地域との連携から考える』明石書店.

数実浩佑（2023）『学力格差の拡大メカニズム：格差是正に向けた教育実践のために』勁草書房.

文部科学省（2022）「GIGA スクール構想の下で整備された学校における1人1台 端末等の ICT 環境の活用に関する方針について（通知）」（3 文科初第 2265 号）.

森直人(2011)「個性化教育の可能性：愛知県東浦町の教育実践の系譜から」宮寺晃夫編『再検討　教育機会の平等』岩波書店.

中村高康(2021)「教育内容・方法は社会と深く関わっている」中村高康・松岡亮二編著『現場で使える教育社会学：教職のための「教育格差」入門』ミネルヴァ書房.

Ng, W.(2012) Can We Teach Digital Natives Digital Literacy?. *Computers & Education*, 59 (3), 1065-1078.

卯月由佳(2022)「児童生徒の社会経済的な不利による学習と ICT 活用の課題」国立教育政策研究所『公正で質の高い教育を目指した ICT 活用の促進条件に関する研究：2021 年度政令指定都市調査の第一次分析』, 97-151.

卯月由佳・末冨芳(2015)「子どもの貧困と学力・学習状況：相対的貧困とひとり親の影響に着目して」『国立教育政策研究所紀要』144, 125-140.

全国都道府県教育長協議会第 4 部会(2022)『GIGA スクール構想下における地方財政負担の状況について』http://www.kyoi-ren.gr.jp/_userdata/pdf/report/R04_4bukai.pdf(2022/6/1 アクセス).

第 12 章　困難を抱える子どもの学びへの参加を促す ICT 活用
——ケアする関係の形成と言葉による意思表示に着目して——
柏木智子

1.　本章の目的と問題意識

　本章の目的は、ICT を活用することで、社会経済的困難を抱える子どもの学びへの参加がどのように促されるのかを明らかにすることである。これは、一人一台端末を主とする ICT 機器は、子ども間の学力（認知・非認知能力双方を含む）格差の是正に寄与することができるのか、その可能性を模索するものでもある。

　GIGA スクール構想は、「誰一人取り残さない」（中央教育審議会 2021）学びの保障をねらいとした教育の情報化政策である。そのため、教育活動において ICT を用いることで、社会経済的困難を抱える子ども（以下、困難を抱える子ども）を念頭に、全ての子どもの学びの保障をめざしていると言える。ICT 活用による学びの保障には、学びの機会の保障と、その中で資質・能力を高められる学びの質の保障の主に二種類がある。前者は、主に非対面のオンラインにて、子どもが教育・学習活動に場所を選ばずに参加できるようにすることで、学びの機会自体を担保するものとなる。後者は、担保された機会の中で ICT をどう活用すれば、学習活動の内容や方法がより充実し、子どもの資質・能力を高めうるのかという、教育・学習活動の内実に着目するものである。

　この学びの機会の保障と教育・学習活動の内実との関連については、もう少し議論が必要となる。というのも、単に機会さえあれば子どもは自ずと学びに参加し、充実した学びを行えるわけではないからである。これまでの研究から、貧困状態にある子どもは、一律・一斉体制による同質化を促す学校

文化の中で、みなと同じように振る舞えず、教室の中で机に座って学習活動には見かけ上参加していても、不安や諦めの中でなかなか学びを得られず、実質的には参加できていなかったのではないかとの指摘がある (西田 2012; 武井 2017)。それゆえ、柏木 (2020) は、同質的な学校文化からケアする学校文化へと変容を促す組織的な仕組みの必要性を提示する。ケアする学校とは、子どもがありのままの自己を承認され、自身のニーズに応答される中で安心して学びに向かい、声を表しながら参加できる学校である。この点に鑑みると、ICT 活用による学びの保障として求められているのは、困難を抱える子どもが与えられた学習機会、つまり学習活動の中で安心して過ごせて学びを得られるような、実質的な参加であると思われる。その中では、ICT 活用を通じて、多様な子どもたちが承認され、それぞれのニーズに応答されながら、声を表す主体として立ち現れるどうかが鍵になると考えられる。

　これらを踏まえ、本章では、困難を抱える子どもの学びへの実質的な参加とそのための教育・学習活動の内実に焦点をあて、それらが ICT 機器のどのような機能によってどのように促進されうるのかを検討する。ただ、本章では教員のインタビューを主に用いての実証となるため、その結果が教員の認識の域を出るものではない点に限界がある。

2. 分析の視座

　前節から、子どもの学びへの実質的な参加には、安心して過ごせるための関係的側面と、具体的行為としての意思表示的側面の二側面があると考えられる。前者に関しては、子どもの学びへの参加の阻害要因として、学校には同質性を求める文化がある点を述べた。ここからは、学校が多様性に寛容な場や集団ではなかったために、子どもが参加経験をしにくい状況にあったことが推察される。そのため、前節の言葉を用いると、まずは多様性に寛容なケアする関係の形成が求められる。

　ここでのケアとは、「自他に関心と共感をもって、自他のニーズに気づき、それに応えようと働きかける応答的活動」(柏木 2020, p.68) と定位することがで

きる。これは、目の前にいる他者のニーズに応じ、各人がもてる資源の範囲の中で、必要な質の資源を必要な量だけ投入する行為を含意し、公正を遂行するための個々人による具体的行為として言い換えられる (柏木 2023a)。分配する資源は、セン (Sen 2009＝2011) の公正概念に基づくと、ハード・ソフトの双方の資源を考慮に入れられる。具体的には、モノ（ノート等の配分）、教員の指導エネルギー、指導時間、配慮・愛情[1] が想定される。指導エネルギーは、各教員が有しているもので、どこにどう投入するのかは自己決定によって変えられる、分配可能な資源として捉えられる (宮寺 2006)。加えて、能力がはじめから人に備わっているものではなく、発達・形成されるものであるがゆえに、そこに与える他者や環境の影響を考慮すれば、それが共同財産となる点を示す宮寺(上掲書)にしたがうと、能力の共有と分配についても射程に入れられる。以下では、これらの枠組みに依拠しつつ、ICT を活用した学習活動における資源分配の在り様について検討する。

　一方で、後者に関しては、意思表示をするための行為が想定される。もちろん、表面的には無表情で発話等していなくとも、懸命に考えている子どもはいる。しかしながら、参加という場合には、そうした状態を一時的には認めたとしても、子ども自身が何らかの意思表示的行為として、声を表したり、思いや考えを述べたりする点が重要になると思われる。学習への参加が社会参加につながる状況を考慮しても、この点は容認されるであろう。ただし、ここには、「言葉の問題」が発生する。

　例えば、バーンスティン (Bernstein 1978＝1985) は、階級によって家庭で主に使用される社会言語コードが異なり、それが学校における子どもの経験や学業達成、および学習参加という関係的資源の規定要因となる点を指摘し、中産階級の子どもの方が学校で成功しやすいと述べる。そして、その背景的要因として、保護者の文化的資源の多寡と質の違いが指摘されている (Bourdieu & Passeron 1970＝1991; 阿部 2014)。したがって、困難を抱える子どもは、自身の生まれと育ちの中で身に付けつつある、自身の歴史的文化的アイデンティティやイデオロギーを有する言語と、学校で使用され、学ぶ言語との間で葛藤を抱えていると言える。さらに、下記の指摘からも、言葉はそれほど簡単

に身に付けられるものではない点を読み取ることができる。

　バフチンは、「ことばのジャンル」(1988)や「権威的な言葉」と「内的説得力のある言葉」(1996)に関する議論を行っている。それらでは、言葉には、年代記、法律の条文から日常会話まで多種多様なヴァリエーション、つまりジャンルがあるとされる。そして、ジャンルの特質に応じたテーマ・構成・スタイルで発話（文章を含む）がなされる。その中でも、学校という場では、「権威的な言葉」と「内的説得力のある言葉」(バフチン 1996)が、教員や教科書の言葉と、子どもの解釈する自分なりの言葉と対比される（植松 2021）。これらは単純に一対一で対比しうるものではないが、これらの言葉間には緊張関係や乖離がある点を理解する必要があるであろう。学習が進むとともに、子どもは教員や教科書から発される権威的な言葉を自律的に内面化するものの、それは聞き手の自由な解釈を許さないために、子どもは最初のうちはその言葉通りに受け止め、理解しようとするだけで精一杯になるとされる。その上、「内的説得力のある言葉」は子どもの自己内・仲間内での言葉でもあるため、子どもがそれを学習内容と結びつけた上で、公共的空間で一定程度の意思疎通をなしうる言葉（以下、公共的な言葉）として用いるに至るには、矢守・船木（2008）が言うように、他者とのさらなる相互作用が必要になる。さらに、バフチンに影響を受けるジルー（Giroux 1988＝2014, p.132）は、生徒が内面化した主観的理解を、聞き手に向けて客体化する文章を書くためには、論理的思考の構成を促し、読者、主題、著者の複雑な関係を調べる力強い学習戦略が必要であるとする。

　これらから、権威的な言葉の支配する学校という場では、子どもは公共的な言葉に至るまでの言葉をなかなか表出しにくく、かつ、特に困難を抱える子どもが公共的な言葉を表出できるようになるまでには、相当な時間と力量が必要となることがわかる。というのも、その過程では、多角的な論理的思考力や自身の状況を意識化して改善するメタ認知力などを活かして自身の解釈を構造化する作業が求められるからである。それゆえ、困難を抱える子どもは、学習活動の中で自身の有する言葉をなかなか出せない上に、なじみの薄い言葉による学習活動をすぐには理解できず、たとえ多少の理解をしても

それを内的説得力のある言葉に翻訳し、さらに公共的な言葉に近づけて話したり、文章にしたりするのが難しい「言葉の問題」を有しており、結局のところ学習活動ではいずれの言葉も表出できずに周縁化されやすい状態に置かれていると言える[2]。

　以上より、本章では、ケアする関係の形成と言葉の問題に着目して、課題の解明にアプローチする。上記から見出されるリサーチクエスチョンは以下の通りである。

　　R.Q.1：ICTをどう活用することで、どのようにケアする関係を形成しうるのか。

　　R.Q.2：ICTをどう活用することで、困難を抱える子どもは言葉の問題をどう乗り越えられるのか。

　　R.Q.2-1：ICTをどう活用することで、何らかの言葉をどう表出可能になるのか。

　　R.Q.2-2：ICTをどう活用することで、公共的な言葉による意思表示が可能になるのか。

3．調査方法

　経済的困難を抱える子どもの率が高い学校（就学援助率が20％程度）、あるいは過疎等の地域的困難を抱える学校を選定し、訪問調査とインタビュー調査を実施した。訪問調査では授業観察を行った。インタビュー調査は、個別、あるいは各学校の教職員が数名同席する形式でのグループインタビューを採用した。インタビュー時間は、それぞれ1〜2時間程度である。

　調査対象校は、小学校3校（C市立I小学校、E市立J小学校、F市立K小学校）、中学校2校（C市立L中学校、E市立M中学校）の計5校である。インタビュー対象者は、C市立I小学校校長、C市教育委員会担当課長・指導主事各1名、E市立J小学校校長・教頭・担任教諭（6年）各1名、C市立L中学校校長・担任教諭・ICT推進担当教諭各1名、E市立M中学校校長・教頭・研究主任・情報教育担当教諭・担任教諭各1名、F市立K小中学校校長・副校長・教頭

各1名・担任教諭10名である。C市とE市は政令指定都市、F市は中核市である。調査期間は、2021年12月〜2022年3月である。なお、インタビュー引用中の括弧（　）内は筆者の補足である。

4. 事例分析

(1) ケアする関係の形成——ICT活用が生み出す資源とその分配

　まず、ICT活用によって蓄積される資源に焦点をあててみていきたい。

> *I 小校長：(オンラインでの会議や研修等の増加により) 出張時間が短縮されたので、教材の研究の時間が増えていますので、その分、授業もよくなったような気がします。……略……(教員の端末利用が) 教員の働き方にとても貢献していたので、学習に関わらない仕事の部分で結構時間短縮できている……略……授業内で (プリントの) 準備や回収の時間はなくなっていて、その分を子どもが考えるとか気づかせるとかいうことに使えている。*

> *M 中担任教諭：授業で調べる時間を短縮できる、短縮できた時間を考える時間に使える。*

　これらから、ICT活用により、教員の授業外での業務時間と、授業内での学習活動の時間の創出が可能となっている点を読み取れる。そこでは、教員の校務にかかる時間的負担が減少し、教員の余剰時間が生まれ、教材研究の時間が増え、授業改善につながるという正の連鎖的な流れが生み出されつつあるようである。また、授業中のプリント配布・回収や調べる時間の短縮により捻出された時間は、小・中ともに子どもの思考を深めるために充当されている。

　次に、困難を抱える子どもに関して、以下のような語りが聞かれた。

> *I 小校長：授業の過程をしっかりと考えられる時間のあることが、今までより大勢の子どもを救う余地を生む……略……どうしても拾えなかった子はやっぱり個別にやるというのは、どこでもいつでも同じですが、(教材研究時間が増えているため) よりよい授業をするための準備が*

できるようになった……略……そういう意味で個別に対応しなければ
ならない子どもは減っているはずだと思います。

　教員の基本姿勢として、一斉授業の中で「大勢の子どもを救う」、つまり
全ての子どもの理解を深める授業を心がける一方で、個別の指導によって子
どもを取りこぼさないようにしていることが見て取れる。その際、授業準備
の時間が増加したことによる授業改善の結果、学習に対する子ども全体の理
解の底上げがなされ、それゆえに個別指導の必要性が感覚的に減っているこ
とが示唆されている。一方、次のような状況も生まれている。

　　L 中担任教諭：教員側としても見落としが減ったかなと思います。（端
　　　末で）一覧で見られるので、困っている子に駆けつけることもできる
　　　……略……アドバイスしやすい。

　　質問者：ケアする時間が授業内に増えたというようなことはあります
　　　か？

　　L 中担任教諭：私は確かにそう思います。（今まで見落としてきた）子たち
　　　を見落とさずに声をかけられるようになった。その回数が格段に増え
　　　たと思います。

　　質問者：そのための時間はどう捻出していますか？

　　L 中担任教諭：周りから見てもこの子困ってるっていうことがわかるの
　　　で、例えば、私がヒントをあげると、その続きを周りの子が引き受け
　　　てくれたりする。

　ICT 活用により、教員が子どもの回答や思考過程を一覧で確認できるため、
困っている子どもを見落とす事態が減り、個別に指導するケアの回数、つ
まり時間が増えたということであった。また、「駆けつける」との表現から
は、教員の指導エネルギーや愛情がそこに注がれている点を読み取れる。ま
た、その時間は、ICT 活用によって周りの子どもが困り感のある仲間のこと
を理解し、ケアを引き受けるために産出されている。そこでは、子どもも自
分の時間やエネルギーを使って仲間に教えるというケアを行っている。

　　M 中研究主任：（1 人 1 台端末により）質問がすごく増えました。子どもた
　　　ちが問題文とか自分の答えとかを一緒に写真で撮って、これが分かり

　　ませんと（オンラインで）送ってくる……略……*質問がくるとすごくう*
　　*れしい*ので、それについて答えるんですね。

　また、ICT活用によって、時間と場所を問わずに子どもが教員に質問をす
ることのできる環境が整い、実際に学習内容に関する質問が増えているよう
である。教員の労働時間の問題は一方で発生するものの、「すごくうれしい」
との表現に示されているように、子どもの学ぶ意欲に触発される形で教員
の指導エネルギーが生み出されているのではないかと推察される[3]。続いて、
子どもの思いや考えを伝えるツールとしてのICTの有用性が以下で述べら
れている。

　　M中研究主任：*家庭的な環境が厳しい子は、やっぱり学習に対しても苦*
　　手な子がどうしても多いので書くという作業にすごく抵抗がある……
　　略……そういう子たちは文字を*打ってならば意見がいえる*……略……
　　手書きになると1行……略……（打つと）*昨日の日記は、5行。*

　困難を抱える子どもは、書く作業に難しさを有する傾向にあることがわか
る。そうした子どもは、ICT活用によって自身の思いや考えをこれまでより
も表現できるようになり、日記の内容量が増えつつあった[3]。以下は、それ
による子どもが悩みや辛さの表出である。

　　M中研究主任：この中で*悩みを書いてきたりとかという子は増えている*
　　かな……略……家でむしゃくしゃしたことをだーっと書いてきて、「*大*
　　変だったね」*という一言でもあると、ほっとするじゃないですけれど*
　　も……略……*担任以外でも相談はできるので、それ以外の先生*……略
　　……*この子にちょっと話しかけてもらえませんかと頼んで、話しても*
　　らったりとか……略……（ケアした子どもは）*少し意欲があがってきて*
　　いるのかなとは思います……略……*一人一人へのケアはすごく行き届*
　　くようになっているかなという気はします。

　ここからは、子ども一人一人の悩みや辛さを受けとめ、教職員がチームと
なって、多様な働きかけによるケアを行っている様子がわかる。そのため、
学校におけるケアの総量が増え、そうしたケアを受けた子どもの意欲が高ま
りつつある点が推察される。

　以上から、ICT活用により、子どもが教員に対して質問や思いを伝えやすくなっていることがわかる。それは、ICT活用による教員の指導時間の蓄積やそこでのエネルギーの高まり、子どもの状況把握等によって、教員から子どもに、あるいは子ども間において、資源としての指導時間・エネルギー・愛情等の分配というケアを行いやすくなったためと考えられる。

(2) 言葉の問題の改善

　本節では、子どもが質問や思いを伝えやすくなった過程に言葉の問題の改善も見られるのかを検討する。

　①子どもの学習準備の状況

　まず、子どもの学習準備にどのような変容が見られるのかについて述べる。

　　I小校長：翻訳機能を使って、(外国籍の子どもの)忘れ物がかなり減った。

　　M中研究主任：外国ルーツの子がいるんですけれども……略……(タブレットを)お守り代わりに使っていて、漢字や計算で苦手だというところのハードルがすごく低くなった。

　翻訳機能によって、外国ルーツの保護者や子どもが、学習のための物的準備をしやすくなった状況を読み取れる。また、タブレット(端末)が「お守り」と表現されているところから、前節と重なり、困難を抱える子どもが、端末使用により、書く作業での躓きを減らすことができ、不安をやわらげながら、安心した環境の中で学習を進めつつあると思われる。その中で、以下のような子どもの姿が見られるという。

　　M中研究主任：(授業中)「タブレットを使っていいよ」と言うとすっと進むというか。そこで「やらない」ではなくて、何か書こう、やろうとする姿が見える。

　　L中担任教諭：(思考を深める点で)ICTの効用が大きいかなと思うんですけど、今まで、ちょっともう難しい、もういいやってなってた子が、やってみようとか、もうちょっと考えてみようとか、参加しようっていう気持ちを持ち始めた……略……みんなも考える、自分も考える、一緒に考えてみようっていうような生徒が増えたかなとは思います。

②子どもの意思の現れ

学習準備が整い、参加可能になった中で、どのように子どもの意思が現れるのだろうか。

　　J 小担任教諭：*思っているけどなかなか表現しにくい子の場合ですけれども……略……色を分けて表現しています……略……（色分けをした付箋を一斉表示する）画面でどれくらいの割合だとか、自分はこう思っているけどこの人はこう思っているんだなとか、いろんな意見があるんだなとかいうのがすぐ分かるし、自分の意見も言葉では言えないけど出せます。*

デジタルホワイトボードとデジタル付箋紙を使用することで、色で自身の考えを表出しやすくなっている状況が見て取れる。紙でも可能ではあるが、画面の中で一斉表示することで、多様な他者の考えがあること短時間で視覚的に把握しやすくなる。このような ICT を通じての意思表示の特長について、以下のように語られている。

　　J 小教頭：*ICT を使うことによって、もう一つ前の内言というか、まだ思考にならない卵みたいなのがどんどん出てくるんですね。例えば色にしてみる、例えば一言で言ってみる。全員が意思表明をしていることで、内言というか、思考の卵みたいなものがクラスに出てきているんですよね。ICT を使うことによって、自分の思考を、今思考にならないところなんだけれども、今ここにしておこうというふうに一応置いてみるという活動は自由にできるんですよね。（画面は）授業中は動いています。だから、色はどんどん動くんですね……略……弱い意思表示というんですか、卵の状態がたくさん出てきているので……略……その子が固定的に見られるということがなくなってきたという感じはします。*

これらから、次の二点を読み取れる。第一に、ICT 活用によって、子どもたちは内言を表出しやすくなっている点である。内言は思考の卵や弱い意思表示と結びつけて語られており、他者に明確に示される意思までには至らない思考の過程にあるものである。確固とした考えでなくとも、途中段階のそ

れらを出しやすくし、かつ「授業中は動いています」というように、それら
を変更してもよいと子どもが思える活動の中で、全員が意思表示できるよう
になったとされる。ここから、多様な表現方法を採用しやすい ICT 活用に
より、困難を抱える子どもが移ろいゆく内言を弱い意思として表出しやすく
なったと推察される。

　第二に、内言の表出によって、他者に対する固定的な見方をすることがな
くなりつつある点である。画面の中の付箋の色の移り変わりは、一人の人間
の中に多様な思考が混在し、移り変わる様相として子どもに示されることと
なった。それゆえに、他者を一側面から切り取り、固定して見る見方が覆さ
れたと考えられる。そうした子ども間では、以下のように「聞き合い」が生
まれてきているという。

　　J 小教頭：(弱い意思表示の)途中で、その子たちが、何でそこをそう思っ
　　たのということが、互いに聞きやすいという状態が生まれてきている。
　　　特に学力が厳しい子どもたちは……略……思っているものはあるん
　　だけれども、結局言葉にならないというところがあると思うんですけ
　　れども、子どもたちは、「じゃあ、これってこういうことなの？」と
　　よく言うんですよね。……略……例えば「1 足す 1 は 2……、2……」
　　「それ、2 でいいですよね」と教師がいったら、もう答えは 2 といった
　　ようなものなんですけれども、子どもたちで「だから二つって言いた
　　いの？それとも違うことを言いたいの？」と聞くと、「いや、そうじゃ
　　なくて」と言えるんですよね……略……聞かれることで中途半端な思
　　考が出てくる、声を出せるんですね[5]。
　　　ここで、子どもたち同士のケアの関係ができているなといつも思っ
　　ています。そういうふうな関わり方をすると、私の気持ちも言えるん
　　だという安心感を生んだりとか、その子も逆に、賢い子どもたちが言
　　うとそれが答えみたいになるんですけれども、厳しい子(も)「本当に
　　それでいいの？」と気軽に聞けるんですよね。(困難を抱える子どもが)学
　　力上位の子どもたちのケアによってだんだん立ち上がっていく。その
　　立ち上がっていった子どもたちが、逆に今度は学力上位の子どもたち

に「本当にそれでいいの？」とお尋ねをしていくことによって、<u>学力上位の子どもたちにも相乗効果でよいメンタリティーになる。</u>

　固定的な見方から離れた子どもたちが、「何でそこをそう思ったの」というように、現状での考えの根拠や要点を確かめたり、もう少し違う見解が見出されるのではないかと、相手の意思や意見をより掘り下げたりする他者とのやりとりをしつつある様子がうかがえる。そこでは、「中途半端な思考」が許容され、だからこそ声を出せる状況となる。また、そのやりとりの中では、学習言語が使用されており、困難を抱える子どもが公共的な言葉で発話することも可能となりつつある様子が示されている。

　このやりとりの中で、「気持ちを言えるんだという安心感を生んだり」といったように、他者にありのままの自分を受け入れてもらえる安心感が高まりつつある様相が述べられていた。また、そうした関係性は、教員と子どものそれよりもよりフラットで思いを出しやすい可能性のあるものと想定されている。そして、それは、J小教頭によると、「子どもたち同士のケアの関係」と称されていた。

　さらに、子ども間のケアする関係の中で、困難を抱える子どもたちが「だんだん立ち上がっていく」、つまり、他者とのやりとりを通じて自身の意思を徐々に持てるようになり、学習者として立ち現れつつある点が語られていた。一方で、学力のある子どもたちも、多様な他者とのやりとりを通じて、より深く思考するようになる点が示唆されていた。

　ただし、このように子ども間で考えを伝え合う際の懸念事項として、回答や思考が仲間によって管理・統一される点を指摘することができる。それに対して、担任は以下のように語る。

　　J小担任教諭：授業の在り方というか、<u>その人の意見に対してどう思うのか</u>とか、自分はこう思う、もしくは<u>疑問を思う</u>とかいうところを大事にしているところです。<u>対話</u>とよく言われるんですけれども、やっぱり<u>どれだけ自分をさらけ出している</u>とか……略……<u>自分の意見をしっかりゆったりと聞いてもらう</u>という時間をつくったり。

　授業の中で、まずは自分の意思が大切にされている。これは、同調圧力を

跳ね返し、多様性を認めるための重要な要素である。次に、自分をさらけ出すといったように、子どもがありのままの自分を出しつつ、お互いに認め合う対話[6]が重視されている。そのために、担任は子ども間で聞き合える時間的余裕を作り出す工夫をしている。ICT 活用が子どもの聞き合いを引き出す前提として、教員のこうした考えや働きかけがあると考えられる。

③思考の深まりと明確な意思表示

本節では、ICT 機器のどういった機能が子どもの思考を深め、文章としての意思表示を促すのかについて見ていく。

> I 小校長：(Jamboard で) 友だちの付箋を見て、その子ってそんなことを考えているのかとか、<u>同じ課題に対してそういうことを考えればいいのか</u>、そういうことを書けばいいのかという学びがたくさんあって……略……<u>学び方を学ぶことができます。</u>

> L 中担任教諭：(出された課題に対して) <u>これはどうかないいのかなと思っていたのが、自分の考えとほかの人の考えがすぐに得られる</u>っていうことがあるので、あ、<u>これでいいんだとか、間違ってもいいんだとか、そういう心理的な安心感は大きい。</u>

> K 小学校 2 年担当教諭：<u>意欲の話</u>なんですけども、学習で、<u>あ、こんな勉強の仕方があるんだというのに気づいた子どもたちが</u>……略……<u>自分のノートで書いてみようとか、あと、休み時間にも気になったことを調べてみたりとか</u>、その続きをしてみたいとか、<u>学習の方法が ICT だとたくさん同じフォーマットで同じような事がたくさんできるので学習の仕方が分かって</u>、それを自分の学習につなげていくことができたかなって思います。

学習課題を提示されたときに、デジタルホワイトボードとデジタル付箋紙での仲間の考えの共有を通じて、それを模倣しつつ、考え方を学びながら課題を遂行し、学び方を学ぶ点が語られていた。そして、仲間から学ぶことで子ども一人一人の考えの深まりと広がりが見られつつある様子が読み取れる。一人で課題を遂行しているときには「いいのかな」とわからなかったり、不安だったりするところがあるが、仲間の考えを見て自身の考えが承認された

り、間違えてもいいと思えたりする安心感の大きさが見て取れる。

　また、子どもがICT上の様々な学習ツールを用いて自身で学習を繰り返し行う中で、学習の仕方を理解することが重ねて述べられていた。こうして学び方や学習の仕方を知った子どもたちは、次には文字を書けるように自分のノートに書いてみたり、休み時間に調べたりするなど、学ぶ意欲を高めつつあった姿が記されていた。その上で、以下に示すように、ICT活用により根拠を示しながら他者に意見を伝えようとしつつある子どもの様子が語られた。

> K小5年生A担当教諭：*対話が……略……ICTによって活性化された部分がとても大きかったなっていうふうに思いました。例えば、子どもが、発表する時になかなか伝わりにくいようなものを紹介したい、その時にすぐに調べて画像を出して子どもたちに見せる……略……あるいは議論する際に、何かこう根拠となるデータをもっとしっかり持ちたいという時に、そこで情報を集めて議論にすぐに使うことができたりとか、意見交流にうまく活用できる場面があったなというふうに思いました。*

　ICT活用により、対話や議論の際に、子ども自身が仲間にわかりやすく示したり、根拠を提示したりするための材料を入手しやすくなっていた。さらに、それらを整理しやすくなり、思考を深めやすくなった点が以下に述べられている。

> K小5年A担当教諭：*当初は、いろんな意見を拾う、共有するということで（デジタルホワイトボード・付箋紙は）非常に有効だなっていうふうに考えたんですけども、それ以上に、やっぱり子ども達の思考を焦点化したりとか、深めていくのにすごく使えるなということに気づき始めました……略……ある程度枠組みを作った状態で子ども達に与えて、観点はマトリックスのような形で観点をしっかり理解させた上で付箋の方を貼れるようにしていくと……略……子どもたちの思考の深化が見られる……略……何度かこちらの方が提供してやっておりますと、今度は子どもたちだけで……略……勝手に線を引いたり枠を作ったり*

して自分たちで<u>考えを整理していく</u>ようになりました。

　<i>K 小 5 年 B 担当教諭</i>：一単元の学び……略……の中で<u>矢印で引っ張ったりとか、分類したりとか、比較して整理したりとか、関係付けたりとか、そういうことを一つの画面上で図式化していく</u>という活動をすることで、<u>子どもたちの思考が最初の単元の最初の学習問題から単元末のまとめ発展まで整理されていく</u>。

　教員たちが ICT を効果的に用いるための足場づくりをしている様子が見て取れる。ICT を活用し、教員がある程度枠組みを作り、子どもが思考を深められるよう意図して用いることが語られている。そうすると、子どもたちは、自ら線を引いたり枠を作ったりし始め、例えば単元を通して、分類、比較、整理等の作業を行い、考えを図式化し、構造化することができるようになったと述べられている。これらを通して、子どもが論理的に思考し、読者、主題、著者の複雑な関係を調べる力強い学習戦略をとりやすくなっている様子がうかがわれる。以下は、模倣によって学び方を学び、学習戦略を習得しつつある子どもたちのやりとりである。

　<i>I 小校長</i>：<i>(オンライン上で表出した自身の意見に対してオンライン上で)</i> <u>感想やアドバイスも書かれる</u>ことで、さらにそこが足りないのかとか、ここをもっと詳しく書かないと分からないのかとか……略……数人の説明を聞くよりも<u>自分の考えをより深めることはできる</u>気はします……略……<i>(ICT を使用すると)</i><u>45 分間の中で圧倒的な数と量の意見が同時に入ってくる</u>……略……<i>(紙に書くのが苦手な子どもも)</i><u>打てばきれいに見せられる</u>し。

　<i>K 小 6 年担当教諭</i>：<u>今まで作文が苦手だった子</u>が、<u>きちんと自分で文章を書いて</u>っていうことができるようになったのは、一つ大きいと思います。それと、その作文を<i>(推敲する際)</i>……略……アプリケーションの中で添削みたいに<u>お互いに見合ってコメント入れてこここうした方がいいよ</u>みたいな……略……<u>こっちの方がわかりやすいよ</u>っていうのをお互いに入れ合いっこができるんですよね。それを文字に……略……<u>記録で残して</u>っていうことができてくる。

ICT を通じてのやりとりの中で、子ども同士のフィードバックやアドバイスが多発している状況を読み取れる。口頭に加えて ICT を通じてのやりとりでは、それらを端末内の記録として残せる。そのため、その後の例えば推敲の場面でそれを参考に用いて作業することが可能となっている。その中で、子どもが自身の不十分な点等を自己認識したり、理解したりすることができ、口頭での発話に加え、他者からの意見を踏まえて文章を書けるようになりつつあるようである。これまでもそうしたやりとりはできていたものの、ICT活用により、子ども同士の相互作用の量が増えることで思考が促され、公共的な言葉で文章構成をする力が身に付きつつあると考えられる。さらに、書く作業の苦手な子どもも、端末を用いてフィードバックやアドバイスをすることができ、やりとりに参加しつつある点については注目すべきであろう。このように意思表示をできるようになりつつある子どもが悩み事などの思いを教員に伝えやすくなっていた点については前節で述べたとおりである。

5. 考察

　本章の課題は、困難を抱える子どもの学びへの参加が、ICT を活用することでどのように促進されうるのかを明らかにすることであった。調査結果から、まず、R.Q.1 のケアする関係の形成については、下記の四点の知見が得られた。

　第一に、ICT 活用による教材研究や授業中の指導時間の創出を通して、学習活動の充実と子ども全体の理解の底上げが図られ、学びの普遍的保障の水準が押し上げられつつあった点である。これは、序章で述べた「上からの公正」に相当するとともに、「中間からの公正」の追求によって実現されている。

　第二に、ICT 活用により、教員の子どもへの指導時間、指導エネルギー、ケアの分配が促されていた点である。それらソフト資源は、困難を抱える子どもに重点的に配分されやすくなっていた実態が示された。

　第三に、ICT を活用することで、子どもたちの固定観念がアンラーニングされ、聞き合いを軸とする相互作用を通じてケアする関係が子ども間に醸成

されつつあった点である。相手の思いを固定的な見方や偏見を持たずに聞くことはケアの始まりであり、ありのままの他者を承認するための行為となる（Gilligan 1982＝1986）。それは、様々に提示されるデジタル付箋紙の色の移り変わりを通じて、知や思考や人間としての生が固定的なものではなく、他者との相互作用を通じて不断に更新されることを子どもが認識したところから生み出されたと思われる。それゆえ、子ども自身が相互作用の継続を試み、そこでの対話を通して互いのニーズに応え合うことでケアする関係を構築しつつあったと考えられる。

　困難を抱えていない子どものこうした学びは、困難を抱える子どもの周縁化の抑制につながる。具体的には、困難を抱えていない子どもが、困難を抱える子どもの「言葉にならない」思いや考えを聞こうとし、その中で、困難を抱える子どもが、ありのままに聞いてもらい、受け止めてもらえる安心感を高めつつある様相を教員が語っていた点に示される。ただし、それが一方向的なものではなく、双方向の学び合いへと発展していたことが重要となる。ケアする関係は、一方向的なケアではなく、ケアの相互授受を基本とするものであり（Noddings 1992＝2007）、そうであるからこそ、多様性に寛容な場になりうると思われる。その基盤として、対話とケアを重視する担任の授業づくりがあった点に留意すべきであろう。その上で、子ども同士での学び合いが進み、子ども間での時間やエネルギー等の分配が促進されつつあったと考えられる。

　第四に、回答の一斉表示機能によって、能力の共有と分配の可能性が高まっていた点である。学習課題への回答や考え方をデジタルホワイトボードで共有することにより、子どもは仲間のそれらをまねて、自身の考えを深めたり広げたりしている様子であった。かねてより、ヴィゴツキー（2001）は「教授は、基本的には発達の前を進むのである」（p.296）と述べ、子どもは共同の中では常に自分一人でやるよりも多くの困難な問題を解くことができるとする（pp.299-301）。つまり、近しい能力の仲間をモデルにする模倣によって、子ども間の能力のシェアが発生し、発達が促される。これまでも、子どもたちは授業中に模倣し合っていたものの、ICT を通じて、これまで以上に模倣でき

る場面と量を得て、能力の共有を推進しつつあったと推察される。

　この能力の共有を通じて模倣し学ぶという行為の中では、能力の分配もなされていると考えられる。この分配は、同時多発的・多方向的に、かつ分配主体が意図せずに自然発生的になされる場合がある。一方で、相互フィードバックやアドバイスでは、困難を抱える子どもの参加も見られ、能力の分配は双方向に行われており、全ての子どもの参加が促進されるという、格差是正と底上げ機能の双方を見てとることができる。

　次に、R.Q.2 の言葉の問題の改善については、下記の四点の知見が得られた。

　第一に、ICT の翻訳機能により、困難を抱える子どもは、物的・心的準備を整えやすくなり、学習活動に参加できるようになっていた。そうした子どもたちは、課題に諦めずに取り組む意欲や粘り強さを高めつつあると、教員の視点からではあるが捉えられていた。

　第二に、回答の一斉表示やデジタルホワイトボード上でのデジタル付箋紙機能によって、すべての子どもが、特に困難を抱える子どもが授業中に内言としての弱い意思を表出しやすくなっていた。内言は、正しい文法構造に基づく「完全なことば」(ヴィゴツキー 2001, p.289) としての書き言葉ではなく、省略があり、文法には則らず慣用句に満ちていて、「それを他人に聞こえるようにしたところで、語り手以外の誰にも理解することはできないだろう」(上掲書) とされるものである。通常、幼少期の外言が成長につれて内言に移行し、言葉を発さなくとも思考できるようになることが発達とされているが、それを公共的な言葉で表現するまでには、第2節で述べた力強い学習戦略が必要となる。その上で、ジルー (Giroux 1988) は、ヴィゴツキーの内言、つまりまだ確固としていない弱い意思としての声の現れが周縁化された子どものアイデンティティを承認し、学習活動を通して社会に参加していく契機になると述べる。したがって、言葉の問題の克服には、まずは子どもがありのままの思い、つまり内言としての弱い意思を出せる場が重要となる。そのために多様なジャンルの言葉を用いることのできる仕組みが、つまり ICT を活用しての色や一言での表示の活用等が有用になると思われる。

　第三に、聞き合いを軸とする対話を通じて、途中段階の考えを声として出せることで思考が深まり、困難を抱える子どもが徐々に明確に意思表示をなしうるようになったり、困難を抱えていない子どもが多様な意見との相互作用による思考を深めつつあった。聞き合いの中で、困難を抱える子どもが、「言葉にならない」考えを引き出すやりとりを続ける中で、問う相手の意思を受け取る形で、学習言語を使用するようになり、公共的な言葉での発話も可能になりつつあった。バフチン (1988) は、声と声が紡ぎ出す対話は人間の生そのものであり、終わりのない対話の中で思考が続くと述べる。困難を抱える子どもは、聞き合いを通じて思考を深めつつ、徐々に明確な意思を表しつつあったと推察される。

　第四に、学び方や力強い学習戦略を支える ICT 活用を通じて、公共的な言葉を用いての子どもの意思表示が促されつつあった。ジルー (1988＝2014, p.136) は、文章を書くということは、考え方を学ぶことを意味すると述べる。ICT は、短時間での一斉表示機能により、模倣によって考え方を学ぶことを容易にしつつ、整理・図表化機能により、思考の構造化と深まりを促しつつあった。そして、多方向的な意思伝達機能により、子ども間の共同での課題遂行を促進していた。その結果、それは子どもの公共的な言葉で意思表示をする力の習得に寄与しつつあったのではないかと考えられる。

　これらより、ICT 活用により、教員と子どもの授業内外での相互作用の増加とその質的な充実を伴いながら、学びの普遍的保障の水準が高まったり、ソフト面での資源が教員から子どもに、子ども間で分配されやすくなったりするために、格差の是正と抑止が可能になるのではないかと考えられる。その過程で、言葉の問題の克服も促されつつあった。今後の課題は、子どもの変容を子ども自身の発話等で示し、実態を解明することである。

付記

　本章の議論の詳細については、国立教育政策研究所プロジェクト研究「高度情報技術の進展に応じた教育革新に関する研究」中間報告書 2 (p.231 参照) および柏木 (2023a; 2023b) を参照していただきたい。

注

1　ノディングス（Noddings 1984＝2007, p.38）はケアを「愛情と敬意によって行為することである」と述べ、ケアの構成要素として愛情がある点をたびたび指摘する。それは共感（他者の受け入れ）とも重なるものであり（ブルジェール 2011）、子どもの被受容感や安心感を高めるものとされる。これらを踏まえ、本章では、ケアの要素に愛情があり、愛情は共感からなるものであると想定する。なお、日本の先行研究にて、子どもの被受容感や安心感は、教員の受容的・共感的態度によって高められる点が解明されている（浜名・松本 1993）。

2　本章では、声と言葉の双方を用いているが、声は意思表示の総体であり、その中に言葉としての意思表示があると捉える。

3　M中で教員の指導エネルギーが生み出されるその他の要因として、質問を通じての指導とケアするかかわりを承認し、後押しする学校経営や同僚性がある点を付記しておく。

4　近年では、タイピングをせずとも日本語入力ができたり、手書き入力ができたりと、様々な意思表示方法が開発されている。

5　「聞かれることで…声を出せるんですね」の一文に関しては、インタビュー後に当該箇所の詳細を再度聞いた際に追加された一文である。

6　対話について、本章で詳述しないが、人間の脆弱性と相互依存関係を前提に聞き合うことを軸とするやりとりと位置付けられる（柏木 2023c）。

参考文献

阿部彩（2014）『子どもの貧困Ⅱ：解決案を考える』岩波書店.

ミハイル・バフチン（新谷敬三郎・伊東一朗・佐々木實訳）（1988）『ことば対話テキスト』新時代社.

ミハイル・バフチン（伊東一郎訳）（1996）『小説の言葉』平凡社.

Bernstein, B.（1978）*Class, Codes and Control, Volume3, Towards a Theory of Educational Transmissions 2nd edition,* Routledge & Kegan Paul.（＝1985, 萩原元昭編訳『教育伝達の社会学：開かれた学校とは』明治図書）.

Bourdieu, P. & Passeron, J.（1970）*Reproduction: In Education, Society and Culture.* Sage.（＝1991, 宮島喬訳『再生産：教育・社会・文化』藤原書店）.

ファビエンヌ・ブルジェール（原山哲・山下りえ子訳）（2011）『ケアの倫理：ネオリベラリズムへの反論』白水社.

中央教育審議会（2021）「『令和の日本型学校教育』の構築を目指して〜全ての子供たちの可能性を引き出す、個別最適な学びと、協働的な学びの実現（答申）」

https://www.mext.go.jp/content/20210126-mxt_syoto02-000012321_2-4.pdf.

Gilligan, C.（1982）*In a Different Voice: Psychological Theory and Women's Development*, Harvard University Press（＝1986, 岩男寿美子監訳『もうひとつの声：男女の道徳観のちがいと女性のアイデンティティ』川島書店）.

Giroux, H. A.（1988）Literacy and the Pedagogy of Voice and Political Empowerment, *Educational Theory*（38）1, No.1,61-75.

Giroux, H. A.（1988）*Teachers as Intellectuals: Toward a Critical Pedagogy of Learning.* Preager（＝2014, 渡部竜也訳『変革的知識人としての教師：批判的教授法の学びに向けて』春風社）.

浜名外喜男・松本昌弘（1993）「学級における教師行動の変化が児童の学級適応に与える影響」『実験社会心理学研究』33（2）, 101-110.

柏木智子（2020）『子どもの貧困と「ケアする学校」づくり：カリキュラム・学習環境・地域との連携から考える』明石書店.

柏木智子（2023a）「ICT の活用による公正な教育活動の推進：資源の分配に着目して」『学習社会研究』（5）, 186-199.

柏木智子（2023b）「困難を抱える子どもの学びへの参加を促す ICT 活用：教員インタビューによる一試論」『学校改善研究紀要』（5）, 26-40.

柏木智子（2023c）「公正な社会の形成に資する学校と教員の役割：社会の分断を防ぐケア論に着目して」『教育学年報』（14）, 183-204.

宮寺晃夫（2006）『教育の分配論：公正な能力開発とな何か』勁草書房.

西田芳正（2012）『排除する社会・排除に抗する学校』大阪大学出版会.

Noddings, N.（1992）*The Challenge to Care in Schools: An Alternative Approach to Education*, Teacher's College Press, Columbia University,（＝2007, 佐藤学訳『学校におけるケアの挑戦：もう一つの教育を求めて』ゆみる出版）.

Sen, A.（2009）*The Idea of Justice*, Belknap Press of Harvard University Press（＝2011, 池本幸生訳『正義のアイデア』明石書店）.

武井哲郎（2017）『「開かれた学校」の功罪：ボランティアの参入と子どもの排除／包摂』明石書店.

植松千喜（2021）「批判的教育学において教師が子どもの『声』を聴くということ」『異文化間教育』53, 125-142.

レフ・ヴィゴツキー（柴田義松訳）（2001）『思考と言語　新訳版』新読書社.

矢守克也・船木伸江（2008）「語り部活動における語り手と聞き手との対話的関係：震災語り部グループにおけるアクション・リサーチ」『質的心理学研究』7, 60-77.

終章　公正で質の高い教育の実現に向けた ICT 活用の促進条件

卯月由佳・藤原文雄・露口健司

1.　本書の総括にあたって

　本研究は、公正で質の高い教育の実現に向けた ICT 活用の促進条件について検討することを目的に、次の二つの問いを立てた。第一に、どのような社会経済的背景の下にあり、どのような教育ビジョンを持ち、どのような組織体制を築いた教育委員会や学校で ICT の教育活用が促進されるか。第二に、どのような工夫や条件の下で ICT を活用すると、児童生徒の特性や背景の多様性に配慮した公正で質の高い教育を実現できるか。その実現には様々な担い手の分担と協働が必要であり、いずれも不可欠である。そこで、国家、教育委員会、学校、教職員等といった複数の担い手のそれぞれが公正で質の高い教育の実現に及ぼす影響と、実現に向けた戦略や実践について広く分析対象とした。

　このような分析課題と対象を設定したのは、本研究が公正で質の高い教育を次のように定義するからである。まず、全ての子どもたちが個々の多様な関心や学び方をお互いに尊重し合うとともに、個々の特性や背景に応じて必要な学びの資源や支援を活用しながら、主体的・対話的に深く学ぶ機会とプロセスを創造し、保障する教育を公正で質の高い教育と捉える。また、それは、国家、地方自治体、学校、教職員等の連携と協働による資源配分や支援を通じて実現するものと考える。教育において公正と質を統合的に捉えることと、公正の概念を用いて子どもの多様性を幅広く捉えることに意義を見出している。

　本書の第1部の各章は、ICTの教育活用により公正で質の高い教育の実現を目指す際に求められる国家、教育委員会、学校の役割について議論することを目指し、全国の市区町村教育委員会と学校を対象に実施した「ICTの教育活用についてのウェブ調査」（以下、「全国調査」とする）のデータを主に用いて分析した結果である。第2部の各章は、ICTの教育活用により公正で質の高い教育の実現を目指す際に、教員と児童生徒は現状でどのような課題に直面しているか、またどのような可能性が見出されるか議論するため、五つの政令指定都市で実施した「ICTの教育活用と学習についての教員・児童生徒調査」（以下、「政令指定都市調査」とする）のデータと質的調査データを用いて分析した結果である。

　この終章は、各章のデータ分析結果を改めて参照し、また本書には収めきれなかった本研究の知見も引用しながら、まず、国により実施されたGIGAスクール構想によるICTの教育活用推進のこれまでの成果について、公正で質の高い教育の観点から整理する。続いて、ICTの教育活用を促進し、市区町村間、学校間、教員間の活用状況の差を縮小するための条件、ICTの教育活用が全ての教員の主体的・対話的で深い学びを促進するための条件、ICTの教育活用が全ての児童生徒の主体的・対話的で深い学びを促進するための条件に関する考察を展開する。最後に、結論と残された課題を示す。

2. 分析結果に基づく考察

(1) GIGA スクール構想による ICT の教育活用推進の成果

　GIGAスクール構想による国費での児童生徒1人1台端末及び高速大容量の通信ネットワークの整備は、全国規模でICTの教育活用を促進し、市区町村間や学校間の活用状況の差を縮小する上で重要な役割を果たしたと、本研究から示唆される。まず、市区町村の財政力による差を縮小したと考えられる。第1章は、2020年4月のコロナ対策による学校臨時休業中に家庭学習のオンラインによる支援（「同時双方向型のオンライン指導を通じた家庭学習」や「デジタル教科書やデジタル教材を活用した家庭学習」）の方針を提示したのは財政力が

比較的豊かな市区町村だったことを示した。また、同年 6 月の学校再開後に
それを実施できたのは、財政力が豊かであるのに加え、GIGA スクール構想
以前から端末の配備が比較的進んでいた市区町村だった。GIGA スクール構
想を導入していなければ、財政力に起因する ICT の活用状況の差はもっと
大きかったと推測できる。

　さらに、市区町村の社会経済的背景による差も縮小したと考えられる。第
2 章は、全国で 1 人 1 台端末の配布が完了する前の 2020 年 11 月〜 12 月に、
社会経済的に不利な（就学援助利用者割合が高い、又は住民の大学卒業者割合が低い）
市区町村では有利な市区町村に比べ、協働的な学びなど学習指導要領の目的
に沿った ICT 活用の広がりが部分的に滞っていたが、1 人 1 台端末の配布完
了後の 2021 年度にはその差が縮小していたことを示した。また、地方財政
措置が講じられている ICT 支援員（情報通信技術支援員）の配置について、第 5
章で示すとおり 2021 年度以降も目標の 4 校に 1 人以上の配置を達成してい
ない市区町村が過半数だが、2020 年度から 2021 年度にかけて社会経済的背
景の様々な市区町村で配置数は増加した。

　以上のように、本研究が重視する公正で質の高い教育の観点から、GIGA
スクール構想による ICT の教育活用推進は、一定の成果を生み出したこと
が確認された。

(2) ICT の教育活用を促進し、市区町村間、学校間、教員間の活用状況の差を縮小するための条件

　一方で、市区町村の社会経済的背景による ICT の教育活用の差が 2021 年
度以降に継続していることも見過ごせない。第 2 章は、各種 ICT ツールの
導入状況も市区町村により差が見られ、例えば、主体的・対話的で深い学び
を促す主たる ICT ツールと言える学習支援クラウドは、全体的な導入割合
は高いが、有償での導入割合は社会経済的背景が不利な市区町村で比較的低
いことを示した。ICT ツールの導入の可否が各自治体の意思決定で決められ
るならば想定される状況であり、その含意についての検討結果次第では、自
治体への ICT ツールの導入支援について検討する必要性が示唆される。ま

た、2022 年度時点でも、社会経済的背景が不利な（住民の大学卒業者割合が低い）市区町村で ICT 支援員を配置する割合が比較的低いことが明らかになった。ICT 支援員の人材が不足している市区町村に向けて、既に進められようとしている広域的な支援体制の充実は重要である。

　国からの資源配分と教育委員会や学校における組織マネジメントの両方に関わる課題として、学習指導での ICT 活用を公正で質の高い教育の実現につなげるため、教員にその準備の時間を確保することの重要性と、ICT の教育活用を教職員の働き方改革と連動して促進する必要性を指摘できる。第 3 章の全国調査のデータ分析結果によると、ICT を活用した授業準備の時間を確保できている場合に、教員は授業で積極的に ICT を活用している。さらに、ICT 活用を通じて学力格差是正を図るには社会経済的に不利な児童生徒を支援する必要があるが、それがよくできているのは児童生徒と向き合う時間を確保できている教員である。また、第 7 章は政令指定都市調査のデータ分析から、ICT の教育活用それ自体も教員の時間の確保を促進する効果があるが、もともと時間を確保できていた教員ほどその効果を享受できることを明らかにした。第 8 章は、政令指定都市調査の量的データ分析と熊本市での質的調査の両方を基に、教員が一定の時間を確保した上で、ICT の教育活用によりさらに時間確保を促進するには、授業改善（主体的・対話的で深い学びの実現）に学校全体で取り組んでいくようなカリキュラム・マネジメントと成長志向の学校文化の醸成が有効だと指摘する。

　ICT の教育活用の促進における ICT 支援員の重要性も明らかになった。第 5 章は、全国調査のデータ分析結果から、人材不足に直面する自治体に対して ICT 支援員の配置支援を行うことに加え、ICT 支援員による授業づくり支援の促進を図る必要があることを指摘した。また、本研究の一環で熊本市の ICT 支援員について調査した武井 (2023) は、ICT 支援員と教職員の関係づくり、ICT 支援員同士がつながる機会設定等、ICT 支援員の支援体制づくりを教育委員会が担う必要もあることを論じた。

　組織マネジメントの課題として、第 4 章は、キーパーソン（ICT の環境整備と ICT の教育活用の推進において影響力の大きい、鍵となる人材）の存在が ICT の教

育活用の推進に向けた教育行政と一般行政との間及び教育委員会内、学校内での連携の促進に寄与しているため、キーパーソンの発掘・育成・配置・研修に関する推進施策が必要であることを指摘した。GIGA スクール構想の下で、校務分掌として ICT の教育活用推進担当教員が配置されるようになり、こうした教員がキーパーソンとなる学校が増えている。2021 年度に五つの政令指定都市の教育委員会と学校で行った聞き取り調査からは、このようなキーパーソンを複数配置したチームマネジメントでリーダーシップの分散化を図ること、各学校のキーパーソンが学校を越えて課題共有できるネットワーク構築を行うことが、ICT の活用促進にとって有効だと示唆された (前山・齋藤　2022)。

　教育長や校長の価値観や理念[1] が市区町村や学校の ICT の教育活用に影響する可能性について、例えば次の知見が得られた。第 1 章の 2020 年度の全国調査データと文部科学省の行政データを併せた分析の結果、2020 年 4 月の学校の臨時休業期間中に家庭学習のオンラインによる支援の方針を示したのは、教育長が主体的・対話的で深い学びを促す革新的授業をより重視する傾向のある市区町村であることがわかった[2]。また、2020 年度の全国調査データの学校単位の分析結果によると、ICT をより積極的に活用したのは、社会経済的に困難な家庭環境にある児童生徒により多くの資源を配分し、教員がより多くの時間を使ってでもより丁寧に教え、追加の支援を提供するという、公正的平等をより重視する校長の運営する学校だった (柏木 2022)。第 3 章は 1 人 1 台端末配布後の 2021 年度データからも、校長の公正的平等観が授業での ICT 活用を促す可能性を示した。

　教育長や校長の価値観や理念の違いにより ICT の教育活用の状況に差が生まれているとすれば、それも児童生徒にとっては教育機会の不平等の一部と言えるかもしれない。しかし、構造的な社会経済的背景による差に比べると、教育長や校長の価値観や理念の影響への対応については慎重に考える必要があるだろう。教育長や校長が主体的に形成した価値観や理念に対して外部から一方的に修正を迫ることは、担い手の主体性を尊重する公正で質の高い教育を実現する方法やプロセスとして望ましくない。しかし、公正で質の

高い教育を実現させられるのは、教育長や校長の価値観や理念のみが強く影響する方法よりも、その市区町村や学校の児童生徒の学びに必要な資源や支援を適切に充足させるにはどのような教育政策や教育実践が必要か、教育委員会、学校、教職員、さらには児童生徒や保護者が参加する対話を通じて検討する方法だと言えるだろう。また、そのプロセスが、教育長や校長の価値観や理念のリフレクションの機会となることが望ましい。

　教員の授業スタイルとICTの教育活用の関連について、第6章の政令指定都市調査のデータ分析結果から、2021年度は主体的・対話的で深い学びを促す授業を実践する教員の方がICTをより頻繁に活用している傾向が明らかになった。今後、ICTの教育活用をさらに促進する際にも、単なる活用ではなく授業改善のための活用というビジョンを改めて普及させることが、公正で質の高い教育の実現の条件となるだろう。

(3) ICTの教育活用が全ての教員の主体的・対話的で深い学びを促進するための条件

　子どもたちに主体的・対話的で深い学びを促す教員にも主体的・対話的に深い学びの実現が求められる。本研究の一環で藤原ほか(2023)は、熊本市の教員のICT活用指導力向上への多数の貢献者に対する聞き取り調査や学校等への訪問調査を行い、教員のICT活用指導力向上のための教育委員会及び学校の取組について次の知見を得た。まず、校長・教師(集団)の学び支援、ICT教育モデルカリキュラムの作成又はカリキュラム・マネジメント、研究者等との継続的協働が有効なことである。また、校長・教師(集団)の学びの支援には、教員や管理職を対象とした研修のほか、管理職のサーバント・リーダーシップを通じて学び合いの文化の醸成や管理職と教職員及び教職員同士の関係の質向上を促す、きめ細やかな工夫の加えられた取組が含まれることである。

　第8章で考察したように、校内研修の充実には、全ての教員が当事者として行う、自身の教育活動のリフレクションと概念化(経験を一般化し、次なる実践を計画すること)が重要である。ICT親和性の低い教員は授業と授業準備や

学習評価等の校務での ICT 活用に消極的な傾向があるため (第 6 章)、ICT の教育活用において教員を「誰一人取り残さない」ことを目的とした ICT 支援員による支援も求められる (武井 2023)。

(4) ICT の教育活用が全ての児童生徒の主体的・対話的で深い学びを促進するための条件

　政令指定都市の教育委員会や学校への聞き取り調査から、多様な特性や背景をもつ子どもたちが ICT の教育活用により学習に参加しやすくなる可能性を示す事例や知見が得られ、ICT は主体的・対話的で深い学びを促す道具になり得ると言える。まず、授業中の発言、紙と鉛筆での筆記、客観的な思考を苦手とする子どもたちにとって、ICT のコミュニケーション、表現、思考のツールは代替的で支援的であり、学びへの参加手段の選択肢を増やす (第 12 章、前山・齋藤 2022)。また、不登校 (傾向) の児童生徒へのオンライン学習教材や遠隔授業用ツールを活用した支援、外国にルーツのある児童生徒や保護者への翻訳・多言語対応機能を活用した支援、特別支援教育での情報アクセシビリティの向上などの取組なども展開され、これらは「ICT を活用した能力拡張による児童生徒の学習参画」(前山・齋藤 2022, p.94) と捉えられる。

　しかし、子どもたちが学びへの参加手段の選択肢を活用し、学びを実質的に経験するには、特に社会経済的に不利で学びに困難を抱える子どもたちにとっては、1 人 1 台端末のほかにも充足すべき条件があることに本研究は着目してきた。第 9 章の政令指定都市調査の量的データ分析結果から、児童生徒の社会経済的背景、性別、居住自治体にかかわらず、児童生徒の学習エンゲージメント (学習に対する積極的な関与や取り組みの質を表す構成概念で、本研究では主体性、対話性、探究性のそれぞれの次元で測定) や批判的思考態度 (学習の成果) がより高い場合により積極的に ICT を活用して学んでいるという知見も得られた。そのため多様な子どもたちにとって、主体的、探究的、批判的に学ぼうとするときの道具として ICT は有効となり得る。しかし、これは ICT を活用してより積極的に学ぶには学習エンゲージメントや批判的思考態度が必要ということも意味する。他方で、ICT を活用して児童生徒の学習エンゲー

ジメントと批判的思考態度を向上させるかといえば、現状ではそれらを持続的に向上させられることを示す知見は得られていない[3]。ICTを活用して学習の質や成果を持続的に向上させるには、第9章で挙げた先行研究の知見も参照すると、児童生徒のICT機器の操作スキルの向上が必要だと推察される。

　第9章は社会経済的背景の不利な児童生徒は学習エンゲージメントと批判的思考態度がもともと比較的弱いことも示した。さらに第11章の分析結果によると、社会経済的に特に不利だと捉えられる、家に落ち着いて学習する場所のない（また、それに加えてコンピュータもない）子どもたちは、協働的な学びへの参加やその意義の理解とICTを活用した学びへの親和性の形成に、より大きな困難を抱えている。ICTを活用し、主体的・対話的で深い学びを実質的に経験する上でのこうした子どもたちの困難を緩和するには、どのような環境整備、資源や支援が必要だろうか。

　第12章は、2021年度に実施した政令指定都市等の学校の管理職や教員への聞き取り調査から、社会経済的な困難を抱える子どもたちの学びへの参加がICTを活用してどのように促進され得るか検討した。その結果、まず、ICT活用により教員から子どもへの指導時間、指導エネルギー、ケアの分配が進み、子どもたちの間では固定観念と偏見を棄却するプロセスにもなる聞き合いを通じて相互にケアする関係が醸成され、模倣し合い、学び合うことで能力の共有と分配の可能性が高まることを示した。また、こうした関係の中でのICT活用は、困難を抱える子どもたちが「弱い意思表示」から始め、やがて公共的な言葉で意思表示する力を習得するまでの学びの深化のプロセスに寄与することも示した。さらに、子どもたちの間の聞き合いや学び合いが、学力が高いとされる子どもたちにもより深く思考する契機を生み出すという。こうした多様な子どもたちの関係づくりによる主体的・対話的で深い学びを促す授業は、多様な子どもたちのそれぞれの学びに意義が見出される点も重要であり、そしてそれは単にICTを活用することによってではなく、教員の考えによる働きかけや工夫が前提となって成立するという指摘も特筆に値する[4]。

　本研究が行ったICTを活用した学習の成果についての量的分析はごく一

部だが、政令指定都市調査の量的データを用いた第 10 章の分析から、ICT
活用は児童生徒の将来への希望（「将来どんなふうに生きていきたいか、はばひろく
考えている」「環境問題や差別などの社会問題に取り組みたい」）などの質問項目により
測定）の形成を促し、特に学習エンゲージメントの比較的低い児童生徒でそ
の効果がより大きいという知見が得られた。社会経済的に不利な家庭に育つ
児童生徒は、将来への希望の形成でも制約に直面しているのが現状である（卯
月 2022）。ICT を活用して他者との出会いや対話を経験し、新しいことを学び、
考え、そうした制約が取り払われる方向に向かうならば、全ての子どもたち
が学びを通じて自分の生き方について考え、他者の生き方も尊重する社会の
創り手になるための機会や手段として、ICT の教育活用には意義を見出せる
だろう。

3. 結論と残された課題

本研究は、ICT の教育活用の実態とその成果、ICT の教育活用を促進する
条件、また ICT の教育活用が公正で質の高い教育を実現する条件について、
主として独自に実施した量的調査と質的調査のデータを分析することにより
知見を得た。特に本書で取り上げた量的調査データの分析結果から、検討課
題としていた市区町村や学校の社会経済的背景、教育ビジョン（それに関連し
得る教育長や校長の価値観や理念）、組織体制はいずれも ICT の教育活用の促進
に向けて一定の影響力がある可能性が示唆された。その中で、GIGA スクー
ル構想による児童生徒 1 人 1 台端末の配布及び高速大容量の通信ネットワー
クの整備は、全体的に ICT の教育活用を促進し、ICT の教育活用に見られる
市区町村間の差の縮小に貢献したと評価できる。また、ICT の教育活用の推
進体制も、2020 年度に比べて 2021 年度に充実が図られたことがわかった。
それと同時に、ICT の教育活用により、多様な全ての児童生徒に主体的・
対話的で深い学びを促す公正で質の高い教育を実現するには、国や教育委員
会によるさらなる資源配分の増加や教育委員会や学校の組織マネジメントの
工夫、社会経済的に不利な児童生徒の学びに配慮した授業改善や追加支援

が必要であることも明らかとなった。量的調査データの分析結果からは ICT 支援員等の支援人材の配置や ICT ツールの活用に関する市区町村間の差を縮小するための資源配分、授業改善や児童生徒への支援を可能にする教員の働き方改革、授業改善を促進するカリキュラム・マネジメントの必要性を指摘した。質的調査データの分析結果からは、詳細は国立教育政策研究所(2022b) や藤原ほか (2023) にゆずるが、教員の ICT 活用指導力の向上、リーダーシップ観の変革を通じた学び合いの文化の醸成、教育委員会、教職員、ICT 支援員等の間の情報共有や対話を容易にする関係づくりなどの組織マネジメントの工夫の必要性を指摘した。また、教育実践の工夫として、児童生徒に安心感に根差した対話を促す、お互いを尊重し、ケアする関係づくりへの配慮の必要性を指摘した。本研究は、ICT の教育活用が公正で質の高い教育を実現するために必要とされる工夫や条件を網羅的に挙げたわけではないが、関係や対話、資源配分や組織マネジメント、法令や計画[5]の 3 つの次元に着目して種々の工夫や条件を体系的に理解する枠組みを示し、今後の学際的な政策研究の発展にも貢献していると考えられる。

　本研究の分析結果は、ICT の教育活用の実態や効果についてどのようなデータを基に把握し、評価していくべきかについての知見も提示する。幾つか例を挙げると、まず、ICT の教育活用の児童生徒の学習エンゲージメントに対する効果については、短期的な効果のみならず、長期的な効果を把握する必要がある。次に、ICT の教育活用の効果については、児童生徒の現在のウェルビーイングのみならず、将来の希望への効果を考慮する必要がある。また、ICT 支援員の配置効果の検証を行う際には、配置の有無や在校頻度のみならず、授業づくり支援の実施状況に着目する必要がある。さらに、国の課題として、ICT の教育活用の推進体制や実態について把握する際に、市区町村の社会経済的背景による差を定期的に把握する必要がある。本研究の分析結果は、学校の社会経済的背景による差は市区町村教育委員会による資源配分やマネジメントにより対応されている可能性も示唆するが、市区町村の社会経済的背景による差の縮小には国による支援の拡充についての検討が求められている。また、変数の測定方法次第では、ICT の活用状況に学校の社

会経済的背景による差も見られる可能性はあり、さらなる研究が必要である。

　本研究には残された課題もある。個々の分析に関する改善の余地は各章で述べており、ここでは総括的な観点での課題を述べる。第一に、ICT を活用した授業改善が児童生徒にもたらす成果として学力や情報活用能力に着目し、既存調査 (例えば文部科学省の「全国学力・学習状況調査」や自治体で実施される学力調査や情報活用能力調査) のデータを二次分析する案も考えていたが、現時点までにそうした二次分析に着手することはかなわなかった。第 9 章の知見から示唆されるように、ICT の教育活用が学習の質や成果を長期的に向上させるには、ICT 機器の操作スキルの向上が必要との仮説も考えられるため、一つにはこの検証にも既存調査の活用について模索する必要がある。第二に、上述の成果に基づき、公正で質の高い教育の概念を用いて教育政策と教育実践を評価する際、どのような変数についてどのような分布が見られることが望ましいか、本研究で検討したよりもさらに精緻な価値をめぐる議論が必要となる。第三に、公正で質の高い教育において、ICT を活用して主体的・対話的に深く何を学ぶか、より具体的には学習指導要領の前文にも明記される「持続可能な社会の創り手」になるための学びをどのようにして経験できるかが問われるため (序章)、この問いに関する研究にも取り組むべきだろう[6]。

　最後となったが重要な点として、本研究は子どもたちの多様な特性や背景に配慮することへの関心を示しながらも、社会経済的背景以外の、追加の支援を必要とする不利について深掘りした分析はほとんど進められなかった。公正で質の高い教育の概念に基づき、ICT の教育活用によりそのほかの特別なニーズを有する子どもたち (例えば不登校や「院内学級」の子どもたち、学習障害や発達障害のある子どもたち、山間・へき地に住む子どもたち、外国にルーツのある子どもたち) の主体的・対話的で深い学びへの参加をどう変化させられるか、またそれによりどのような成果が得られるかについての検討は今後の課題である (木場 2023)。本研究が、先行研究において手薄だった社会経済的に不利な境遇で育つ子どもたちに着目して分析した意義は大きいと考えられるが、さらなる発展も必要であり、また関連する研究が多く生まれることも期待される。

注

1　本研究で価値観や理念について分析する際に用いる概念は、考え方の違いを説明するためのものであり、いずれか一方の考え方の普遍的な正しさや善さを表すものではない。また、個人を、どちらの考え方に近いか相対的に特徴付けるとしても、いずれか一方の考え方のみをもつ存在として分類するわけではない（国立教育政策研究所 2022a）。

2　1人1台端末の配布後の 2021 年度以降、教育長や校長の学習観がどのように ICT の教育活用に影響したかに関する分析は本研究では未完了である。また、2020 年度は学校単位でも、必ずしも明らかな解決策のない複雑な課題への積極的な取組などをより重視する校長の運営する学校ほど、ICT をより積極的に活用している傾向も見られた（柏木 2022）。しかし、市区町村単位と同じく学校単位についても、2021 年度以降の状況についての分析は今後の課題である。

3　松尾（2023）は、本研究の一環で同様のデータを別の角度から分析し、児童生徒の授業での積極的な ICT 活用は、児童生徒の学習エンゲージメントを短期的には向上させる効果がある可能性を示した。そのため、短期的な向上を長期的な向上につなげる仕組みや働きかけの探究が望まれる。

4　そのほか、学校での支援として、スティグマ（負の烙印）の回避と児童生徒の自信への配慮が行き届いた好事例も見られた。通信に WiFi 利用の端末を採用する市区町村では、経済的理由等で WiFi 環境のない家庭の児童生徒が家庭学習で不利にならないよう、WiFi モバイルルーターの貸出が行われることがある。それに伴い実際に貸出にあたる学校では、対象の児童生徒に、（ほかの児童生徒の目にはつかない）校長室で校長が操作方法を説明し、自信をつける手助けが行われている事例があった（前山・齋藤 2022）。

5　本書では 教育委員会が立案する計画（基本方針）を十分に取り上げられなかったが、仙台市、横浜市、川崎市、堺市、熊本市の事例とその考察については、国立教育政策研究所（2022b）の第 2 部を参照していただきたい。

6　既に本研究の一環として柏木（2023）は、小学校の ICT を活用した授業の参与観察に基づき、課題解決に向けて、児童生徒が社会の創り手としての当事者意識を持ち、考えを深める重要な手がかりを与える理論や概念を、活動と相互作用させる授業をデザインする必要性を指摘している。ICT を活用して公正で質の高い教育を実現するには、上述のようにデザインされた授業も不可欠だとする議論は、今後深める意義があると考えられる。

参考文献

藤原文雄・寺澤潤・品川隆一・丸山友洋・梅澤希恵（2023）「教育委員会及び学校に

　　よる ICT 活用指導力向上の取組」国立教育政策研究所『公正で質の高い教育を目指した ICT 活用の促進条件に関する研究：全国調査及び政令指定都市調査の分析』, 248-269.

柏木智子 (2022)「校長の平等観・学習観と ICT の教育活用」国立教育政策研究所『公正で質の高い教育を目指した ICT 活用の促進条件に関する研究：2020 年度全国調査の分析』, 70-78.

柏木智子 (2023)「社会課題の発見と解決学習における ICT 活用」国立教育政策研究所『公正で質の高い教育を目指した ICT 活用の促進条件に関する研究：全国調査及び政令指定都市調査の分析』, 159-191.

木場裕紀 (2023)「ICT を活用した公正で質の高い教育に関する研究レビュー」国立教育政策研究所『公正で質の高い教育を目指した ICT 活用の促進条件に関する研究：全国調査及び政令指定都市調査の分析』, 283-286.

国立教育政策研究所 (2022a)『公正で質の高い教育を目指した ICT 活用の促進条件に関する研究：2020 年度全国調査の分析』.

国立教育政策研究所 (2022b)『公正で質の高い教育を目指した ICT 活用の促進条件に関する研究：2021 年度政令指定都市調査の第一次分析』.

前山大樹・齋藤徹 (2022)「五つの政令指定都市の取組から得た知見」国立教育政策研究所『『公正で質の高い教育を目指した ICT 活用の促進条件に関する研究：2021 年度政令指定都市調査の第一次分析』, 85-95.

松尾剛 (2023)「授業における ICT の活用が学習エンゲージメントに与える影響：個人レベル及び学級レベルの効果の検討」国立教育政策研究所『公正で質の高い教育を目指した ICT 活用の促進条件に関する研究：全国調査及び政令指定都市調査の分析』, 134-142.

武井哲郎 (2023)「『公正で質の高い教育』の実現に向けた ICT 支援員の役割」国立教育政策研究所『公正で質の高い教育を目指した ICT 活用の促進条件に関する研究：全国調査及び政令指定都市調査の分析』, 277-282.

卯月由佳 (2022)「児童生徒の社会経済的な不利による学習と ICT 活用の課題」国立教育政策研究所『公正で質の高い教育を目指した ICT 活用の促進条件に関する研究：2021 年度政令指定都市調査の第一次分析』, 97-152.

初出一覧

　本書の各章は国立教育政策研究所プロジェクト研究「高度情報技術の進展
に応じた教育革新における研究」の4つの報告書で公開した論文等を利用し，
大幅な加除修正や章によっては再分析を行って執筆したものである。以下に
本書の各章の初出一覧を示す。その際，各報告書のタイトルは省略し，下記の
とおり【中間報告書1】【中間報告書2】【中間報告書3】【最終報告書】と簡略化
して記載する。

【中間報告書1】国立教育政策研究所（2022a）『公正で質の高い教育を目指し
　　た ICT 活用の促進条件に関する研究：2020 年度全国調査の分析』
【中間報告書2】国立教育政策研究所（2022a）『公正で質の高い教育を目指し
　　た ICT 活用の促進条件に関する研究：2021 年度政令指定都市調査の第
　　一次分析』
【中間報告書3】国立教育政策研究所（2023a）『公正で質の高い教育を目指した
　　ICT 活用の促進条件に関する研究：全国調査及び政令指定都市調査の分析』
【最終報告書】国立教育政策研究所（2023b）『高度情報技術の進展に応じた教
　　育革新に関する研究報告書（ダイジェスト版）』

序　　章　卯月由佳（2022）「研究の目的とデザイン」【中間報告書2】
　　　　　卯月由佳（2023）「研究の目的とデザイン」【中間報告書3】
第1章　露口健司（2022）「公正で質の高い教育における ICT 活用の促進条
　　　　　件」【中間報告書1】
第2章　卯月由佳（2023）「ICT の教育活用への社会経済的な制約とその変化：
　　　　　市区町村単位の分析」【中間報告書3】
第3章　山下絢（2023）「学習指導における ICT 活用：全国校長調査をもとに」
　　　　　【中間報告書3】
第4章　諏訪英広（2022）「川崎市」【中間報告書2】
　　　　　諏訪英広（2023）「ICT の教育活用とキーパーソン」【中間報告書3】

第5章　卯月由佳 (2023)「ICT 支援員の配置と授業づくり支援」【中間報告書 3】

第6章　露口健司 (2022)「ICT の教育活用における教員間分散の規定要因分析：どのような教員が ICT を積極的に活用しているのか？」【中間報告書 2】

第7章　露口健司 (2023)「1 人 1 台端末配備が教員アウトカムに及ぼす影響：ウェルビーイング指標としての時間的ゆとり・ICT 活用不安・主観的幸福感に着目した分析」【中間報告書 3】

第8章　生田淳一 (2023)「教員の時間的ゆとりの変化：ゆとりが生まれる教員の特徴の探索的検討」【中間報告書 3】

　　　　生田淳一 (2023)「校内研修 (授業研究) のアップデート：概念化を実現する ICT を活用した授業研究」【中間報告書 3】

第9章　清水優菜 (2023)「児童生徒の ICT 活用と学習エンゲージメント, 批判的思考態度の関連は社会経済的状況により異なるのか？」【中間報告書 3】

第10章　露口健司 (2023)「1 人 1 台端末配備が児童生徒アウトカムに及ぼす影響：ウェルビーイング指標としての主観的健康感・主観的幸福感・主観的希望感に着目した分析」【中間報告書 3】

第11章　卯月由佳 (2022)「児童生徒の社会経済的な不利による学習と ICT 活用の課題」【中間報告書 2】

第12章　柏木智子 (2022)「ICT の活用による公正な教育活動の推進と学びの変容」【中間報告書 2】

　　　　柏木智子 (2023a)「ICT の活用による公正な教育活動の推進：資源の分配に着目して」『学習社会研究』5：186-199.

　　　　柏木智子 (2023b)「困難を抱える子どもの学びへの参加を促す ICT 活用：教員インタビューによる一試論」『学校改善研究紀要』5：26-40.

終　章　国立教育政策研究所 (2023)「促進条件班研究成果概要」【最終報告書】

索　引

あ行

ICT 活用　⇒　ICT の教育活用
　——不安 ………………………………… 107
ICT 支援員 …… 32, 36, 37, 39, 88, 99, 100, 219, 223
ICT 親和性 …………………116, 120, 176, 183, 222
ICT ツール ………………………40, 55, 61, 219
ICT の教育活用 ………………………………4
ICT リテラシー ………………………………34
アウトカム ……………………………118, 164
アウトプット………………………………167
EBPM（証拠に基づく政策立案）………… 167
意思決定…………………………7, 10, 133, 219
意思表示……………………… 196, 204, 213, 224
一斉表示機能…………………………211, 213
一般化線形モデル……………… 111, 112, 169
因果関係……………………………152, 162
因果的効果……………120, 133, 167, 168, 178
ヴィゴツキー（Vygotsky, L. S.）……… 211, 212
ウェルビーイング…………………164, 166
ウンターホルター（Unterhalter, E.）………6-8
SES　⇒　社会経済的状況（socioeconomic
　status）
遠隔授業用ツール…………………………… 223
OECD（経済協力開発機構）………… 110, 146
オンライン学習 ………………………30, 71
　遠隔・——………107, 108, 113, 115, 116
オンライン家庭学習 ………24, 25, 29-32, 36

か行

外国ルーツ …………………………203, 223
概念化………………………… 142, 143, 222
格差………………23, 36, 71, 105, 160, 162, 167
　——拡大 ……… 24, 38, 106, 119, 164, 182
　——縮小 ……………………………123, 164
　——是正 ………… 24, 55, 162, 212, 213, 220

　——抑止・抑制 …… 33, 105-107, 178, 181, 213
　学力—— ………………… 55, 182, 195, 220
　教育—— …………………… 38, 39, 71, 105, 106
学習エンゲージメント……… 147, 160-162, 166,
　178, 223-226
学習環境…………………………9, 180, 183, 185
学習支援クラウド………40, 50, 56, 69, 116, 219
学習指導 ………… 45, 54, 69-71, 99, 220
学習指導要領‥ 11, 48, 146, 162, 180, 181, 219, 227
学習における ICT 活用 ……………146, 162
学力…5, 36, 106, 107, 164, 181, 182, 205, 206, 224
　⇒　——格差
学校教育情報化推進計画 ………………… 3, 88
学校文化………… 140, 141, 143, 144, 196, 220
学校臨時休業…………… 23, 24, 39, 218, 221
カリキュラム・マネジメント …… 106, 116, 139,
　140, 143, 144, 220, 222, 226
関係（性）……5, 8-10, 85, 100, 182, 191, 196, 197,
　205, 206, 210, 211, 222, 224, 226
関係づくり …………… 100, 220, 224, 226
キーパーソン……………36, 75, 83, 86, 220, 221
GIGA スクール構想 ……3, 7, 23-25, 36, 50, 54,
　146, 147, 160, 164, 178, 195, 218, 219, 221, 225
GIGA スクール推進教員（GSL）………… 84-86
聞き合い……… 191, 205, 207, 210, 213, 224
希望……………………164, 178, 225, 226
　主観的——感 ………………… 168, 171, 178
教育機会…………………………………6
　——の平等（化）……………… 38, 51, 182
　——の不平等 ……………… 3, 6, 70, 182, 221
教育経済学 ………………………………106, 167
教育工学……………………………… 38, 88
教育実践…… 10, 143, 161, 162, 192, 222, 226, 227
教育社会学 ……………………… 38, 39, 181, 182
教育政策……6-8, 11, 120, 147, 162, 164, 167, 178,
　180-183, 222, 227

234

教員の ICT 活用指導力 ············· 105, 222, 226
グレンジャー因果性 ······················ 162
ケア·····191, 196, 200-203, 205, 206, 210, 211, 224, 226
ケイパビリティ ·······························7
　──・アプローチ ······················ 7, 183
　──の平等（化）····························· 7, 8
健康資本························24
交差遅延パネルモデル·················152, 160
公正··6-8, 197
　──で質の高い教育·····················4, 217
　関係や対話における── ········· 8, 10, 180
　資源配分や組織マネジメントにおける──
　·· 8, 10
　法令や計画における── ·············· 8, 10
　「下からの・中間からの・上からの──」
　·· 8, 210
校務··········60, 105, 107, 116, 132, 133, 200, 223
　──支援 ·················59-61, 64, 66, 69-71
　──支援システム ···················60, 116
COVID-19 ⇒ 新型コロナウイルス感染症
固定効果ロジスティックモデル··············69
言葉················198, 204-206, 210-213, 224
　──の問題·············197, 199, 203, 212, 213
個別ニーズ ························7, 9-11, 180
コロナ ⇒ 新型コロナウイルス感染症
困難を抱える子ども ····· 195, 210-213, 223, 224

さ行

最小二乗法（OLS）モデル ··········· 94, 171, 172
財政力 ························ 36, 105, 218, 219
　──指数 ······················· 31, 32, 105
参加··6, 9, 180, 187, 195-197, 210, 212, 222-224
時間確保······ 69, 118 120, 132, 133, 135-139, 220
資源···· 6, 7, 59, 182, 183, 197, 200, 203, 210, 213, 217, 221, 222, 224
　──配分··4, 8, 10, 14, 38, 51, 180, 217, 220, 225
思考············191, 200, 201, 204-213, 223, 224
「持続可能な社会の創り手」············11, 227
社会関係資本······ 24, 26, 75, 127, 137, 138, 166, 176, 178

社会経済的·······························24, 183
　──環境·································26
　──状況（socioeconomic status）····· 147, 153, 154, 159-162
　──困難··················· 67, 69, 70, 195, 221
　⇒ 困難を抱える子ども
　──不利···· 39, 50, 51, 55, 67, 99, 180-182, 190, 191, 219, 220, 223, 225, 227
　──背景···· 38, 50, 89, 100, 192, 219-221, 223-227
社会政策···························182, 183
自由································ 7, 39, 84, 85
授業········ 3, 55, 69, 70, 105, 116, 161, 178, 182, 200, 201, 213, 220-224
　──改善······9, 11, 12, 135, 138, 139, 142, 143, 185, 200, 201, 220, 222, 225-227
　──研究 ·····················141-143
　──スタイル····· 107, 108, 113, 116, 118, 120, 127, 222
　──づくり ···········142, 191, 211
　──づくり支援······ 88, 89, 99, 100, 220, 226
主体性 ·························· 5, 10-12, 221
主体的・対話的で深い学び····· 3, 9, 10, 31, 138, 139, 146, 162, 169, 180-182, 219-225, 227
条件整備······················ 10, 11, 51, 100, 192
情報活用能力·······················105, 106, 227
情報通信技術支援員 ⇒ ICT 支援員
ジルー（Giroux, H. A.）·············198, 212, 213
新型コロナウイルス感染症····· 3, 13, 14, 23-25, 30, 36, 39, 70, 71, 86, 105, 218
人的資源································ 26, 34, 36
人的資本································23, 24
信頼関係······· 70, 89, 115, 121, 127, 133, 137, 169
心理資本································24
整理・図表化機能························· 213
セン（Sen, A.）·························· 7, 197
組織マネジメント·········8, 10, 70, 220, 225, 226
尊重········· 4-6, 8, 9, 11, 182, 191, 217, 225, 226

た行

対話····8, 10, 140, 142, 144, 171, 180, 182, 206-208,

211, 213, 222, 225, 226
卓越性 ・・・・・・・・・・・・・・・・・・・・・・・・・・・・・・・・・ 5, 6
多様性 ・・・・・・・・・・・・・・・ 4-7, 10, 196, 207, 211, 217
TALIS（国際教員指導環境調査）・・・・・・・・・・・・・23
地方財政措置・・・・・・・・・・・・・・・・・・・・・・・ 54, 88, 219
デジタル教科書 ・・・・・・・・・・・・・・・・ 23, 24, 41, 218
デジタル教材・・・・・・ 23, 24, 31, 32, 40, 56, 57, 105, 108, 218
デジタルドリル ・・・・・・・・ 50, 51, 56, 57, 66, 69, 71
デジタル付箋紙 ・・・・・・ 191, 204, 207, 208, 211, 212
デジタルホワイトボード ・・・・・191, 204, 207, 208, 211, 212
動画教材・・・・・・・・・・・・・・・・・・・・・・・・・・・・・・・ 56, 57
特別支援教育・・・・・・・・・・・・・・・・・・・・・・・・・・・・・ 223

な行

二段階最小二乗法・・・・・・・・・・・・・・・・・・・・・・ 30, 168
人間・・・・・・・・・・・・・・・・・・・・・ 5, 7, 8, 205, 211, 213

は行

バーンスティン（Bernstein, B.）・・・・・・・・・・・・・ 197
ハイブリッド固定効果モデル ・・・・ 120, 122, 130, 171, 174
働き方改革・・・・・・・・・・・・・・・・・・・・・ 70, 220, 226
発言 ・・・・・・・・・・・・・・・・・・・ 10, 141, 142, 223
パネルデータ・・・・・・ 55, 66, 120, 147, 152, 160, 168, 171
バフチン（Bakhtin, M. M.）・・・・・・・・・・・・・・ 198, 213
1人1台端末 ・・・・3, 4, 24, 39, 51, 54, 105, 118, 146, 162, 164, 178, 191, 218, 219, 221, 225
批判的思考態度 ・・・・・・・・・ 147, 160-162, 223, 224
平等観 ・・・・・・・・・・・・・・・・・・・・・・・・・・・・・・・・・・59

形式的―― ・・・・・・・・・・・・・・・・・・・・・・・・・・ 59, 64
公正的―― ・・・・・・・・・・・・・・・・・・・・・・ 59, 64, 69
平等分配志向・・・・・・・・・・・・・・・・・・・・・・・・・・・・・・36
貧困・・・・・・・・・・・・・・・・・・・・・・・・・・・・・・・・・・・ 195
不正義・・・・・・・・・・・・・・・・・・・・・・・・・・・・・・・・・ 5, 7
不平等・・・・・・・・・・・・・・・・・・・・・・・・・・・・・ 5, 7, 50
　　⇒　教育機会の不平等
普遍的保障・・・・・・・・・・・・・・・・・・・・・・・・・・・210, 213
不利・・・・・・・・ 7, 71, 147, 183, 187, 190-192, 227
　　⇒　社会経済的不利
プログラミング向けツール・・・・・・・・・・・・・・ 56, 57
分位点回帰分析 ・・・・・・ 30, 119, 122, 123, 132, 133
分散登校・・・・・・・・・・・・・・・・・・・・・・・・・ 28, 30, 39
分配・・・・・・5-7, 9, 10, 28, 182, 197, 203, 210-213, 224
変換要素・・・・・・・・・・・・・・・・・・・・・・・・・・・・ 7, 183
保障・・・・・・・・・・・・ 4, 9, 11, 23, 24, 105, 195, 196, 217
翻訳機能・・・・・・・・・・・・・・・・・・・・・・・・・・・・・203, 212

ま行

学び合い・・・・・ 11, 141, 144, 182, 211, 222, 224, 226
学び方 ・・・・・・・・・・・・・・・・ 4, 9, 207-209, 213, 217
民間事業者 ・・・・・・・・・・・・・・・・・・・・・・・・ 39, 40, 51
文部科学省 ・・・・・・・・・・・・・ 3, 12, 23-25, 54, 88, 221

ら行

リーダーシップ ・・・・・・・・・・・・・ 26, 36, 85, 221, 226
　教育長の―― ・・・・・・・・・・・・・・・・・・・・・・・・・・・36
　校長の――・・・・・・・・・・・・・・・・・・・・・・・・・・・・・・36
　サーバント・――・・・・・・・・・・・・・・・・・・・・ 222
リフレクション ・・・・・・・・・・・・・・・・ 142, 143, 222
ロジスティック回帰分析 ・・・ 30, 61, 107, 186, 187

236

著者一覧(執筆順、＊は編著者)

＊**卯月由佳**(うづき　ゆか)【はじめに・序章・第2章・第5章・第11章・終章】
　　国立教育政策研究所初等中等教育研究部総括研究官。ロンドン・スクール・オブ・エコノミクス博士課程修了(PhD in Social Policy)。専門は社会政策、教育社会学。主な著作は、『生活保護と貧困対策：その可能性と未来を拓く』(共著、有斐閣、2018年)、『教育システムと社会：その理論的検討』(分担執筆、世織書房、2014年)、『教育論の新常識：格差・学力・政策・未来』(分担執筆、中央公論新社、2021年)。

＊**露口健司**(つゆぐち　けんじ)【はじめに・第1章・第6章・第7章・第10章・終章】
　　愛媛大学大学院教育学研究科教授。九州大学大学院人間環境学府博士課程修了。博士(教育学、九州大学)。専門は教育行政学、教育経済学。主な著作は、『教員のウェルビーイングを高める学校の「働きやすさ・働きがい改革」』(教育開発研究所、2024年)、『子供の学力とウェルビーイングを高める教育長のリーダーシップ』(共編著、学事出版、2021年)、『日本の教職論』(共編著、NHK出版、2022年)。

＊**藤原文雄**(ふじわら　ふみお)【はじめに・終章】
　　国立教育政策研究所初等中等教育研究部長(併)教育政策・評価研究部長。東京大学大学院教育学研究科博士課程単位取得退学。専門は教育行政学。主な著作は、『スクールビジネスリーダーシップ－教育的素養を有した「リソースマネジャー」としての学校事務職員－』(学事出版、2021年)、『スクールビジネスプロジェクト学習－子供たちの幸福な近未来を創造する学校事務職員－』(編著、学事出版、2021年)、『スクールファシリティ・マネジメント－「学びの環境デザイナー」としての学校事務職員－』(編著、学事出版、2022年)。

　山下絢(やました　じゅん)【第3章】
　　日本女子大学人間社会学部准教授。東京大学大学院教育学研究科博士課程単位取得退学。博士(文学、早稲田大学)。専門は教育行政学、教育政策論。主な著作は、『学校選択制の政策評価：教育における選択と競争の魅惑』(勁草書房、2021年)、『現場で使える教育社会学：教職のための「教育格差」入門』(分担執筆、ミネルヴァ書房、2021年)、「子どもの生まれ月と親の階層・教育意識」日本教育学会『教育学研究』(2013年)。

諏訪英広(すわ　ひでひろ)【第 4 章】

川崎医療福祉大学医療技術学部教授。広島大学大学院教育学研究科博士課程修了(博士(教育学))。専門は教育経営学、教師教育学。

主な著作は、『新版 教育制度と教育の経営』(編著、あいり出版、2021 年)、『子どものために「ともに」歩む学校、「ともに」歩む教師を考える』(編著、あいり出版、2019 年)、『現代の教育課題と教育経営』(共著、学文社、2018 年)。

生田淳一(いくた　じゅんいち)【第 8 章】

福岡教育大学教育学部教育心理研究ユニット教授。九州大学大学院人間環境学府行動システム専攻心理学コース博士課程単位取得満期退学。専門は、教授学習心理学、教育工学。

主な著作は、「教育長のリーダーシップが学校を通して学力に与える間接的効果の発見と経路の解明」露口健司・藤原文雄編著『子供の学力とウェルビーイングを高める教育長のリーダーシップ』(学事出版、2021 年)、「環境が授業における学習者の質問を引き出す」小山義徳・道田泰司編『「問う力」を育てる理論と実践：問い・質問・発問の活用の仕方を探る』(ひつじ書房、2021 年)。

清水優菜(しみず　ゆうの)【第 9 章】

国士舘大学文学部教育学科講師。慶應義塾大学大学院社会学研究科後期博士課程単位取得満期退学。博士(教育学、慶應義塾大学)。専門は科学教育学、教育心理学。

主な著作は、『「探究学習とはいうけれど」―学びの「今」に向き合う―』(共編著、晃洋書房、2024 年)、「総合的な探究の時間における高大連携の効果の検討」『日本教育工学会論文誌』(2023 年)、'Learning Engagement as a Moderator between Self-Efficacy, Math Anxiety, Problem-Solving Strategy, and Vector Problem-Solving Performance' *Psych* (2022 年)。

柏木智子(かしわぎ　ともこ)【第 12 章】

立命館大学産業社会学部教授。大阪大学大学院人間科学研究科博士後期課程修了。博士(人間科学、大阪大学)。専門は教育経営学・教育制度学。

主な著作は、『子どもの貧困と「ケアする学校」づくり―カリキュラム・学習環境・地域との連携から考える』(明石書店、2020 年)、『子どもの思考を深める ICT 活用―公立義務教育学校のネクストステージ』(編著、晃洋書房、2023 年)、『貧困・外国人世帯の子どもへの包括的支援―地域・学校・行政の挑戦』(編著、晃洋書房、2020 年)。

　共に研究に取り組んでくださった「高度情報技術の進展に応じた教育革新に関する研究」のプロジェクトメンバー（あいうえお順、敬称略）

梅澤希恵	国立教育政策研究所国際研究・協力部研究員
川上努	国立教育政策研究所初等中等教育研究部事務補佐員
木場裕紀	東京電機大学未来科学部人間科学系列（未来科学部）准教授
齋藤徹	横浜市立西金沢義務教育学校前期課程主幹教諭（元・国立教育政策研究所教育データサイエンスセンター特別調査員）
讃井康智	ライフイズテック株式会社取締役
品川隆一	堺市教育センター能力開発課長（元・国立教育政策研究所教育データサイエンスセンター特別調査員）
武井哲郎	立命館大学経済学部准教授
寺澤潤	浜松市教育委員会指導課指導主事（元・国立教育政策研究所教育課程研究センター研究開発部教育課程特別調査員）
福本徹	国立教育政策研究所生涯学習政策研究部総括研究官
前山大樹	浜松市教育委員会指導課指導主事（元・国立教育政策研究所教育課程研究センター研究開発部教育課程特別調査員）
益川弘如	聖心女子大学現代教養学部教授
松尾剛	西南学院大学人間科学部教授
丸山友洋	横浜市立平安小学校副校長（元・国立教育政策研究所教育データサイエンスセンター特別調査員）
丸山英樹	上智大学総合グローバル学部教授
豊浩子	国際医療福祉大学総合教育センター語学教育部准教授

編著者

卯月由佳

露口健司

藤原文雄

公正で質の高い教育に向けた ICT 活用

2024 年 3 月 29 日　　初　版第 1 刷発行　　　　　　　　　〔検印省略〕
定価はカバーに表示してあります。

編著者Ⓒ卯月由佳・露口健司・藤原文雄／発行者 下田勝司　　　　印刷・製本／中央精版印刷

東京都文京区向丘 1-20-6　　郵便振替 00110-6-37828　　　　　　発 行 所
〒 113-0023　TEL（03）3818-5521　FAX（03）3818-5514　　　株式会社 東信堂
Published by TOSHINDO PUBLISHING CO., LTD.
1-20-6, Mukougaoka, Bunkyo-ku, Tokyo, 113-0023, Japan
E-mail : tk203444@fsinet.or.jp http://www.toshindo-pub.com

ISBN978-4-7989-1890-7 C3037
Ⓒ Yuka Uzuki, Kenji Tsuyuguchi, Fumio Fujiwara

東信堂

公正で質の高い教育に向けたICT活用
——人・モノ・制度の諸相からコンテクストを探る
卯月由佳　編著
露口健司
藤原文雄
二七〇〇円

学校音楽文化論
学校音楽文化研究会 編著
笹野恵理子
二七〇〇円

過疎地の特性を活かす創造的教育
——美山町（京都府）のケースを中心に
加藤　潤　編著
四五〇〇円

人生100年時代に「学び直し」を問う
学校音楽文化研究会 編著
今津孝次郎 編著
一八〇〇円

日本の教育をどうデザインするか
山口　満 編著
村田翼夫 編著
二七〇〇円

現代日本の教育課題
——二一世紀の方向性を探る
村田翼夫
上田　学
岩槻知也 編著
二八〇〇円

民衆思想と社会科教育
——社会的構想力を育む教育内容・方法開発
上田　学 編著
二八〇〇円

コロナ禍の学校で「何が起こり、どう変わったのか」
——現場のリアリティから未来の教育を描く
佐藤博志 編
二六〇〇円

教科専門性をはぐくむ教師教育
日本社会科教育学会編
細田眞由美 編
三六〇〇円

協働・対話による社会科授業の創造
梅津正美 編著
三二〇〇円

社会科教育の未来——理論と実践の往還
日本社会科教育学会編
三三〇〇円

社会科は「不確実性」で活性化する
——未来を開くコミュニケーション型授業の提案
西村・梅津・
伊藤・井上編著
二八〇〇円

社会形成力育成カリキュラムの研究
西村公孝
六五〇〇円

ハーバード法理学アプローチ
——高校生に論争問題を教える
吉永　潤
三二四〇〇円

企業が求める〈主体性〉とは何か
——教育と労働をつなぐ〈主体性〉言説の分析
渡部・溝口・橋本・
三浦・中原訳
三九〇〇円

戦後日本の大学の近未来
——外庄の過去・混迷する現在・つかみ取る未来
武藤浩子
三二〇〇円

非常事態下の学校教育のあり方を考える
——学習方法の新たな模索
土持ゲーリー法一
三二〇〇円

土持ゲーリー法一
二〇〇〇円

※定価：表示価格（本体）＋税　　〒 113-0023　東京都文京区向丘 1-20-6　　TEL 03-3818-5521　FAX03-3818-5514
Email tk203444@fsinet.or.jp　URL·http://www.toshindo-pub.com/

東信堂

書名	訳・編者	価格
ミネルバ大学の設計書	S・M・コスリン／B・ネルソン編 松下佳代監訳	五二〇〇円
アメリカの授業料と奨学金研究の展開	小林雅之監訳	六二〇〇円
アメリカ高等教育史 ―その創立から第二次世界大戦までの学術と文化	小原圭寛、間篠剛留、五島敦子、小野里拓、藤井翔太、原田早春 訳	八六〇〇円
米国シカゴの市民性教育 ―子どものエンパワメントの視点から	久保園梓	四三〇〇円
アメリカ教育例外主義の終焉 ―変貌する教育改革政治	青木栄一監訳	三六〇〇円
オープン・エデュケーションの本流 ―ノースダコタ・グループとその周辺	橋髙佳恵	三六〇〇円
米国の特殊教育における教職の専門職性理念の成立過程	志茂こづえ	四三〇〇円
米国における協働的な学習の理論的・実践的系譜	福嶋祐貴	三六〇〇円
アメリカにおける学校認証評価の現代的展開	浜田博文編著	二八〇〇円
現代アメリカ貧困地域の市民性教育改革 ―教室・学校・地域の連関の創造	古田雄一	四二〇〇円
アメリカ公民教育におけるサービス・ラーニング	唐木清志	四六〇〇円
アメリカにおける多文化的歴史カリキュラム	石井英真	四八〇〇円
アメリカ 間違いがまかり通っている時代 ―公立学校の企業型改革への批判と解決法	D・ラヴィッチ著 末藤美津子訳	三八〇〇円
【再増補版】現代アメリカにおける学力形成論の展開 ―スタンダードに基づくカリキュラムの設計	D・ラヴィッチ著 末藤・宮本・佐藤訳	六四〇〇円
教育による社会的正義の実現―(1945-1980) ―アメリカの挑戦	D・ラヴィッチ著 末藤美津子訳	五六〇〇円
学校改革抗争の100年―20世紀アメリカ教育史	D・ラヴィッチ著 末藤・宮本・佐藤訳	六四〇〇円
アメリカ公立学校の社会史 ―コモンスクールからNCLB法まで	W・J・リース著 小川佳万・浅沼茂監訳	四六〇〇円
アメリカ学校財政制度の公正化	竺沙知章	三四〇〇円
空間と時間の教育史 ―アメリカの学校建築と授業時間割からみる	宮本健市郎	三九〇〇円
アメリカ進歩主義教授理論の形成過程 ―教育における個性尊重は何を意味してきたか	宮本健市郎	七〇〇〇円

※定価：表示価格（本体）＋税　　〒 113-0023　東京都文京区向丘 1-20-6　TEL 03-3818-5521　FAX03-3818-5514
Email tk203444@fsinet.or.jp　URL:http://www.toshindo-pub.com/

東信堂

※定価：表示価格（本体）＋税
〒113-0023　東京都文京区向丘1-20-6　TEL 03-3818-5521　FAX03-3818-5514
Email tk203444@fsinet.or.jp　URL:http://www.toshindo-pub.com/